中小学新手教师培训系列教材

U0659698

中学化学

新手教师教学能力修炼

ZHANWEN JIANGTAI

ZHONGXUE HUAXUE

XINSHOU JIAOSHI JIAOXUE NENGLI XIULIAN

张军刚 ◎ 主编

站稳讲台

北京师范大学出版集团
BEIJING NORMAL UNIVERSITY PUBLISHING GROUP
北京师范大学出版社

图书在版编目（CIP）数据

站稳讲台：中学化学新手教师教学能力修炼/张军刚主编 . —北京：北京师范大学出版社，2024.8
中小学新手教师培训系列教材
ISBN 978-7-303-29731-3

Ⅰ. ①站… Ⅱ. ①张… Ⅲ. ①中学化学课－教学研究－教师培训－教材 Ⅳ. ①G633

中国国家版本馆 CIP 数据核字（2024）第 019296 号

图 书 意 见 反 馈　　gaozhifk@bnupg.com　010-58805079
营 销 中 心 电 话　　010-58802755　010-58800035
北师大出版社教师教育分社微信公众号　京师教师教育

出版发行：北京师范大学出版社　www.bnupg.com
　　　　　北京市西城区新街口外大街 12-3 号
　　　　　邮政编码：100088
印　　刷：鸿博睿特（天津）印刷科技有限公司
经　　销：全国新华书店
开　　本：787 mm×1092 mm　1/16
印　　张：20.25
字　　数：297 千字
版　　次：2024 年 8 月第 1 版
印　　次：2024 年 8 月第 1 次印刷
定　　价：78.00 元

策划编辑：郭　翔　陈红艳　　责任编辑：朱冉冉　梁民华
美术编辑：焦　丽　　　　　　装帧设计：焦　丽
责任校对：陈　荟　　　　　　责任印制：马　洁

中小学新手教师培训系列教材编委会

▶ 总　序

　　强教必先强师。习近平总书记强调，要把加强教师队伍建设作为建设教育强国最重要的基础工作来抓，大力培养造就一支师德高尚、业务精湛、结构合理、充满活力的高素质专业化教师队伍。当前，首都基础教育现代化建设进入快速发展的新阶段。构建高质量基础教育体系，对首都建设首善一流的基础教育教师队伍提出了更加紧迫的要求。在教育强国建设过程中，推进教师教育高质量发展，必须进一步加强战略谋划与顶层设计，基于教师生涯发展与终身学习的视角，对教师职前培养、资格认定与入职教育、在职培训进行系统考量和一体化设计。

　　新任教师（一般指取得正式合格教师资格之后，任教年限为1～3年的教师）的适应期是教师专业发展中的重要阶段，是教师教育不可或缺的重要环节，是决定教师日后专业发展方向与质量的关键期。新任教师培训在职前培养与在职发展之间起到关键的桥梁作用。因此，我国教师政策对新任教师培训予以高度关注。

　　教育部明确指出：新任教师培训是"为新任教师在试用期内适应教育教学工作需要而设置的培训。培训时间应不少于120学时"。近年来，为应对首都基础教育发展对教师队伍建设提出的更高要求，北京市新任教师培训政策不断完善。《中共北京市委 北京市人民政府关于全面深化新时代教师队伍建设改革的实施意见》（2018年）、《北京市教师教育振兴行动计划实施办法（2018—2022年）》、《"十四五"时期北京市中小学干部教师培训工作方案》（2021年）等文件相继提出要实施新任教师规范化培训计划，完善新任教师培训制度（后简称"新教师"）。2022年7月，市教委印发《北京市中小学新教师规范化培训指导意见》《北京市幼儿园新入职教师规范化培训指导意见》，进一步强化了全市中小学幼儿园新教师培训制度化、规范化建设。新教师规范化培训政策的出台，旨在通过提高培训的针对性和实效性，确保每位新教师都能在专业发展上有均衡的起点、获得高质量指导。

在北京市新教师培训政策逐渐完善的同时，培训的实践探索亦日益深化。自 2015 年开始，北京教育学院根据部分区域提出的需求，开始承担新教师培训工作。为进一步提升培训的专业性和科学性，项目组基于问题导向和需求导向，通过调研了解新教师在入职之初面临的困难与问题，有针对性地设计培训项目。北京教育学院相关专业团队对参加"启航杯"教学风采展示的新教师进行调研，研究数据表明，部分新教师的专业准备不足，主要体现在对所教学科的内容等方面准备相对较好，但在课程思政、理解新课程标准、应用信息技术、班级管理、根据学生个体差异进行教学设计与评价等方面需要进一步学习。

基于新教师专业学习需求的多元特点与课程改革要求，参考借鉴研究领域关于新教师在职业生涯发展早期所呈现的特点，北京教育学院注重以精准培训提升项目的实效性与针对性，以切实帮助新教师解决教育教学工作情境中面临的问题。基于近十年的实践探索，北京教育学院组织实施的新教师培训已形成五个方面的特色经验。一是加强项目顶层设计。根据市教委指导意见，学院注重加强项目整体系统设计，通过制定高标准的培训要求确保培训的专业性。二是强化课程内容设计。聚焦新教师专业发展核心素养和教育教学基本能力，中小学新教师培训内容涵盖思想政治、师德与教育法规、教学基本功与教学实践、学生学习与身心发展、班级管理与班主任工作、教育研究与生涯发展等模块，非师范专业毕业教师增加"教育理论与教师教育"模块，从而完善教师教育专业知识结构。三是优化培训模式。项目采用市区校三级联动的方式，确保培训的实践性与系统推进。在三年递进式培训中，第二年和第三年的培训基于市教委印发的《进一步加强中小学校本研修工作指导意见》，主要采用实践取向的校本研修方式进行，贴近新教师的工作情境，着力解决新教师日常工作情境中面临的实际问题。

四是加强资源共享。在项目实施过程中，通识课、必修课等课程资源实现共建共享，并在"北京教师学习网"上发布新教师教学风采展示活动优秀课例，为教师提供更加丰富多元、可选择的数字学习资源，满足教师个性化发展需求。五是坚持研训一体。学院组织相关专业团队定期对新教师专业学习需求和培训效果进行调研，在组织实施培训的同时，同步进行新教师工作现状与专业成长的追踪研究，为全市新教师培训政策的进一步优化与有效实施提供数据支撑与实证依据。

北京教育学院在新教师规范化培训方面取得了显著的成效，有效提升了新教师的专业素养，受到了相关区域学校及教师的肯定，为首都基础教育质量提升做出了积极贡献。北京市新教师规范化培训作为一项制度创新，亦为全国教师教育改革提供了新的思路和模式。

为帮助新教师从站上讲台到站稳讲台、站好讲台，北京教育学院组织相关专业教师，与各区教师培训机构、一线优秀教师等携手合作，共同编写了"中小学新手教师培训系列教材"。本套教材共计 14 册，除 1 册通识类教材之外，其余 13 册则分别为不同学科和不同学段的新教师提供具体的教育教学指导和实践策略。

本套教材的编写出版，是北京教育学院加强内涵建设、推进培训高质量发展的成果体现，反映了学院在新教师培训实践与研究领域的新举措、新发展。本套教材从新教师的视角出发，以培育新教师须具备的思想政治素养、师德修养、专业知识与能力为主线，严格按照教师教育相关专业标准，以新教师专业发展的基本理论、教育教学问题解决为核心板块，结合当下我国教育改革的重要问题，为新教师等群体进行专业学习和实践研究提供新视角与新思路。本套教材基于问题导向，结构清晰，可操作性强，并强调理论与实践相结合。

本套教材在编写过程中，得到北京市各区教师培训机构及广大中小学校、教师的大力支持，他们为教材贡献了丰富多元的具体案例和实践智慧。

本套教材的出版得到北京师范大学出版社的大力支持，郭翔、陈红艳等编辑团队的专业付出，确保了本套教材高质量出版。期望本套教材为优化新教师培训制度和新教师专业发展有效机制、加强高质量教师队伍建设、推进教育强国建设做出积极贡献。

肖韵竹（北京教育学院党委书记）

张永凯（北京教育学院党委副书记、院长）

2024 年 6 月

▶ 前　言

　　教师是专业性很强的职业，如何走好专业发展之路是教师职业的永恒话题，也是新手教师（本书统一用新手教师）从一入职就面临的重要问题。本书是一本为初登讲台的中学化学教师量身定制的能力修炼指南，力求帮助新手教师顺利适应教师工作岗位，助力新手教师站稳讲台，走好专业发展的第一步。

　　本书以《中学教师专业标准（试行）》为依据，参照其中的"专业知识"和"专业能力"两大维度，选取了与学科教学及教师专业发展最为相关的教学设计、教学实施、教学评价、教学反思与教师专业发展四个领域构架起了这本新手教师培训教材。每个领域作为一个单元。第一单元"教学设计"力求帮助新手教师进行化学教学设计。第二单元"教学实施"主要围绕着课堂教学管理与调控、教学内容组织与呈现、化学实验教学设计与开展、跨学科项目化学习的设计与实施提供修炼指南。第三单元"教学评价"重在对新手教师常态化教学工作中的课堂学习评价、课后作业的选择与布置、阶段性测试的开展给出实践指南。第四单元"教学反思与教师专业发展"重在通过指导教师如何进行教学反思，如何说课，如何观课、议课，来助力新手教师的持续发展。

　　本书具有以下特色。一是针对性。本书针对新手教师在教学过程中可能遇到的各种问题和困惑，提供了具体而详细的解答和指导。二是系统性。本书围绕新手教师备课、上课和反思几个关键任务来展开，能系统性地支撑新手教师站稳讲台。三是实用性。本书紧贴中学化学教师的教学实践，提供的案例、策略和建议均来自一线教师的真实经验，新手教师可以贴身模仿。四是启发性。本书不仅提供了助力新手教师站稳讲台的基本技能，还有高站位的专业引领和指导，为新手教师的持续发展指明方向并启发新手教师在教学实践中勇于探索、不断创新。

　　本书在使用上建议做到以下几点。一要系统阅读。建议新手教师首先通读全书，对化学教学有一个整体的认识和把握；其次根据自己的教学需求和实际情况，有选择地深入阅读相关章节。二要结合实践。在阅读过程中，要注重将所学知识与教学实践相结合。通过模拟教学、课堂观察、教学反思等方式，不断检验和提高自己的教学能力。三要主动反思。利用书中提供的教学反思点进行自我反思和总结。同时，也可以与其他教师进行交流讨论，分享经验，共同成长。四要持续学习。本书只是为新手教师专业成长之初提供指南，建议新手教师保持持续学习的态度，关注化学教育领域的最新动态和研究成果，不断更新自己的教育理念和教学方法。

参与编写本书的人员有北京教育学院化学系的张军刚（第一单元、第二单元第一讲、第三单元），李情义（第二单元第四讲），王春（第二单元第三讲），周玉芝（第二单元第二讲）和北京教育科学研究院基础教育教学研究中心化学教研室的李伏刚（第四单元）。全书由张军刚统稿。

本书在撰写过程中得到了时任北京教育学院数学与科学教育学院院长顿继安教授、党总支书记王艳艳的大力支持，得到了数学与科学教育学院新教师培训项目团队的通力合作，得到了近几年参加培训的新教师学员们以及北京市优秀教师提供的优质案例，使得书中的内容更加贴近实际、可读实用。在此一并表示感谢！另外，本书得以顺利出版，还要感谢北京教育学院对本套丛书的统筹规划，感谢北京教育学院教务处闫耀东老师的组织协调，感谢北京师范大学出版社郭翔、陈红艳两位编辑的大力支持和帮助。

本书在编写过程中引用了大量专家、学者的研究成果，均已标明出处。由于编者水平有限，书中难免有不足之处，敬请同行、学者批评斧正。

张军刚

2024 年 7 月

第一单元　教学设计

1. 初步了解教学设计的基本内涵、关键要素、基本原则。

2. 为给定的教学内容确定可操作和可测量的教学目标，正确表述行为表现目标。

3. 基于教学目标、内容特点、学生情况合理选择教学方法并灵活应用教学方法。

4. 在明确教学目标、确定教学方法的基础上，确定教学主线，设计符合学生认知逻辑的教学过程。

5. 设计出一份整体性的教学设计方案，设计出体现知识间有机联系的结构式板书。

单元导读 ⋯⋯▶

没有教学，学习也会自然地发生。有了教学，学习能有目的地发生。有了精心设计的教学，学习将按着目标的方向更加有效地推进。因此，有效的教学设计是帮助学生学习成功的基础。但是任何教学设计都是由多个变量构成的复杂系统，教师在进行教学设计时，不能仅仅关注多个变量中的某一个变量，而应该整体把握教学设计中各个变量间的关系。本单元将结合教学设计中教学目标的制定、教学策略的选择、教学过程的设计这三个关键变量进行系统阐释，对教学设计各个变量间的关系进行比较全面的梳理，以帮助新手教师尽快提升整体教学设计的水平。

单元导航 ……▶

```
                              ┌─ 教学设计的定义
              教学设计概述 ─┤─ 教学设计的关键要素
                              └─ 教学设计的基本原则

                              ┌─ 明确课程标准要求
                              ├─ 阅读教科书，分析教学内容
              教学目标的制定 ┤─ 分析学情
                              ├─ 制定和表述教学目标
                              └─ 确定教学重、难点
教学设计 ┤
                              ┌─ 事实性知识
                              ├─ 理论性知识
              教学策略的选择 ┤─ 技能性知识
                              ├─ 策略性知识
                              └─ 情意类内容

                              ┌─ 教学过程的含义、特征及基本环节
              教学过程的设计 ┤─ 如何进行教学过程设计
                              └─ 构思教学板书
```

进行教学设计的目的是支持学习过程。[1]

——加涅

新手教师应该花更多的时间和精力进行教学设计。这是因为新手教师的教学经验不足，对学生了解不足，教学信心不足。课前精心做好教学设计能给新手教师带来安全感、自信心，让新手教师有教学激情。相反，如果新手教师不愿意在教学设计上多花心思，那么，其教学将意味着照本宣科，教科书将成为学生的老师。离开教学设计的规范，课堂教学随意地发挥，对于缺少授课经验的新手教师来说，往往具有潜在的风险。可见，教学设计对于新手教师顺利执教意义重大。它不是装点门面，而是良好教学行为重要且不可或缺的组成部分。修炼好教学设计的基本功是教师在职业生涯中永恒的追求。

---

[1] ［美］加涅、［美］韦杰、［美］戈勒斯等：《教学设计原理（第五版修订本）》，王小明、庞维国、陈保华等译，16页，上海，华东师范大学出版社，2018。

▶第一讲
教学设计概述

案例 1-1-1[①]

课题名称：乙酸
教学背景分析

1. 课程标准的内容要求

　　课程标准中与本讲相关的内容要求为：以乙烯、乙醇、乙酸、乙酸乙酯为例认识有机化合物中的官能团；认识乙烯、乙醇、乙酸的结构及其主要性质与应用；结合典型实例认识官能团与性质的关系，知道氧化、加成、取代、聚合等有机反应类型。知道有机化合物之间在一定条件下是可以转化的。

2. 教学内容分析

　　本讲是人教版高中《化学（必修）》第二册第七章第三节第二课时"乙酸"，从教材的编排上看，必修阶段"乙酸"部分的知识内容主要包括乙酸的物理性质和化学性质（酸性、酯化反应）、乙酸的组成和结构式及羧基等，这些是学生需要学习和掌握的具体知识。从教材整体上看，乙酸既是很重要的烃的含氧衍生物，又是有机酸的代表物，并且和我们的生产生活密切相关。从知识内涵和乙酸的分子结构特点上看，"乙酸"部分的知识既是对乙醇知识的巩固、延续和发展，又是学好酯类化合物的基础。

3. 学生情况分析

　　从知识结构上看，部分学生在初中阶段接触过醋酸这种物质，对乙酸有一些模糊的认识，知道它是一种弱酸。学生在第二章学习了化学键、共价键的极性，知道化学反应的实质是化学键的断裂与生成，这有利于学生理解乙酸的结构特点及主要性质。在本章，学生又学了烃的基础知识和乙醇等内容，对有机物中碳的成键特点等有所了解，对有机分子中的官能团及其化学性质之间的相互联系有了一定的认识，知道常见的有机反应类型。这些都为乙酸的学习打下了良好的基础。

　　由于醇的羟基在形式上"类似"氢氧根离子，而乙酸有酸性，能提供氢离子，学生

---

①　案例来源：北京市大兴区兴华中学耿明希。有删改。

续表

容易误认为乙酸和乙醇发生的是酸碱中和反应，这是酯化反应学习中经常出现的迷思概念，教师在教学中需要设计学生活动加以突破。有些学生迷惑于羧基中的羟基和醇中的羟基在性质上存在差异的原因，这也需要设计难度适中的教学活动加以解释。从有机物学习方法的形成来看，学生在前面的有机物学习中有了一些基本思路，对物质性质的学习有一定的经验，但是，对于运用化学知识解决问题的思路和方法还缺乏条理性、具体性，这需要教师在教学中引起重视。

教学目标

(1)知道乙酸的分子结构，认识其官能团羧基；掌握乙酸的酸性和酯化反应，形成从物质组成和分子结构的角度解释宏观现象的思路，进一步体会"结构决定性质"：官能团决定有机物的性质。

(2)通过实验探究乙酸的酸性，学会合作，提升实践技能，掌握实验探究的方法；通过亲历乙酸性质的探究，认识科学探究是进行科学解释及发现、创造和应用的实践活动；通过分析乙酸与乙醇的反应，熟悉酯化反应，学会依据证据分析问题，得出合理的结论。

(3)通过对醋的酿造过程的分析和乙酸性质的探究，体会从问题到实验、从实验到理论的科学研究过程；从化学视角关注、解释生活现象，认识化学学科的价值。

教学重点和难点

教学重点：乙酸的分子结构及其性质。
教学难点：酯化反应中的断键、成键。

教学方法、教学资源

教学方法：讲授法、发现法、讨论法、合作学习法、实验法、演示法。
教学资源：《舌尖上的中国》片段、相关实验耗材、图片等。

续表

教学思路与主线流程图			
内容主线	问题设计	活动设计	学生认识发展
食醋酿制，引入新课	从化学键的角度分析反应过程	观看视频	从化学视角关注生活中的现象
验证酸性，分析结构	1.根据你对醋的认识，猜测乙酸具有怎样的化学性质。2.乙酸的酸性从何而来？和什么因素有关？	1.猜测，实验验证 2.拼插球棍模型	深化对性质与结构的关系以及有机物中碳原子成键特点的认识
动手演示，体会酯化	乙酸和乙醇的酯化反应究竟是如何发生的呢？试着从成键、断键的角度分析反应过程。	思考，拼插球棍模型	从成键、断键角度加深对有机反应的理解
梳理脉络，小结提升	化学学科研究物质的重要思路	归纳、整理	加深对化学特有思维的理解

教学过程			
教学环节	教师活动	学生活动	设计意图
由于篇幅所限，此处省略，详细内容见本单元第四节			

板书设计

由于篇幅所限，此处省略，详细内容见本单元第四节

课堂练习与学习评价设计

略

教学设计自我反思	略
指导教师意见	略

问题聚焦

问题 1：新手教师怎么才能做好完整的教学设计？

问题 2：在这个教学设计案例中可以借鉴的设计策略有哪些？

《礼记·中庸》有言："凡事预则立，不预则废。"这句话告诉我们做任何事情都需要做好计划和准备，深思熟虑才能成功；不做准备，随随便便，则极有可能失败。为了提高教学的有效性，我们在教学之前要做好教学设计。

一、教学设计的定义

加涅（Gagné）等人把教学定义为嵌入有目的的活动中的促进人们学习的一系列事件[①]；把教学系统定义为对用于促进学习的资源和程序的安排，教学系统设计就是创建教学系统的过程[②]。

史密斯（Smith）和雷根（Ragan）认为教学是有目的地促进学习达到既定学习目标的活动[③]，教学设计指的是把学习与教学原理转化成对于教学材料、活动、信息资源和评价的规划这一系统的、反思性的过程[④]。

乌美娜认为，教学设计是运用系统方法分析教学问题和确定教学目标，设计解决教学问题的策略方案、试行解决方案、评价试行结果和对方案进行修改的过程，以优化教学效果为目的，以学习理论、教学理论和传播学为理论基础[⑤]。

皮连生认为，教学是通过信息传播促进学生达到预期的特定学习目标的活动[⑥]，教学设计是运用现代学习与教学心理学、传播学、教学媒体论等相关的理论与技术，来分析教学中的问题和需要、设计解决方法、试行解决方法、评价试行结果，并在评价的基础上改进设计的一个系统过程。它既具有设计的一般性质，又必须遵循教学的基本规律[⑦]。

---

① ［美］加涅、［美］韦杰、［美］戈勒斯等：《教学设计原理（第五版修订本）》，王小明、庞维国、陈保华等译，2页，上海，华东师范大学出版社，2018。

② ［美］加涅、［美］韦杰、［美］戈勒斯等：《教学设计原理（第五版修订本）》，王小明、庞维国、陈保华等译，18页，上海，华东师范大学出版社，2018。

③ ［美］史密斯、［美］雷根：《教学设计（第三版）》，庞维国、屈程、韩贵宁等译，5页，上海，华东师范大学出版社，2008。

④ ［美］史密斯、［美］雷根：《教学设计（第三版）》，庞维国、屈程、韩贵宁等译，4页，上海，华东师范大学出版社，2008。

⑤ 乌美娜：《教学设计》，11页，北京，高等教育出版社，1994。

⑥ 皮连生：《教学设计：心理学的理论与技术》，1页，北京，高等教育出版社，2000。

⑦ 皮连生：《教学设计：心理学的理论与技术》，2页，北京，高等教育出版社，2000。

盛群力等人认为，教学设计实质上是对教师课堂教学行为的一种事先筹划，是对学生达到教学目标、表现出学业进步的条件和情境所做的精心安排。教学设计的根本特征在于如何创设一个有效的教学系统。[①]

尽管角度不同，学者们对教学设计的界定也有一些差别，但共同之处是都认为教学设计是一个系统计划的过程，有一套具体的操作程序，所以现代教学设计又被称为教学系统设计。

| 理论书签 |

教学设计基本过程的 ADDIE 模型及其构成成分与子成分[②]

教学系统设计过程的基本模型包括五个阶段或成分：分析（analysis）、设计（design）、开发（development）、实施（implementation）、评价（evaluation）。这个模型被称为教学设计的 ADDIE 模型。

1. 分析

①首先确定需要，即要利用教学来解决问题。

②进行教学分析，以确定教程在认知、情感与动作技能方面的目标。

③确定期望初学者需要具备的技能以及哪些技能会影响初学者对教材的学习。

④分析可利用的时间以及在这段时间内可以实现多少目标。有些学者还建议进行情境或资源分析。

2. 设计

①把教程的目标转换成表现性的结果与主要的教程目标（单元目标）。

②确定所涵盖的教学主题或单元以及用于每个主题或单元的时间。

③依据教程的目标安排单元顺序。

④充实教学单元，确定每一个单元所要达到的主要目标。

[①] 盛群力等：《教学设计》，4 页，北京，高等教育出版社，2005。

[②] ［美］加涅、［美］韦杰、［美］戈勒斯等：《教学设计原理（第五版修订本）》，王小明、庞维国、陈保华等译，21～23 页，上海，华东师范大学出版社，2018。

⑤确定每一个单元的课程与学习活动。

⑥开发出评价学生已习得内容的具体标准。

3．开发

①确定学习活动与材料的类型。

②起草学习材料或设计学习活动。

③在目标受众中进行材料与活动的试用。

④修改、提炼学习材料与活动。

⑤开发教师培训或附加材料。

4．实施

①购买材料以便教师或学生使用。

②在必要的时候提供帮助与支持。

5．评价

①实施学生评价计划。

②实施教学评价计划。

③实施教程维护与修改计划。

化学教学设计是指教师根据化学教学目标、化学教学内容以及学生的实际(包括知识基础、生活经验、能力发展水平、生理和心理发展特点)，运用教学设计的理论和方法，对化学教学方案做出的一种规划。[①]

按照设计教学的单位划分，教学设计有针对一课时的设计，也有基于单元的设计，还有基于学期或学段的设计；按照教学的主题划分，教学设计有基于知识技能的设计(一般与课时教学设计相关)，也有基于化学学科核心素养的或以大概念为主题单元的设计，还有以项目为主题的设计。不同类型的教学设计达到的教学目标有较大的差异。

---

① 王后雄：《新理念化学教学论》，131页，北京，北京大学出版社，2015。

本单元所说的教学设计主要指一课时的教学设计。

二、教学设计的关键要素

教学设计一般包括以下五个方面。①确定教学目标。教师根据课程标准的要求、对教学内容和学生情况的分析确定教学目标，即教师希望学生学习后能够达到什么样的效果。②根据教学目标确定教学内容。教学内容是指为了达到教学目标所需要掌握的知识内容与技能方法等。③制定教学策略。教学策略是指为了有效达到教学目标，设计教学过程中所采用的教学方法、组织策略与媒体技术等。④设计教学过程。教师围绕教学目标和内容要求，设计一系列富有逻辑的学习活动。⑤设计教学评价。教师设计检测学生达到教学目标程度的评价方案，并根据评价所得到的反馈信息对上述教学设计中的某一个或某几个环节做出修改或调整。[1][2] 教学设计各要素之间的逻辑关系如图 1-1-1 所示。

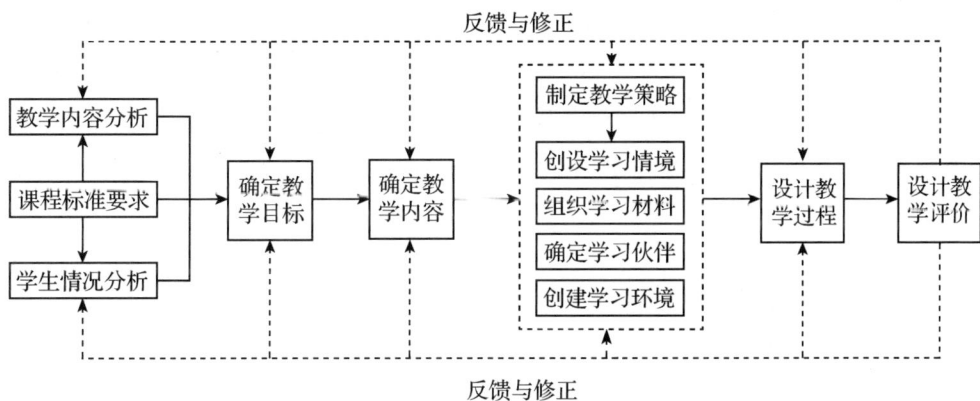

图 1-1-1　教学设计各要素之间的逻辑关系

三、教学设计的基本原则

尽管不同的设计者会运用不同的原则，将自己对影响学习的原理以及

---

① 林宪生：《教学设计的概念、对象和理论基础》，载《电化教育研究》，2000(4)。
② 何克抗：《建构主义的教学模式、教学方法与教学设计》，载《北京师范大学学报(社会科学版)》，1997(5)。

如何更好地安排教学活动的理解带入设计过程，但是教学设计仍然有一些共同的原则。

（一）学习结果导向原则

教学设计必须是以学习目标为结果导向的，这也意味着预期的学习目标指导着学习活动的设计与选择，评价也需要针对目标来设计。因此在教学设计中，学习结果变得可观察与可测量，成了教学设计有效性的核心。在教学设计中，无论是教学目标、教学策略的确定还是教学活动的设计，都是以学生为中心的。教师以学生最终能够做什么和能够参与、探索、体验什么样的活动为焦点思考整体的设计系统。

（二）系统性原则

教学设计中的各个成分共同构成一个系统。在系统中，每个成分都发挥着不同的作用，并且各个成分之间是相互关联的。比如，学生特征分析是确定教学活动起点的重要依据；教学目标分析影响着教学的有效性；教学策略为教学目标的完成提供支持，也为教学过程和活动设计提供方法。系统化教学设计的另外一个特点是教学设计的经验性和可重复性，教师可以在不同的场合使用教学设计，并且根据情境进行改进。教学设计体现为一定的程序性，但并不意味着在设计的时候，必须按照这样的程序思考各个成分及其关系，而是需要综合考虑各个成分的互动关系。

（三）问题导向原则

在教学设计中，教学是通过问题推进的。教师围绕要解决的学科核心问题，以学生的视角制定教学目标、教学策略以及设计教学活动。学科核心问题的解决一般和学科的大概念紧密相关，这些大概念能够揭示学科的一般方法和原理，在更高的层面统摄具体的知识。学生应能够迁移应用这些大概念来解决其他问题。

基于以上对教学设计的认识和近几年对北京市中学化学新教师的培训，我们设计了表 1-1-1 的教学设计模板，供新教师参考。

表 1-1-1　教学设计模板

教师姓名：	学校：
课题名称：	教科书：

教学背景分析：

【课标要求】

【教学内容分析】

【学生情况分析】

<table>
<tr><td align="center">教学目标</td></tr>
<tr><td>

</td></tr>
</table>

教学重点和难点

【教学重点】

【教学难点】

教学方法和教学资源

【教学方法】

【教学资源】

教学思路与主线流程图

内容主线	问题设计	活动设计	学生认识发展

......

续表

教学过程			
教学环节	教师活动	学生活动	设计意图
环节 1……			
环节 2……			
……			
板书设计			
课堂练习与学习评价设计			
自我反思			
指导教师意见			

　　教师在进行教学设计时，首先要制定教学目标，其次选择教学策略、设计教学活动与教学过程等。本单元后面几讲将对这些关键要素分别进行分析和讨论。

▶第二讲
教学目标的制定

教学目标是指教学中学生在教学活动后要达到的预期的学习效果。

教学目标有不同的层次：课时教学目标、单元教学目标、课程教学目标等。本书所指的教学目标的制定是课时教学目标的制定，适合新手教师。课时教学目标是目标系统中具体且可操作的单位，强调教学预期结果的可见性和可测量性。

教学目标具有强大的导学、导教、导测评的功能，因此，制定教学目标是一项复杂的工作，教师需要兼顾对课程标准的把握、对教学内容的分析、对学生学习情况的诊断等。本节将结合案例讨论教学目标制定的依据、方法和程序（图 1-2-1），讨论教学目标的规范表述及教学目标在教学设计中的应用。

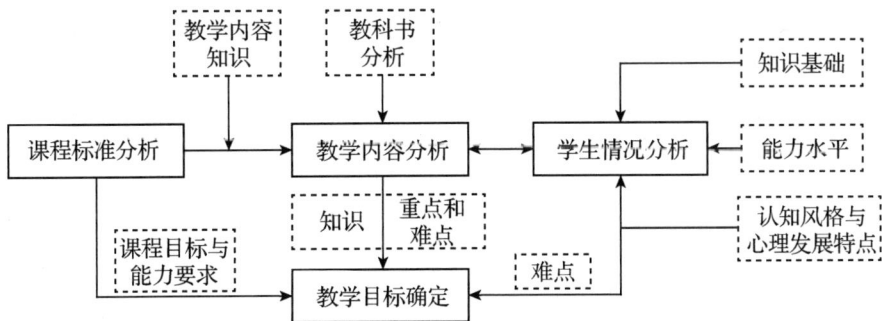

图 1-2-1　教学目标制定各要素之间的关系

一、明确课程标准要求

📎 | **案例 1-2-1**[①] |

我们以《普通高中化学课程标准（2017 年版 2020 年修订）》和 2019 年人

---

① 张顺清：《核心素养视域下课程标准分解：价值、要素与策略》，载《化学教学》，2021(2)。

教版《化学（必修）》第一册第二章第二节"氯及其化合物"（第一课时）为例。课程标准中，与本教材相关的内容要求是"结合真实情境中的应用实例或通过实验探究，了解氯、氮、硫及其重要化合物的主要性质，认识这些物质在生产中的应用和对生态环境的影响"。本节课的四个教学目标按照教材讲解顺序排列为：

教学目标1：（学生）能根据教师的展示和教材信息，准确说出氯气的颜色、状态、密度、水溶性、毒性等性质。

教学目标2：（学生）能根据教师演示的实验正确描述氯气与钠、铁、铜、氢气反应后的现象，并规范书写发生反应的化学方程式。

教学目标3：（学生）能通过实验探究氯水的性质和成分，正确书写氯气与水反应的化学方程式，并能解释次氯酸的性质、氯气用于自来水消毒影响生态环境的具体原因。

教学目标4：（学生）能正确书写氯气用于生产漂白液、漂粉精等消毒剂的化学方程式，并能复述漂白液、漂粉精的用途。

问题聚焦

问题1：什么是课程标准？如何解读课程标准？

问题2：上述案例是如何把课程标准中的内容要求转化为课堂教学目标的？

课程标准是国家对基础教育课程的基本规范和要求。《基础教育课程改革纲要（试行）》明确指出，国家课程标准是教材编写、教学、评估和考试命题的依据，是国家管理和评价课程的基础。课程的教学目标、教学内容的确定，以及教学、考试、评价和管理，都必须以课程标准为出发点和落脚点，遵从课程标准的有关规定，否则就难以达到国家规定的教育目标和质量要求。[①]

作为化学教育教学的指导性文件，《义务教育化学课程标准（2022年

---

① 毕华林、亓英丽：《化学教学设计——任务、策略与实践》，27页，北京，北京师范大学出版社，2013。

版)》和《普通高中化学课程标准(2017 年版 2020 年修订)》对中学化学课程的性质、基本理念、设计思路、目标和内容都有明确的要求,并且给出了实施建议。

📎 | **理论书签** |

课程标准

课程标准是指在一定课程理论的指导下,依据培养目标和课程方案,以纲要形式编制的关于教学科目内容、教学实施建议以及课程资源开发等方面的指导性文件。

2001 年后,我国取消各学科的教学大纲,并根据学科来编制课程标准,以说明该学科的性质、特点、任务、内容及实施的特殊方法和要求。一般来讲,课程标准包括说明(或前言)、课程目标、课程内容标准和课程实施等部分。另外,对于一些无法包含于课程标准,但又必须提出的建议,将其作为课程标准的附件列出,以便参考。

课程标准在落实课程方案、指导课程实施的过程中有着重要的意义。一方面,课程标准为教材的编制提供基本的依据,是编写教材、编好教材不可或缺的资源蓝本;另一方面,课程标准使教师领悟并掌握一门课程的精神实质和学科体系,教师只有熟知课程标准的具体精神、把握课程标准的具体要求,才能够正确进行教学设计、开展教学活动、实施教学评价。

目前正在施行的化学课程标准是《普通高中化学课程标准(2017 年版 2020 年修订)》和《义务教育化学课程标准(2022 年版)》。前者包括课程性质与基本理念、学科核心素养与课程目标、课程结构、课程内容、学业质量、实施建议几部分,后者包括课程性质、课程理念、课程目标、课程内容、学业质量、课程实施几部分。

相关课程标准规定了学生在化学课程教学中需要学习的内容和学习的要求,明确了教学的方向,为化学课程教学目标的确定提供了理论上和实

际操作上的依据。根据课程标准的目标分析教学目标的框架，是教师制定教学目标的第一步。

（一）课程总目标的维度

课程标准作为课程的纲领性文件，明确了课程的性质、理念和总目标。课程总目标描述了学生从小学到高中各个学段所应取得的学习成果，当然也是教师通过教学应该达到的目标。课程标准中的总目标是教师制定教学目标的依据之一。

《普通高中化学课程标准(2017 年版 2020 年修订)》提出了"宏观辨识与微观探析""变化观念与平衡思想""证据推理与模型认知""科学探究与创新意识""科学态度与社会责任"五个方面的化学学科核心素养，并根据化学学科核心素养对高中生发展的具体要求提出了高中化学的课程目标。

(1)通过观察能辨识一定条件下物质的形态及变化的宏观现象，初步掌握物质及其变化的分类方法，能运用符号表征物质及其变化；能从物质的微观层面理解其组成、结构和性质的联系，形成"结构决定性质，性质决定应用"的观念；能根据物质的微观结构预测物质在特定条件下可能具有的性质和发生的变化，并能解释其原因。

(2)认识物质的变化是有条件的；能从内因与外因、量变与质变等方面较全面地分析物质的化学变化，关注化学变化中的能量转化；能从不同视角对纷繁复杂的化学变化进行分类研究，逐步揭示各类变化的特征和规律；能用对立统一、联系发展和动态平衡的观点考察化学反应，预测在一定条件下某种物质可能发生的化学变化。

(3)初步学会收集各种证据，对物质的性质及其变化提出可能的假设；基于证据进行分析推理，证实或证伪假设；能解释证据与结论之间的关系，确定形成科学结论所需要的证据和寻找证据的途径；能认识化学现象与模型之间的联系，能运用多种认知模型来描述和解释物质的结构、性质和变化，预测物质及其变化的可能结果；能依据物质及其变化的信息建构模型，建立解决复杂化学问题的思维框架。

(4)能发现和提出有探究价值的化学问题，能依据探究目的设计并优化实验方案，完成实验操作，能对观察记录的实验信息进行加工并获得结论；能和同学交流实验探究的成果，提出进一步探究或改进的设想；能尊重事实和证据，破除迷信，反对伪科学；养成独立思考、敢于质疑和勇于创新的精神。

（5）具有安全意识和严谨求实的科学态度；形成真理面前人人平等的意识；增强探究物质性质和变化的兴趣，关注与化学有关的社会热点问题，认识环境保护和资源合理开发的重要性，具有"绿色化学"观念和可持续发展意识；能较深刻地理解化学、技术、社会和环境之间的相互关系，认识化学对社会发展的重大贡献，能运用已有知识和方法综合分析化学过程对自然可能带来的各种影响，权衡利弊，强化社会责任意识，积极参与有关化学问题的社会决策。①

《义务教育化学课程标准（2022 年版）》提出了"化学观念""科学思维""科学探究与实践""科学态度与责任"四项核心素养，并围绕核心素养确立了义务教育化学课程目标。

（1）形成化学观念，解决实际问题。初步认识物质的多样性，能对物质及其变化进行分类；能从元素、原子、分子视角初步分析物质的组成及变化，认识"在一定条件下通过化学反应可以实现物质转化"的重要性；初步学会从定性和定量的视角研究物质的组成及变化，认识质量守恒定律对资源利用和物质转化的重要意义；能通过实例认识物质的性质与应用的关系，形成合理利用物质的意识；能从物质及其变化的视角初步分析、解决一些与化学相关的简单的实际问题，发展辩证唯物主义世界观。

（2）发展科学思维，强化创新意识。初步学会运用观察、实验、调查等手段获取化学事实，能初步运用比较、分类、分析、综合、归纳等方法认识物质及其变化，形成一定的证据推理能力；能从变化和联系的视角分析常见的化学现象，能以宏观、微观、符号相结合的方式认识和表征化学变化；初步建立物质及其变化的相关模型，能根据物质的类别和信息提示预

---

① 中华人民共和国教育部：《普通高中化学课程标准（2017 年版 2020 年修订）》，3～6 页，北京，人民教育出版社，2020。

测其性质，并能解释一些简单的化学问题；能从跨学科角度初步分析和解决简单的开放性问题，体会系统思维的意义；能针对不同的观点和方案提出自己的见解，发展创新思维能力，逐步学会辩证唯物主义方法论。

（3）经历科学探究，增强实践能力。认识实验是科学探究的重要形式和学习化学的重要途径，能进行安全、规范的实验基本操作，独立或与同学合作完成简单的化学实验任务；能主动提出有探究价值的问题，从问题和假设出发确定探究目标，设计和实施探究方案，获取证据并分析得到结论，能用科学语言和信息技术手段合理表述探究的过程与结果，并与同学交流；能从化学视角对常见的生活现象、简单的跨学科问题进行探讨，能运用简单的技术与工程的方法初步解决与化学有关的实际问题，完成社会实践活动；在科学探究与实践活动中，能根据自己的实际情况制订学习计划，开展自主学习活动，能与同学合作、分享，善于听取他人的合理建议，评价、反思、改进学习过程与结果，初步形成自主、合作、探究的能力。

（4）养成科学态度，具有责任担当。具有对物质世界及其变化的好奇心、探究欲和审美情趣；热爱科学，逐步形成崇尚科学、严谨求实、大胆质疑、追求真理、反对伪科学的科学精神及勇于克服困难的坚毅品质；学习科学家胸怀祖国、服务人民的爱国精神，勇攀高峰、敢为人先的创新精神，淡泊名利、潜心研究的奉献精神；认识科技创新在我国现代化建设全局中的核心地位，努力把科技自立自强信念自觉融入人生追求中。

赞赏化学对满足人民日益增长的美好生活需要和社会可持续发展做出的重大贡献；具有安全意识和合理选用化学品的观念，增强应对意外伤害事故的意识；初步形成节能低碳、节约资源、保护环境的态度和健康的生活方式；初步认识科学、技术、社会、环境的相互关系，遵守与化学、技术相关的伦理道德及法律法规，能积极参加与化学有关的社会热点问题的讨论并做出合理的价值判断，初步形成主动参与社会决策的意识；树立人与自然和谐共生的科学自然观和绿色发展观，具有为建设社会主义现代化强国、实现中华民族伟大复兴而学习化学的志向和责任担当。[①]

课程总目标为教师制定教学目标提供了总体框架和方向。对课程标准的分析，有利于教师从宏观角度确定每一节课不同学习内容的课堂教学目标，明确内容的深度和广度。因此，进行教学设计时教师必须认真研读课程标准的内容和要求，把握《义务教育化学课程标准（2022 年版）》和《普通高中化学课程标准（2017 年版 2020 年修订）》的精神，从课程标准的总目标出发，结合教学内容将总目标具体化、细化为一节课的教学目标。

（二）课程总目标与教学目标的关系[②]

化学课程目标规定了学生通过化学课程的学习最终应达到的基本要求，体现了国家教育方针的要求和化学课程的发展方向。而在教学实践中，教师考虑的更多的是具体的课堂教学目标的实现。因此如何把抽象、概括的化学课程目标转化为生动、具体的课堂教学目标，进而用来指导化学教学的设计、实施与评价，是教师在研究教学目标的设计之前需要认真思考的问题。

课程目标与教学目标是关系非常密切的两个概念，它们之间既有区别，又相互联系。课程目标是指课程设计与开发预期达到的最终状态，是由国家和课程专家制定的偏重制度层面的、静态的学生发展要求，表述课程目标的术语具有抽象性、概括性、总体性的特点；教学目标是对学生具体行为的陈述，是指学生在具体的教学活动中所要实现的学习成果或最终行为，是教师在教学实践中制定的、希望学生从课堂中学到的东西。教学目标的制定要以课程目标为依据，是课程目标的进一步细化。课程目标要通过教学目标来实现，是由一系列大小不等但具有递进关系的教学目标组成的系统，包括模块课程目标、教学内容标准、单元教学目标、课堂教学目标几个层次（图 1-2-2）。在这个目标系统中，从上到下目标由抽象变具体，而且下位目标从属于上位目标，并包括了上位目标的基本构成成分。

① 中华人民共和国教育部：《义务教育化学课程标准（2022 年版）》，5～9 页，北京，北京师范大学出版社，2022。

② 毕华林、亓英丽：《化学教学设计——任务、策略与实践》，70～71 页，北京，北京师范大学出版社，2013。

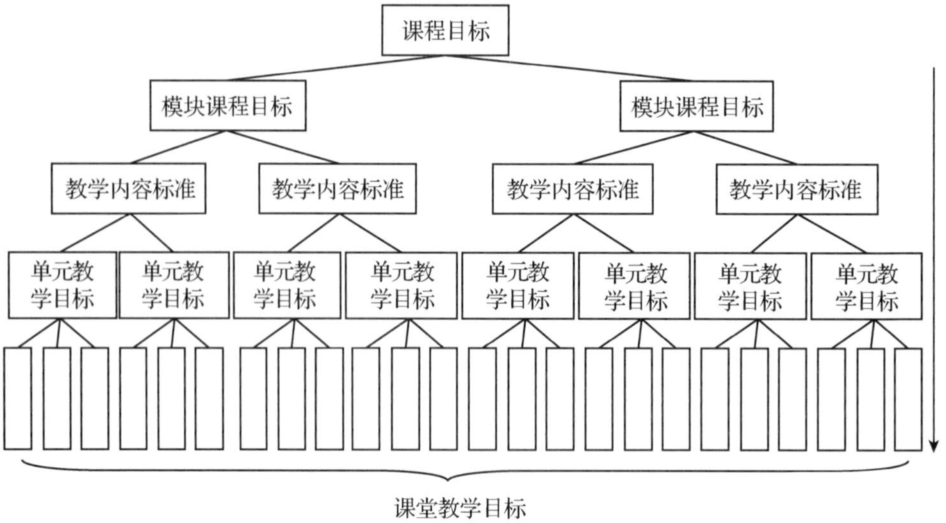

图 1-2-2　从课程目标到课堂教学目标的目标系统

从课程目标到课堂教学目标这种层次化、具体化的目标系统为课程目标转化成具体的、可操作的课堂教学目标提供了有利的指导和帮助，对教师的教学设计具有重要的参考价值。教师要在深入理解和掌握课程目标、模块课程目标和教学内容标准的基础上，依据学生的特点设计课堂教学目标。只有这样，教师才能通过课堂教学目标的落实，最终实现课程目标。

（三）案例分析[①]

案例 1-2-1 在核心素养视域下将课程标准规定的宏观、笼统的内容要求转化成微观、具体的课时教学目标，其分解的具体步骤如下。

第一步，摘录课程标准中的内容要求。

第二步，课程标准分解。这一步主要说清楚三点：一是学生学什么，二是学生学到什么程度，三是学生怎么学。根据课程标准中的内容要求，学生实际上就是学习两块内容：一是氯及其化合物的主要性质，二是这些物质在生产中的应用和对生态环境的影响。这只是指出了学习的范围，不够清晰和具体，不能直接作为教学目标，教师还需结合本节教材内容对其进一步拓展细化，如"氯及其化合物"分解为"氯气、次氯酸、次氯酸钠、次

[①]　张顺清：《核心素养视域下课程标准分解：价值、要素与策略》，载《化学教学》，2021(2)。

氯酸钙"，"性质"分解为"物理性质和化学性质"，"应用和影响"分解为"氯气、次氯酸钠、次氯酸钙的应用"和"氯气用于自来水消毒的影响"。内容要求中的动词部分就是学习后需达到的程度，内容要求中的两个动词分别是"了解""认识"。课程标准的学业要求告诉我们，学生在本节课学习结束之后，不仅要能对氯及其化合物的主要性质进行"列举、描述、辨识"，还要能"用化学方程式、离子方程式正确表示"。因此，可以把了解氯及其化合物的主要性质分解为：能正确列举氯气及其化合物的主要物理性质和化学性质，能从物质类别、化合价、氧化还原视角推测并写出它们之间相互转化的化学方程式。这样才能把学到什么程度说清楚。同样的思路和方法，"认识这些物质在生产中的应用和对生态环境的影响"可以分解为：能列举并解释氯气、次氯酸钠、次氯酸钙在工业生产中的应用实例，并说明氯气用于自来水消毒对生态环境有影响的具体原因。"结合真实情境中的应用实例或通过实验探究"就是对学生怎么学的规定性建议，教师不能只进行理论推演或者口头讲解。"真实情境中的应用实例"可以借助于"氯气会与水中的有机物发生反应……""演示实验 2-7 和实验 2-8""漂粉精用于游泳池消毒"的教材情境，还可参考课程标准中的"情境素材建议"补充"含氯消毒剂及其合理使用""氯气泄漏的处理"等生活情境。"通过实验探究"可增加"氯水中各微粒检验的探究实验"。教师可根据教材内容或学校实际条件适当增添有利于学生学习的各种教学资源，选择最优的教学策略和教学活动。

第三步，将教学目标进行排序和整合。

第四步，写出完整的教学目标。

二、阅读教科书，分析教学内容

案例 1-2-2[①]

"海水提溴"教学内容是在学习了氯的单质及其化合物性质的基础上进

---

① 杨健：《基于背景教学理念的空中课堂教学设计——以"海水提溴"为例》，载《化学教学》，2021(6)。

一步学习如何开发海水中的卤素资源，是学生学习化学工业制备和提取物质的一般原理和方法的优良载体，对深入认识卤族元素、理解卤素之间的相似性和递变性具有重要意义。

......

"海水提溴"为沪科版高一年级第一学期第二章第三节第一课时的内容，处于"开发海水中的卤素资源"的大背景下。第一章为原子结构及核外电子排布，第二章为海水晒盐的原理和方法、氯碱工业、氯的单质及其化合物的性质。这些内容是学习"海水提溴"的前置学科背景知识，具有重要意义：第一，海水中的主要元素含量及海水晒盐后的母液成分分析可以启发学生寻找"提溴"的原料；第二，氯和溴可通过原子结构的比较建立性质上的联系，强化学生"结构决定性质"的观念，培养学生宏观辨识与微观探析的学科核心素养。

在本讲之后学生将进一步学习"海带提碘""氯溴碘的活泼性比较""氧化还原反应""卤素离子的检验"等。这些内容是"海水提溴"的后置背景知识，要充分考虑它们与"海水提溴"的关联：第一，通过比较溴和碘的原子结构，推测碘的性质，巩固"结构决定性质"的观念，进而通过类比形成"海带提碘"的思路，强化证据推理与模型认知的学科核心素养；第二，通过推测、实验、归纳的方法研究氯、溴、碘的化学活泼性规律；第三，"海带提碘"中所涉及的化学反应原理是未来学习"氧化还原反应"和"离子反应"的绝佳素材。

"海水提溴"是典型的化工生产之一，化工生产的思想方法及一般模型也是其重要的学科背景知识，"海水提溴"也对其他化工生产的学习起到借鉴和启发作用。

问题聚焦

问题1：教科书中有哪些内容？这些内容是如何被组织起来的？

问题2：教学内容分析从哪些方面着手？

在了解课程标准中的课程目标、内容、要求以后，教师仍然需要对具体教学内容进行深入分析，以制定可以实施的教学目标。那么如何分析具体教学内容呢？我们可以从以下四个方面进行。

（一）读懂教科书，把握教学内容[①]

根据教材分析的范围，化学教材分析层次可分为化学教材宏观分析、化学教材中观分析和化学教材微观分析三个不同层面。服务于教材不同"位置"的、多层次的教材分析模式如图 1-2-3 所示。

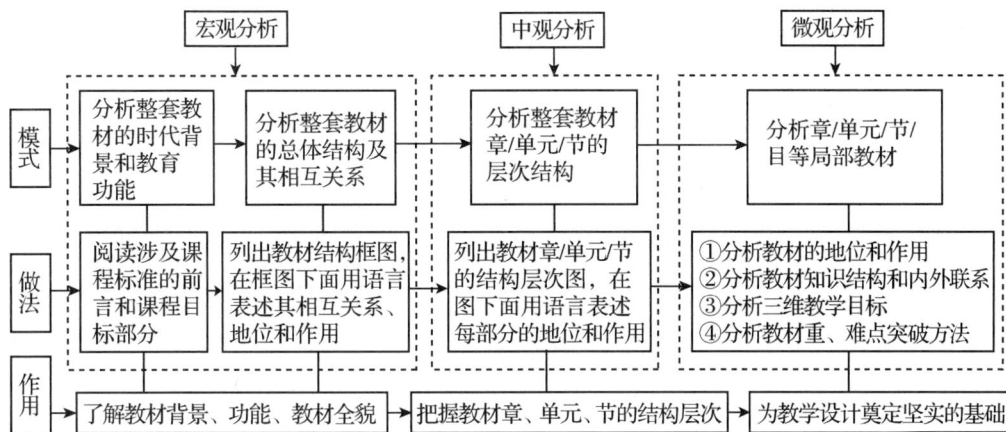

图 1-2-3　从宏观到微观的教材分析模式

1. 教材的地位和作用

分析教材，首先要从宏观上理解教材内容在整个化学课程体系中的意义和价值，明确教材内容对于学生形成化学科学素养、形成化学认知、学习化学知识的重要作用。

教材的地位和作用应该被理解为所分析的教材内容在教材体系中的意义，该内容对学生的化学学习和终身发展以及学生对科学、技术和社会发展的理解所起的重要作用。因此，教师有必要站在全局的高度来把握教材，综合分析教材的地位和作用。从这层意义上来讲，对教材的地位和作用的分析至少包含以下两方面内容。

第一，所分析的教材内容所处的"地理位置"以及这样安排有怎样的意

[①]　王后雄：《中学化学课程标准与教材分析》，166～184 页，北京，科学出版社，2012。

义。这就要求教师不仅要描述出该教材内容被安排在哪里，而且要分析教材编写者是基于怎样的考虑将这一内容安排在这里的。

第二，该内容的学习需要让学生掌握哪些方面的认识、技能或者研究方法，将发展学生哪些方面的能力，这些知识对学生的学习和终身发展有何重要的作用，对学生改变学习方式有哪些重要意义，对人类生产、科技发展、资源环境等一个或者多个方面有何重要意义。

案例 1-2-3

"研究物质性质的方法和程序"一课位于鲁科版普通高中教科书《化学（必修）》第一册第一章第二节。学生已经在初中学习了氧气、氢气、二氧化碳、铁等物质的性质，在认识这些物质性质的过程中运用了观察、实验、比较等研究方法。本节课要让学生在经验的基础上对研究物质性质的基本方法进行整合，通过研究金属钠的性质，体会应该怎样更科学、更合理地运用这些方法研究物质的性质，并为学生提供研究物质性质的一般程序。通过对氯气性质的研究，学生体会如何运用研究物质性质的程序，怎样处理程序中每个环节的具体问题，为以后的学习做准备。

2. 教材前后内容的联系

教材是个系统的、富有逻辑的课程内容呈现载体。从结构主义的角度来看，教材的某一章、某一节都可以被看作整个结构体系中的一个要素，这个要素除了具有其自身所独有的地位和作用外，还与其他要素(其他章、节)之间存在相互联系和相互作用。所有要素正是有了这样的前后关系，才构建起了整个富有逻辑性和规律性的教材内容体系，才能够通过课程内容的作用实现学生的发展。因此，对于某一章、某一节教材内容的分析，教师需要准确地把握所要分析的教材内容与教材前后内容的联系，厘清在该内容之前哪些内容对该内容的教学有重要的影响，在该内容之后又有哪些内容是由该内容自然生成的。

　　教师要厘清教材前后内容的联系，需要识别所要分析的教材的基本内容。认识和理解教材时，首先，教师要明确教材的内容属于哪部分知识或技能，还要研究教材中各个具体内容分别属于哪部分知识、技能，以便依据不同类别知识、技能的特点和教学规律，选择适当的教学策略与方法。其次，教师要探讨教材前后知识和技能与所要分析的教材知识和技能之间的联系。在开展这项工作时，教师应该仔细思考这些问题：前面已经安排了哪些知识和技能？该内容包含的内容与前面的内容之间有何关系？该内容与后续学习的内容有怎样的联系，或者在后续学习中还有怎样的发展？

　　教材内容的组织应当实现学科内在逻辑与学生认识逻辑的统一。学科内在逻辑与学生认识逻辑往往是不一致的。教材如果按照学科内在逻辑去呈现知识和技能，不一定能够引起学生的学习兴趣、促进学生的认知发展。如何处理学科内在逻辑与学生认识逻辑之间的矛盾，实现知识、能力、情感态度与价值观的统一，编写者在编写教材的过程中需要认真研究。教师应明确教材的组织意图，理解教材对于学科内在逻辑与学生认识逻辑的矛盾处理，这样才能够真正地把握教材的组织要义，使教材的价值得到充分发挥。

📎 | 案例 1-2-4 |

　　"元素周期律"是人教版《化学（必修）》第一册第四章第二节的内容，这部分教材内容包括元素周期律、元素周期表和元素周期律的应用。关于这部分内容，教材呈现的学科内在逻辑与学生认识逻辑如下。

　　分析教材表 1-2 数据—学生归纳 1～18 号元素的原子结构特点—思考与交流—得出原子核外电子排布的规律—提出新问题（如元素的金属性、非金属性是否随元素原子序数的变化而呈周期性变化）—实验探究（钠、镁、铝元素化学性质的比较）—得出结论—资料卡片（硅、磷、硫、氯元素的性质，事实）—思考与交流—概括出元素周期律—再结合周期表总结出元素性质、原子结构与周期表中元素位置的关系—应用。

　　元素周期律属于化学基础理论知识，基础理论教学应具有严密的逻辑

性，课堂教学的结构应当体现出教材本身逻辑系统的要求。教师要重视理论推理，借助于实验和事实分析，利用归纳法和演绎法培养学生的逻辑思维能力。这部分内容可采用问题探究教学模式组织教学过程。利用问题探究的形式组织学生活动，基础理论的教学模式一般为：提出课题—列出理论研究的要求—应用实验或资料，分析、阐述并得出规律性结论—结合新的事实检验、应用得出的结论。

3. 教材内容的呈现方式

在确定教材的地位和作用、内容的前后联系之后，教师要认真研究教材内容的呈现方式。新理念下的化学教材编写改变了传统的注入式呈现方式，现在更多的化学教材对内容的呈现更加注重从学生的生活经验出发，注重创设情境，引导学生自主学习、主动探究，培养学生不断探索、勇于创新的科学精神以及实事求是的科学态度、终身学习的能力。

分析教材内容的呈现方式首先要分析章节引言的呈现方式。引言的作用不仅在于点明本章或本节的主旨，而且在于激发学生对将要学习的内容的兴趣，强化学生的学习动机。只有在有兴趣的前提下，学生才能进行有意义的学习。大多数章节的引言都可以从学生或人们的日常生活、生产实际出发，从学生以前认为平淡无奇的现象中找到使他们产生认知冲突、惊讶、迷惑的切入点。那么，教材中引言的呈现方式究竟能否与所教学生的认知经验相联系，能否激发全体学生的学习兴趣？这需要教师结合自己所教学生的学情加以分析。

✑ | 案例 1-2-5 |

教科书通过"联想·质疑"及火山喷发学习情境的设计（图1-2-4），通过对身边的自然和社会环境的联想，激发学生进一步探究的动机，使学生明确探究的任务和意义。

▲▲▲ **联想·质疑**

火山喷发时熔岩喷涌、浓烟滚滚，不仅释放出巨大的能量，而且产生了许多含有硫元素的气体，在火山口还有硫单质出现。这是自然界硫单质及含硫化合物的来源之一。

除此之外，自然界中还有哪些含硫化合物？它们在自然界中是怎样产生和以什么形态存在的？人们是怎样把它们转化成生产和生活中所需要的物质的？在使用硫单质及含硫化合物的过程中，人们遇到了哪些问题？这些问题是如何解决的？

火山口的
硫单质

图1-2-4　教科书学习情境的设计

新课程化学教材的正文部分改变了知识陈述篇幅过大的局面，学生活动成了主体。这样做有利于学生学习方式的转变，也有利于教师教学方式的转变。

4. 教材知识的建构特点

教材所涉及的各类知识不是零零散散地排列的，而是结合一定的学科知识逻辑顺序和学生心理发展顺序有序排列的。这种排列既符合知识与知识之间生成与被生成、创造与被创造的先后顺序，又符合学生心理发展的顺序，如具体到抽象、无意识到有意识、无意注意到有意注意、机械记忆到意义记忆等，体现了合理、科学的建构特点。

研究每课教材知识的结构层次、逻辑顺序、知识类型、栏目呈现，分析编者知识建构的意图及内容选取、安排、编写的特点与风格，有利于分析知识结构及内外部联系，把握教学起点和教学流程，使教材分析能针对学习内容的特点和学生身心发展的特点，更好地落实教学目标。

📎 **案例 1-2-6**

人教版《化学(必修)》第一册和鲁科版《化学(必修)》
第二册中的"化学键"的正文编排顺序分析

人教版在引言中提出"某种作用"以后,开始介绍离子键,并以此为基础介绍离子化合物,总结出哪些元素可以组合成离子化合物,在介绍离子化合物的形成过程中引出电子式的书写。内容的整体编排顺序为氯化钠—离子键—离子化合物—离子化合物形成过程,从简单的离子化合物——氯化钠入手,符合学生的认知发展顺序,使学生易于理解。在介绍共价键时,提出新的问题:为什么是 2 个氢原子结合成氢分子,2 个氯原子结合成氯分子,而不是 3 个、4 个呢?为什么是 1 个氢原子和 1 个氯原子结合成氯化氢分子,而不是其他的原子数目相结合呢?进而由原子数目开始分析微观的共用电子,依然是从宏观到微观的思路。接下来对共价键的介绍和离子键的编排顺序一致,介绍共价化合物和共价化合物的形成过程,并在此期间引入用短线"-"表示 1 对共用电子对,通过"吸引电子的能力"来介绍极性共价键和非极性共价键。最后总结出"化学键"这个大概念以及化学反应的本质。课后栏目补充介绍了分子间作用力。简言之,人教版主要的编排方式是"分—总"结构,先介绍化学键中分出的离子键和共价键,再总结出化学键的定义。学生先学习原有概念"离子键、共价键",再学习新概念"化学键"。

鲁科版是从化学键开始的,主要按"总—分—总"结构编排,先介绍"化学键",从原有概念"化学键"到新概念"离子键、共价键"。在介绍"化学键"这个定义的同时举出反例,"水分子间的相互作用不属于化学键"。这种方式让学生对这个定义有了进一步辨析。虽然教材内容还未明确提出"分子间作用力",但是此时学生已经明白两者是并列关系,即通过比较给出了新概念之间的关系,达到了辨析概念的目的。通过陈述"氯化氢分子中存在由氢原子和氯原子形成的化学键;实验证明,氯化钠固体中也存在化学键,但是这种化学键不同于水分子和氯化氢分子中的化学键"的结论,引发学生思考;介绍离子键和共价键,中间同样穿插了对电子式的介绍,但没有提及

用短线"-"表示1对共用电子对，最后再介绍离子化合物和共价化合物。而
人教版由于前面已经展示了离子化合物的形成过程，因此是在介绍离子键
的同时把离子化合物介绍出来的。鲁科版将"键"，即离子键和共价键作为
一组一起介绍，再将"化合物"，即离子化合物和共价化合物作为一组一起
介绍，在"化合物"介绍中将原有概念"化合物"进行新的分类，得到新概念
"离子化合物、共价化合物"，并最后在栏目中介绍离子化合物的特点，列
举出"分子结构相似的 HF，HCl，HBr，HI 中的共价键强度从 HF 到 HI
逐渐减弱，因此这四种氢化物的热稳定性从 HF 到 HI 也逐渐减弱"，从结
构到性质，并与前面学习的"元素周期律"知识相联系，培养了学生的"证据
推理与模型认知"的化学学科核心素养，由此引出了吸引电子的能力，介绍
了极性键与非极性键并举出了例子。

综上可以发现，尽管两版教材在内容上相差不大，但在编排方式上大
相径庭，它们的正文编排顺序分析见图 1-2-5。

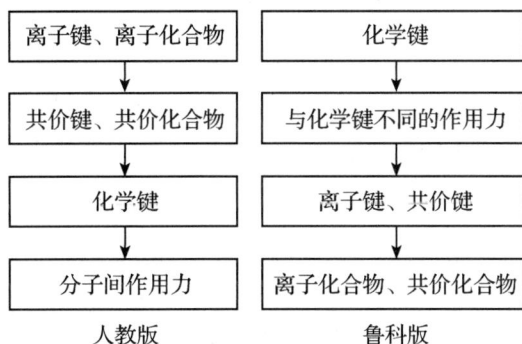

图 1-2-5　人教版与鲁科版教材中"化学键"正文编排顺序对比

（二）分析教学内容的知识结构

对每一单元以至整册教材的教学内容进行知识结构分析，有利于教师
有步骤地展开教学活动，也有利于培养学生科学的逻辑思维方法。

分析教材单元知识结构关系的方式是：按照教材知识点的逻辑关系将
知识点用框图、直线或箭头绘制成一幅不同层次的知识点之间相互关系的
知识网络图，即化学知识结构图。这样，就使抽象的文字转换成简明形象

的图表，使知识网络化、形象化、直观化。心理学实验证明，把知识放进构造好的模型里，形成紧密结合的知识体系，就能将知识长期保持在记忆里。例如，分析鲁科版《化学（必修）》第二册第一章"原子结构元素周期律"，可绘制出如图 1-2-6 所示的知识结构图。

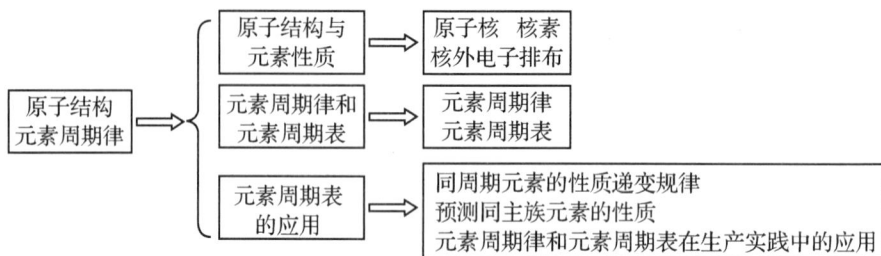

图 1-2-6 "原子结构元素周期律"单元知识结构图

从图 1-2-6 可知，本章首先在学生经验的基础上继续深入介绍原子的结构，并利用原子结构的知识解释某些元素的部分性质；其次引导学生探索元素性质（最外层电子排布、原子半径和元素的化合价）和原子结构的关系，从而归纳出元素周期律；最后在掌握元素周期律的基础上，引导学生发现元素周期表中元素的排布规律，认识元素周期表的结构，了解同周期元素性质的递变规律，初步学会预测同主族元素的性质。

教材单元的外部联系是指与本章中各知识点有联系的其他章节知识、其他学科知识及生产和生活的知识，它们与本部分教材内容的关系是横向关系。化学学科与其他许多学科相互联系、相互渗透、相互制约、相互作用，因此化学是一门高度综合的学科，化学教材内容涉及数学、物理、化学、生物、地理等学科知识。

化学教材的外部联系主要包括三个方面：一是学科内联系，即与其他章节内容的联系，初中化学教材和高中化学教材的联系，包括重叠与加深等联系；二是学科间联系，即与其他相关学科的联系，简称科际联系；三是与生产、生活、科技、环境的联系，包括与现实生产、生活的联系，与热点问题、重大问题的联系。[①]

---

① 王后雄：《中学化学课程标准与教材分析》，175～176 页，北京，科学出版社，2012。

（三）教学内容的教育教学功能和价值

建构主义认为，知识不是独立于认知主体而存在的各种规则、定律和理论的集合，而是人类永无止境地探索和研究的内容，蕴含着特定的科学过程和科学精神，也就是说任何知识都具有多重价值。简单地说，知识的价值是指知识对学生个体发展的有用性。任何化学知识都具有多重价值，不仅有帮助学生解决实际问题的应用价值，还隐含着有利于学生对科学方法的掌握和学科能力发展的价值以及有利于学生情感态度与价值观形成的情意价值，具体包括以下几个方面。

1. 迁移价值

迁移价值是指先前获得的知识能够促进对后继知识的学习，有助于更好地解决发展过程中遇到的各种问题和困难。

2. 认知价值

认知价值是指获得知识的过程是学生对知识的自主探究过程，这个过程本身能够提高学生学会学习的能力。

3. 情意价值

情意价值是指知识的学习过程会对学生的情感、意志、态度和价值观等的发展产生积极的影响。[1]

案例 1-2-7

"燃烧的条件"实验的教育功能分析[2]

对于该实验，它的教育功能主要有以下几点。

第一，在科学方法上，使学生进一步体验科学探究的过程，学习对比实验的方法。关于"燃烧的条件"实验，清华大学宋心琦教授曾经提出，目前只能依据在不同体系、不同条件下实验现象间的差别进行探究活动，即需要通过多个体系的综合和比较来获得结论。新课程标准也提出，学生在设计简单的化学实验方案时，"具有控制实验条件的意识"。

---

① 王后雄：《中学化学课程标准与教材分析》，18 页，北京，科学出版社，2012。
② 张军刚：《围绕教育功能进行实验改进和教学——以"燃烧的条件"实验为例》，载《化学教育》，2017(3)。

第二，就科学知识本身而言，通过对比，帮助学生体会、感悟可燃物燃烧所需要的条件。

第三，转变学生已有认识。在该实验过程中，由于始终没有出现明火去引燃白磷，因此可以很好地转变学生头脑中存在的根深蒂固的认识，即可燃物需要"点"才能"燃"。学生具有这种认识的原因是多方面的，既有日常生活的经验，又有前面教师教学时某些不恰当的强化。从教学实际来看，这也是学生较难转变的一个认识，是教学中的一个难点。其实，"点"只是一个动作、一种行为，这种行为背后的实质是改变温度，使其达到可燃物的着火点。如何让学生关注到"温度"这一因素对燃烧的影响，使他们的认识从"可燃物燃烧需要'点'"这一表象转变为"可燃物燃烧需要达到一定温度"这一本质呢？当然还是要通过对比实验来实现。

（四）案例分析

案例 1-2-2 对"海水提溴"对学生的学习价值(是学生形成化学工业制备和提取物质的一般原理和方法的优良载体，也对学生学习其他化工生产起到借鉴和启发作用)，在教科书中的"地理位置"(为沪科版高一年级第一学期第二章第三节第一课时)及与本讲内容相关的前、后置学科背景知识等方面进行了细致的分析。通过分析，教师能够找到教学的切入口、教学资源，找准教学的定位，为后续教学积累素材，做好铺垫。

三、分析学情

📎 | **案例 1-2-8** |

学生"物质燃烧的条件"日常概念的诊断与分析[①]

1. 学生日常概念的诊断

关于"物质燃烧的条件"，通过访谈和诊断性测试，教师发现学生主要有以下认识。

---

① 何彩霞：《"燃烧条件"日常概念的诊断与教学对策》，载《化学教育》，2007(10)。

第一，木条、火柴、煤能够燃烧，玻璃、金属不能燃烧，说明只有一些物质能够燃烧。

第二，火柴、蜡烛等物质需要"点燃"才能燃烧。"点燃"是物质燃烧的条件。

第三，熄灭酒精灯火焰的方法，能够说明物质燃烧需要空气。

第四，用酒精灯加热纸锅内的水，纸锅不会燃烧，是因为纸锅隔着石棉网被加热，没有直接接触火焰。

经过探查，教师发现学生对物质燃烧需要"可燃物""氧气"的条件有基本认识，但存在错误的日常概念："点燃"是物质燃烧的条件之一。

2. 学生的错误概念的原因分析

学生的错误概念主要来自以下两个方面。

(1)日常经验。

燃烧现象是每个学生都有的日常生活经验。学生在日常生活中，通过直接观察和体验，获得了不少燃烧方面的感性知识。由于初中学生知识经验有限，考虑问题容易囿于表面，通常会根据一些具体的、显见的现象来对问题做出判断，而对于问题的本质(可燃物燃烧除需要空气外，还需要达到燃烧所需的最低温度，即着火点)无法感知，因此基于日常经验形成的认识往往是感性的、片面的，甚至是错误的。

必须引起注意的是，来自日常生活经验的概念通常是根深蒂固的，基于感觉体验的概念更是如此。

(2)以前的学习。

在这之前，学生学习了一些物质在氧气中的燃烧反应。相关化学方程式如下。(方程式略)

教材中提供的物质在氧气中燃烧的实例，反应条件都是"点燃"。教师在介绍相关内容时，演示了相关实验。学生曾观察教师是如何"点燃"的。教师基于教材内容的这种讲解，无疑强化了学生原有的错误认识。

问题聚焦

问题1：分析学情需要分析哪些内容？

问题2：常用的学情分析方法有哪些？

美国教育心理学家奥苏伯尔（David P. Ausubel）指出，假如把全部教育心理学仅仅归结为一个原理的话，那么一言以蔽之，曰：影响学习的最重要的因素就是学习者已经知道了什么。要探明这一点，并应据此进行教学。[1] 因此，需要确定学生的起点在哪里，才能明确教学的终点在哪里。尽管现在的教科书是按照课程标准的理念编写的，尽可能地引导学生建构知识、经历知识的形成过程，但是由于化学多种语言的表征方式及教科书文本的限制，所呈现的过程总会有思维上的不连续，有低于或高于自己所教学生认知水平的地方，因此教师在明确了教什么知识以后，需要分析学情。学情包括学生的知识基础、能力基础和心理年龄特点等。对于新教师来说，弄清楚学情并不是一件容易的事情；即便是对于经验丰富的教师来说，也是如此。

（一）学情分析的主要内容

学情分析主要围绕所学的知识确定学生的经验、能力和风格，寻找学生的最近发展区和教学的生长点。即会的不教，大部分学生努力也学不会的也不教，教学内容应该是学生目前还不会，但经过本节课的学习，能够学会的知识、方法。具体来说，教师应主要分析如下三个方面。

1. 分析学生的原有知识基础

分析学生的原有知识基础一定要围绕本节课将要学习的知识展开，分析学生的应然知识基础和实然知识基础。

应然知识基础，就是在化学课程中，学生学习过的知识。但是学生对于这些应该知道的知识是否都清楚呢？实然知识基础就是他们实际掌握的情况。这样会为教学目标的制定提供可靠的证据，提高教学的有效性。

---

① ［美］奥苏伯尔等：《教育心理学——认知观点》，佘星南、宋钧译，194页，北京，人民教育出版社，1994。

2. 分析学生的能力基础

在分析了学生的原有知识基础之后，教师还要分析学生的能力基础。分析的能力基础是和本节课所要学习的知识和能力相关的。能力的分析是以知识为载体的，借助于知识分析学生的能力（如理解能力、推理能力或者探究能力）处于什么样的水平。教师可以将理论作为工具设计测试题目。除了要检测学生对熟悉问题的解决能力以外，教师还可以设计一个新授课要学习的题目，让学生尝试解决，以此分析他们在面对新问题时的思考能力，分析他们的困难或智慧，为新授课提供有效支持。

案例 1-2-9

学生学情分析[①]

本节课是高三复习课，但是学生遗忘比较严重。学生虽然通过必修1学习了元素化合物的相关知识，学习了元素周期律，但是通过元素周期律认识和预测元素化合物，揭示不同元素间的内在联系，这种思想观念还没有被真正内化，元素周期律的功能价值没有完全发挥；学生初步接触了从化合价类别二维角度认识元素化合物的知识，但应用不够灵活，价类二维意识不够牢固。另外元素化合物知识零散庞杂，所以可以利用元素周期律寻找不同元素间的内在联系。为此在必修1学习完"物质结构 元素周期律"一章后，我们对学生的认知情况进行了问卷调查。问卷内容主要涉及元素性质的比较、物质性质的比较及对陌生物质的性质预测，结果反映出学生存在以下问题。

第一，学生对元素周期律知识的认知更多地停留在简单识记层面，在解释具体问题时较少从结构角度入手探讨元素及其化合物性质的递变规律。

第二，有些学生将元素周期律知识中的几组概念弄混了，如将元素的金属性与单质的还原性、非金属性与单质的氧化性混同。

---

① 王磊、胡久华、李川等：《核心素养导向的化学教学实践与探索（2018—2020）》，176 页，青岛，中国海洋大学出版社，2020。

第三，预测陌生物质的性质时缺少分析问题的角度。

3. 分析学生的认知风格和年龄心理特点

学生的认知风格和年龄心理特点也是不容忽视的问题。认知风格是"指个体在认知过程中所经常采用的、习惯化的方式，具体是指个体在感知、记忆、思维和问题解决过程中所倾向、偏爱的并且习惯化了的态度和方式"[①]。认知风格经典的分类是场依存型和场独立型，不同认知风格的学生会采用不同的学习风格。比如，场独立型学生在自习时遇到不理解的问题，坚持自己思考并最终给出自己的答案，思考自己的学习步骤并找到自己感觉最合适的学习方法，在课堂上一遇到问题就立刻打断教师并提问；而场依存型学生在自习时遇到不懂的问题会向同伴求助，注意教师说过的每一句话并按照教师要求的方法学习，严格遵守课堂纪律。因此教师需要通过课堂观察、作业或访谈了解学生的认知风格，采用有针对性的教学策略。

年龄心理特点也是教师必须关注的。根据皮亚杰（Piaget）的认知发展阶段理论，中学生逐渐从形象思维向抽象逻辑思维转变，不仅能对具体的现象进行推理，而且能对假设和抽象的可能性进行推理。教师要注意学生心理发展特点的差异性。有些学生在学习时需要借助于更多的具体例子，形象思维仍然是其主要思维形式，他们对于概念或规则的理解需要借助于活动和操作，然后发展到概念，因而这些学生需要发展逻辑推理能力和抽象思维能力。而有些学生抽象思维和逻辑推理思维更强一些，在进行某些抽象思维和逻辑推理的时候，即使不借助于实例，也能理解得比较好。教师可以采取有针对性的教学策略帮助学生学习。

<hr/>

① 张健、韩玉昌、陈胜男：《认知风格对决策中框架效应影响的研究进展》，载《辽宁师范大学学报（社会科学版）》，2014(5)。

理论书签

皮亚杰的认知发展阶段理论

瑞士心理学家皮亚杰把儿童的认知发展分成以下四个阶段。

第一，感知运动阶段（感觉—动作期，0～2岁）。这个阶段儿童的主要认知结构是感知运动图式。儿童借助于这种图式可以协调感知输入和动作反应，从而依靠动作去适应环境。通过这个阶段，儿童从一个仅仅具有反射行为的个体逐渐发展为对日常生活环境有初步了解的问题解决者。

第二，前运算阶段（前运算思维期，2～7岁）。儿童将感知动作内化为表象，建立了符号功能，可凭借心理符号（主要是表象）进行思维，从而使思维有了质的飞跃。

第三，具体运算阶段（具体运算思维期，7～11岁）。在该阶段，儿童的认知结构由前运算阶段的表象图式演化为运算图式。具体运算思维的特点：具有守恒性，摆脱自我中心性和可逆性。皮亚杰认为，该时期的心理操作着眼于抽象概念，是运算性（逻辑性）的，但思维活动需要具体内容的支持。

第四，形式运算阶段（形式运算思维期，从11岁开始一直发展）。在这个时期，儿童的思维发展到抽象逻辑推理水平，其思维形式摆脱思维内容。形式运算阶段的儿童能够摆脱现实的影响，关注假设的命题，可以对假设命题做出富有逻辑的和富有创造性的反应，同时儿童可以进行假设、演绎、推理。

（二）常用的学情分析的方法

分析学情时，运用多元分析方法与多维分析视角，可以使分析结果更为可靠，对教学目标的制定也更有指导价值。下面介绍几种常用的学情分析方法。[1]

1. 经验分析法

经验分析法是教师基于教学经验对学情进行一定的分析与研究。一般来说，教师自身的教学经验越丰富、全面，对自身的教学经验反思与总结、对学情的分析越深入，其分析结果也更有教学价值。因此，经验分析法是进行学情分析的常用方法之一。但仅仅依靠经验分析法进行学情分析是远远不够的，还需要一定的教育教学理论的支撑。只有这样，才能使学情分析不至于陷入经验主义和主观主义的泥潭。

2. 自然观察法

自然观察法是在自然条件下对学生个体的言谈、举止、表情等进行有目的、有计划的观察，以了解其心理活动的方法。教师在课上、课下要多注意观察学生在学习过程中各种外在的行为表现及其学习情绪、学习态度等的自然流露，以便对学生的学习情况和学习态度等有较为深入而全面的了解。[2]

3. 资料分析法

资料分析法即教师基于已有的文字记载材料间接了解、分析学生基本情况的一种研究方法。相关材料包括档案袋、笔记本、作业和试卷等。通过查阅相关资料，教师可以比较系统地了解学生的学习、生活、思想、个性以及家庭背景等方面的基本情况，这对全面了解学生的学习情况具有重要价值，对教学定向与教学预设具有重要指导作用。[3] 另外，教师还可以通过专门设计的试题、作业或任务对学生已有的知识储备进行检测与分析。

4. 问卷法

问卷法即教师通过相关问题（选用或设计）组成的问卷对学生的已有学习经验、学习态度、学习动机和学习期望等进行较为全面、深入的了解，并通过多元的统计分析为教学活动提供更进一步的量化与质性数据。问卷的设计要满足科学性与有效性的基本要求。问卷中的问题要能客观、准确、

---

[1] 马文杰、鲍建生：《"学情分析"：功能、内容和方法》，载《教育科学研究》，2013(9)。
[2] 吴银银：《高中生物学教学设计的学情分析：价值、内涵与方法》，载《教育探索》，2011(2)。
[3] 吴银银：《高中生物学教学设计的学情分析：价值、内涵与方法》，载《教育探索》，2011(2)。

全面地反映研究对象的实际状况，并与教学目标直接相关；表述要客观、准确、简洁、通俗易懂，避免带有任何暗示性或倾向性；一个问号前只能设置一个问题。整个问卷应该主题突出、简明扼要，便于学生回答，便于教师进行统计与分析。[①]

5. 访谈法

访谈法即通过教师与学生口头谈话的方式从学生那里收集第一手资料的一种研究方法。通过一定的深度访谈，教师可以更加深入、详细地了解学生的知识储备、学习经验、学习态度、学习动机等方面的信息，为教学活动的有效开展提供更进一步的"深度信息"。另外，运用多元分析方法对访谈资料进行全面而深入的分析，并进行科学而合理的"深度解读"，也是访谈资料发挥其应有的作用与价值的重要环节。

学情分析的方法并不唯一，且常常是结合在一起进行的，但无论采用哪一种方法或者哪几种方法，最为关键的是教师要从中获得最为真实的学生学习情况的信息，并对照课程标准要求确定学生学习特定内容的学情起点。教学设计也要基于学情分析中的实证，教学的起点也一定是学情的实际。

（三）案例分析

案例 1-2-8 采用了访谈和诊断性测试的方法，对学生对燃烧的认识进行了探查，学生已有认识中既有有助于教学的正向认识，如"只有一些物质能够燃烧""物质燃烧需要空气"，也有错误的或者说非科学的认识，如"点燃"是物质燃烧的条件之一；并且深入分析了造成学生现有认识的原因，日常生活经验和教师前期教学的某些不恰当强化成了教学需要突破的障碍。如果不了解学生的这些初始想法，不发现他们学习中的困惑，教师在教学中就无法提出有针对性的教学策略，无法真正转变学生的已有认识。

四、制定和表述教学目标

课程标准的要求明确了教学的内容范围与能力要求。教师应读懂教科书，确定教什么知识以及知识的类型与层次，分析学生的认知基础与年龄

[①] 钱军先：《学情分析：有效教学的核心和关键》，载《教育研究与评论·中学教育教学》，2009(8)。

特点，之后进一步明确学生的起点，确定教学目标，把教学目标书写为外显的行为表现目标。

案例 1-2-10

教学目标[①]

第一，通过自制冰、二氧化碳、金刚石、二氧化硅的结构模型，对比分析分子晶体、原子晶体微观结构的不同，并能够运用模型解释原子晶体的微粒组成、微粒间的相互作用和聚集状态，揭示原子晶体的本质，培养学生的微观探析、模型认知素养。

第二，通过观察石英晶体灼烧和干冰自然升华的实验现象，并结合表格等证据素材，能够从不同视角分析、推理原子晶体的性质特点，解释不同原子晶体性质变化的规律，渗透宏观辨识、证据推理素养。

第三，通过借助于 VESTA 三维显示软件探究金刚石、晶体硅、二氧化硅晶体的三维空间结构，能够从原子水平认识原子晶体的结构特点及其变化本质，了解金刚石和石墨晶体的结构差异，形成"结构决定性质"的观念，发展学生的微观探析、模型认知素养。

第四，通过了解与 X 射线及诺贝尔奖有关的科学史实，认识 X 射线晶体衍射实验在物质结构研究中的作用，能够欣赏晶体结构的研究及其理论发展对化学学科发展的贡献，渗透科学态度与社会责任的化学核心素养。

问题聚焦

问题 1：怎样设计一份合理的教学目标？

问题 2：怎样撰写一份规范的教学目标？

（一）明确教学目标的程序

确定教学目标主要有三个步骤：第一，教师根据初、高中化学课程标准，在了解课程的基本性质、基本理念和课程目标的基础上，针对教学内容主题，明确内容主题在不同学段的要求以及本学段所要达到的目标；第

---

① 史红霞、杨蓓：《"素养为本"的化学课堂教学——以"原子晶体"为例》，载《化学教育（中英文）》，2020(9)。

二，就具体的教学内容，以教科书的分析为本，结合其他的参考资料（教学参考用书、论文等），细化教什么知识、怎么教和教到什么程度，确定教学的重点和难点；第三，对学生的知识基础、能力水平和学习风格进行分析，以确定教学中的难点以及突破难点的教学策略。

（二）明确教学目标的基本原则

明确教学目标需要遵循以下三个原则。

1. 明确教学目标的分类、分层与逻辑关系

通过一节课的学习，学生可能要掌握具体的知识与方法，需要发展观察、归纳与概括等能力，也可能需要发展探究能力或实验操作技能。因此一节课需要完成的教学目标有好几个，教师需要对这些目标进行分类、分层。所谓分类，是指对教学目标从知识与技能、过程与方法和情感态度与价值观三个层面进行分类；所谓分层，即在每一类目标上，学生达到的水平层次并不一样，有的需要学生辨认、举例、描述，有的需要学生解释、比较、说明、归纳。

不同的教学目标之间有内在的逻辑关系，是围绕核心知识与能力展开的一个有机整体。教师可以按照教学内容的展开顺序设计目标，让前一个目标成为后一个目标的基础。

🔗 | 理论书签 |

教育目标分类

关于教育目标分类的理论，比较有影响力的有布卢姆的教育目标分类学和加涅的"学习条件"理论。

布卢姆把教学目标分为认知、情感与技能三大类，每一类又分为若干层，认知类六层，情感类五层，技能类七层，如认知目标分为记忆、理解、应用、分析、评价和创造六层。

加涅把学习结果分为言语信息、智慧信息、认知策略、动作技能和态度五类，对每一类也分了层。

2. 教学目标可观察、可评价

可观察是指在陈述具体的教学目标时不要使用知道、理解、欣赏、掌握这样描述心理过程的动词，而应该使用说出、辨认、解释、选择、简单计算等外在行为表现的词语，使得教师通过观察能够知道学生是否达到教学目标。可评价是指对结果有明确的评价标准。

3. 教学目标体现单元教学整体思想方法

教学目标需要体现对化学的基本思想方法的运用，这些基本思想方法并不是一节课就能体现出来的，因此在每一节课上教师都要结合具体的内容使其有所体现，这是单元整体设计的思想方法。

（三）明确教学目标的表述方式

1962 年，马杰（Mager）出版了《准备教学目标》（*Preparing Instructional Objectives*），此书被誉为"陈述教学目标中发起的一场革命"[①]。

马杰根据行为主义心理学所提出的行为目标［（behavioral objectives），有时也称作业目标（performance objectives）］，是指用可观察和可测量的行为陈述的目标。马杰提出，好的行为目标具有三个要素：一是说明通过教学后，学生能做什么（或说什么）；二是规定学生行为产生的条件；三是规定符合要求的作业标准。即一个完整的教学目标应包含三个要素：行为、条件和标准。后来，又有教育者提出应再加上一个要素，即对教学对象的描述。这样，就形成了教学目标的四要素，这种表述方法简称 ABCD 法。

①A——教学对象（audience），说明教学的对象是谁，通常可以省略。

②B——行为（behavior），说明学生在学习后能做什么。

③C——条件（condition），说明学生完成学习任务所需要的条件。

④D——程度（degree），提出评价学生完成目标的标准。

化学课程标准中列出的教学目标可表达为：

行为条件＋行为主体＋行为动词＋表现程度

     C   A   B   D

---

① J. A. Glover & R. H. Bruning，*Educational Psychology：Principles and Applications*，London，Scott Foresman & Co.，1990，p. 479.

例如，规范的化学教学目标陈述：

<u>在学习过氯元素的有关知识后</u>，<u>学生</u>能够<u>举出三个以上应用氯元素的</u>
<u>实例</u>。

       C   A   B   D

行为目标强调学习之后的行为变化和变化的条件。它的一般模式是行为主义心理学的刺激—反应模式。也就是说，它要求陈述提供什么条件（刺激）和学生能做什么（行为）。将刺激和反应规定得具体，那么陈述的目标也就具体了。例如：学生知道并能说出 Cl_2 的颜色、状态等物理性质。这样的教学目标表述比较具体、规范。应该注意的是，教学目标中的行为主体是学生，它所描述的是学生学习以后的行为，而绝非教师的行为，所以一定不要把目标写成"教会学生……"或"教师将说明……"等。虽然有的目标表述省略了教学对象，但是在这种目标中教学对象仍然是学生。

表 1-2-1、表 1-2-2、表 1-2-3 给出了编写具体教学目标时可供选用的行为动词。[①]

表 1-2-1 编写认知领域教学目标时可供选用的动词

教学目标层次	特征	可供选用的动词
知道	对信息的回忆	为……下定义、列举、说出（写出）……的名称、复述、排列、背诵、辨认、回忆、选择、描述、标明、指明
领会	用自己的语言解释信息	分类、叙述、解释、鉴别、选择、转换、区别、估计、引申、归纳、举例说明、猜测、改写、预测
应用	将知识应用到新的情境中	应用、计算、示范、改变、阐述、解释、说明、修改、订出……计划、制定……方案、解答

---

① 何克抗、林君芬、张文兰：《教学系统设计》，68～69 页，北京，高等教育出版社，2006。

续表

教学目标层次	特征	可供选用的动词
分析	将知识分解，找出各部分之间的联系	分析、分类、比较、对照、图示、区别、检查、指出、评析
综合	将知识各部分重新组合，形成一个新的整体	编写、写作、创造、设计、提出、组织、计划、综合、归纳、总结
评价	根据一定标准做出价值判断	鉴别、比较、评定、判断、总结、证明、说出……价值

表 1-2-2　编写动作技能领域教学目标时可供选用的动词

教学目标层次	特征	可供选用的动词
感知能力	根据环境刺激进行调节	旋转、屈身、保持平衡、接住(某物体)、踢、移动
体力	基本素质的提高	提高耐力、迅速反应、举重
技能动作	进行复杂的动作	演奏、使用、装配、操作、调节
有意交流	传递情感的动作	用动作、手势、眼神或脸色表达……感情、用一段舞蹈表达……思想情感

表 1-2-3　编写情感领域教学目标时可供选用的动词

教学目标层次	特征	可供选用的动词
接受或注意	愿意注意某事件或活动	听讲、知道、看出、注意、选择、接受、赞同、容忍
反应	乐意以某种方式参与某活动，以示做出反应	陈述、回答、完成、选择、列举、遵守、记录、听从、称赞、欢呼、表现、帮助
评价	对某种现象或行为做出价值判断，从而对其表示接受或追求，并表现出某种坚定性	接受、承认、参加、完成、决定、影响、支持、辩论、论证、判别、区别、解释、评价

续表

教学目标层次	特征	可供选用的动词
组织	把多种不同观念或价值标准组合在一起，并确定它们之间的相互关系，从而建立起重要的或一般的价值观念	讨论、组织、判断、使……联系、确定、建立、选择、比较、定义、系统阐述、权衡、选择、制订计划、决定
价值与价值体系的性格化	能自觉控制自己的行为并逐渐发展性格化的价值体系	修正、改变、接受、判断、拒绝、相信、继续、解决、贯彻、要求、抵制、认为……以致、正视

案例 1-2-11

教学目标

1. 通过观看微视频及阅读教师提供的资料卡片，认识海洋资源的重要性，认同化学对社会的重大贡献，培养信息素养及探索海洋资源的社会责任感等学科核心素养。

2. 通过知识回顾和观看微视频，了解海水资源利用的几种方法，明白化学对科技发展的重大作用，培养科学精神与创新意识等学科核心素养，赞同化学对于构建清洁低碳、安全高效的能源体系所能发挥的作用，承认化学对促进人与自然和谐相处的意义。

3. 通过对库尔图瓦发现碘的科学探究史料的学习及实验探究，掌握海带中化学资源的提取方法，学习运用实验流程图模型认识资源开发的过程，培养模型认知、变化观念、科学探究、科学精神、社会责任等核心素养。

行为目标虽然避免了用传统方法陈述目标存在的含糊性，但是也有缺点。它只强调行为结果，未注意内在的心理过程，因此可能导致教师只注意学生的外在行为变化，而忽视其内在的心理变化。此外，在具体的教学实践中，还有许多心理过程无法行为化。为了兼顾学生内部心理过程的变化和可观察的外在行为表现，可以采取内外结合的方法来表述具体的教学目标。另外，由于情感领域的教学目标的编写要想具有可观察、可测量的特点是非常困难的事情，因此应通过思想意识的外在行为表现来描述情感领域的教学目标。例如，若当实验室活动结束或终止时学生将设备放回原处，则表明学生有爱护设备的责任心。教学目标编写者把"学生能否将设备放回原处"的具体行动作为判断学生是否具有某种责任感或态度的依据，这就是情感领域的教学目标编写的一个例子。[①]

（四）案例分析

案例 1-2-10 中制定的教学目标，首先表述方式符合 ABCD 法，如"通过自制冰、二氧化碳、金刚石、二氧化硅的结构模型，
<u>C</u>
对比分析分子晶
<u>B</u>
体、原子晶体微观结构的不同"；其次教学目标中既有不同认知层次的目
<u>D</u>
标，也有情感类目标；最后教学目标行为动词多为可观察、可评价的外在行为表现的词语。

五、确定教学重、难点

📎 | **案例 1-2-12** |

教学重、难点[②]

教学重点的分析与确定：从课程标准的要求来看，化学能与热能之间的内在联系以及化学能与热能的相互转化在高中化学知识体系中占据重要的位置，同时也是高考考查的重要知识点之一，因此将它确定为教学重点。

教学难点的分析与确定：从本质上（微观结构角度）理解化学反应中能

---

① 何克抗、林君芬、张文兰：《教学系统设计》，69～71 页，北京，高等教育出版社，2006。
② 黄咏梅：《核心素养导向的中学化学教学设计》，151 页，重庆，西南师范大学出版社，2020。

量的变化，从而建立起科学的能量变化观。

问题聚焦

问题1：什么是教学重点？什么是教学难点？

问题2：二者有何异同？如何区分？

（一）什么是教学重、难点

教学重点是指教学内容中关键性的知识，如基本概念、原理、定理、公式等。是不是教学重点，取决于该部分内容在整个知识结构中的地位和作用。教学重点是学生必须掌握的基础知识和基本技能。教学重点的确定需依据教学目标，不可与之脱离。

教学难点是学生在学习过程中遇到的难以把握的学科知识、学科方法等。教师要熟悉教学难点在哪里，就要对学生的学情有清晰的认识。教师要先考虑学生已有的认知水平、对新知识的接受能力、对所学学科是否有学习兴趣及学习风格等，再决定学生的学习难点在哪里及应该帮助学生解决哪些困难。总之，教学难点是学生学习特定内容时所遇到的困难点和障碍点。

（二）如何区分教学重、难点

教学重点是教学内容系统中的核心内容和起支撑作用的内容，教学难点是学生学习系统中的学习困难点。二者是两个不同的概念，但有时在特定的教学设计中，教学重点内容是抽象难懂的内容，教学重点与教学难点就会重合，也就是说一节课的教学重点恰巧也是这节课的教学难点。但通常情况下，教学难点与教学重点不重合，因为它们所在的系统不一样，描述教学重、难点的方法也不一样。教学重点常用具体的教学内容就可以界定出来，而教学难点常常是刻画学生的学习困难所在。因此，一节课中的教学重、难点常常要被区别对待。

（三）如何确定教学重、难点

确定教学重、难点是教学设计的关键之处，教学设计在很大程度上是保障教学重点的落实和教学难点的突破的可行、合理、有效的教学策略。教学重、难点应如何确定呢？

1. 区分教学重、难点的主体

很多教师认为教学重、难点的主体是教师，教学重点是教师要着重去教授的内容，教学难点是教师难教的内容，这是不对的。教学重点是学生在学习上需要把握的重点内容，教学难点是学生学习中可能会遇到的困难和障碍。

2. 理解教学重、难点的内容

教学重、难点不仅仅是指化学知识，有些时候，过程、方法、情感和价值观的掌握与形成也是教学重、难点。尤其是在强调素养培育的今天，教学重、难点可能是化学大概念，可能是化学的知识结构，可能是化学的思维过程，可能是化学学科的思想方法，也可能是重要的化学知识点。

3. 基于教学目标确定教学重、难点

首先，教师要区分教学目标和教学重、难点间的关系。教学目标更多是站在教和学的视角来确定的，教学重、难点更多是站在学生学习的视角来确定的。二者是密切相关、紧密联系的。教学重、难点都应该是从教学目标中被挖掘出来的。教学重、难点完成的过程也是教学目标完成的过程。

（四）案例分析

从案例1-2-12中我们可以看出，确定教学重、难点的依据明显不同。教学重点的确定是根据知识本身在学科中所占的地位及课程标准、考试等的要求，教学难点的确定主要是站在学生的角度，二者很多时候并不等同。

实践操练

请按照本讲所学的制定教学目标的要求和方法，选择中学化学某一课时的特定教学内容进行教学目标的优化设计，并与原设计进行比较，说明改进过程中运用了本讲内容中的哪些理论观点或策略方法。

在完成上述任务的过程中，请同步思考以下问题并完成相应的任务：

第一，在中学化学教学中，如何正确处理好教育目标、课程目标、专题或模块目标及课时目标之间的关系？

第二，如何依据课程标准、教学内容和学生情况制定教学目标？

第三，依据课程标准要求、内容分析和学生情况，独立制定一节化学课的教学目标，并结合本讲内容的学习进行自我评价。

▶第三讲
教学策略的选择

教学策略是教学设计的有机组成部分，是在特定教学情境中为适应学生学习需要和完成教学目标并随情境变化进行调整的教学谋划和采取的教学措施。[①]

教师进行教学设计时，应能够了解特定的教学内容所引发的学生学习结果类型，针对学生各类化学知识的学习特点制定合适的教学策略，这是进行教学设计的一项重要内容。根据化学学科的特点，结合加涅的学习结果分类，化学知识的学习结果可分为五种类型：事实性知识、理论性知识、技能性知识、策略性知识和情意类内容。下面主要在介绍各类化学知识的基础上，针对学生学习的特点，提出各类化学知识的教学策略。[②]

[①] 魏兵、郭玉玮、于俊美：《化学教学策略与案例分析》，30页，青岛，中国海洋大学出版社，2019。

[②] 毕华林、亓英丽：《化学教学设计——任务、策略与实践》，104～138页，北京，北京师范大学出版社，2013。

一、事实性知识

（一）化学事实性知识概述

化学事实性知识是指与物质的性质（包括物理性质、化学性质）密切相关的，反映物质的存在、制法、保存、用途、检验和反应等多方面内容的知识。事实性知识是构成中学化学知识的"骨架"，与理论性知识、技能性知识等的教学和学习密切相关，学生化学概念的形成、基本原理的学习都是以事实性知识为感性基础的，同时它也能帮助学生巩固、深化和发展概念与原理。对化学用语、化学实验操作等技能性知识的掌握，都是伴随着事实性知识的学习而逐步推进的。正因如此，化学事实性知识被称为"真正意义上的化学"。

化学事实性知识主要有三个特点。

1. 与基本概念、原理及观念相互渗透

化学事实性知识所包含的丰富的元素化合物知识是学习化学基本概念和原理的基础。如果没有具体的元素化合物知识作为学生学习的基础，化学基本概念和原理的学习就会变得抽象而难以理解。此外，元素化合物知识体现的都是物质及其变化的宏观表现，这就为学生在原子、分子水平上建立化学的微观理论模型提供了丰富的实证支持。当然，承认化学事实性知识的基础作用，并不是要求学生以记住化学事实性知识为目标。化学新课程在知识的选择上更重视学生化学基本观念的形成，让学生在掌握化学事实性知识的基础上理解与之相关的核心概念，最终通过思维能力的提升形成对化学知识的整体性认识，从而形成化学基本观念。

2. 化学事实性知识之间具有紧密联系

化学课程中关于物质性质、存在、制法和用途等的内容较多，分布较广，虽然可以通过各族、周期物质性质递变规律减轻记忆负担，但是由于内容涉及的元素及其化合物种类较多，再加上性质有与一般递变规律不完全相符的"例外"物质，学生常常感到知识杂乱无章。其实，虽然化学事实性知识内容繁多，但是这些内容之间具有紧密的联系，规律性较强。通常

事实性知识之间的关系主要有以下几种。

(1)顺序关系。

以同一元素形成的单质和化合物中该元素化合价的高低为线索,将不同类别的物质联系起来可以形成知识主线。例如,氮及其化合物的知识主线为:

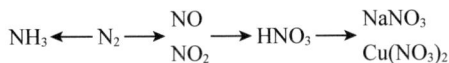

$$NH_3 \longleftarrow N_2 \longrightarrow \begin{matrix} NO \\ NO_2 \end{matrix} \longrightarrow HNO_3 \longrightarrow \begin{matrix} NaNO_3 \\ Cu(NO_3)_2 \end{matrix}$$

(2)因果关系。

知识之间具有因果关系,如物质的结构决定其性质,物质的性质决定其存在、制法、用途等,这些因果关系决定了知识之间具有内在逻辑关系,而且这种逻辑关系通常是以某一具体物质的化学性质为核心的。

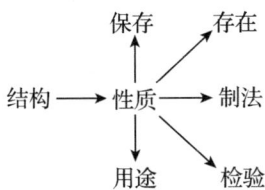

$$结构 \longrightarrow 性质 \nearrow \begin{matrix} 保存 & 存在 \\ & 制法 \\ 用途 & 检验 \end{matrix}$$

(3)种属关系。

元素及物质之间的相互转化以及不同元素及化合物之间表现出通性,这种联系就属于种属关系。利用这种关系,可将知识穿成"线",连成"网",形成知识网络结构。例如,硫及其化合物之间存在如下关系:

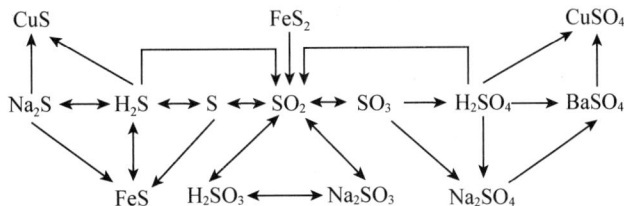

(4)功能关系。

利用这种关系可以打破教材内容的章节结构,以物质的功能或活动任务为线索重新建构知识结构,使形成的知识结构与问题解决活动紧密联系,提高知识检索效率和解决问题的能力。例如,以氧气的制取为线索,可以将中学阶段所学的能够制取氧气的所有反应进行归纳整理,形成新的知识结构。

3. 贴近学生的日常生活

化学与人类的生活有着广泛而紧密的联系，化学事实性知识之所以被称为"真正意义上的化学"，是因为元素化合物知识是人们应对生活问题需具备的基础知识。一个有文化科学素养、能充分享受现代物质文明和精神文明成果的合格公民必须具备一定的元素化合物知识。

（二）化学事实性知识的教学策略

根据对事实性知识在化学课程中所承载的教学价值和目标的分析，针对化学事实性知识的特点，教师在进行教学设计时该选用哪些教学策略呢？以下建议可供教师参考。

1. 从生活中取材，创设学习情境

情境对学生学习的重要作用越来越受到教育工作者的重视。在化学教学中引入情境，让学生在情境中体验化学知识的获得过程，有利于学生对知识的理解，提高他们分析和解决实际问题的能力。化学事实性知识与社会生产实际紧密联系，因此教师要充分考虑学生的生活经验，为学生创设生活化的学习情境，引导学生从身边的化学物质和现象入手，学习有关物质构成和变化的知识，然后运用所学的化学知识解决社会生活问题，使学生切身体会到化学对人类生活和社会发展的重要意义。

学习情境素材一般是与学习内容相关的各种背景材料，通常是学生在生活中遇到的实际问题和现象，或者是引起人们关注的重大社会问题，如日常生活中生动的自然现象和化学事实、化学科学与技术发展及应用的重大成就、化学对社会发展影响的事件等。

不仅情境要能给学生提供有用的信息，而且有价值的情境一定内含问题的情境，能有效地引发学生思考，促进学生积极思维。

2. 应用多种手段，强化直观教学

心理学实验证明，人们接受外界信息所运用的感觉器官不同，其记忆的保持率有差异。通过多种感官进行学习，充分调动大脑的思维作用，学生能提高对事实性知识的记忆。对于物质的许多物理性质、存在、制法等，单凭教师的讲授和学生的机械记忆，学生能够明白教师所讲的内容，然而教师所

提供的大量信息往往仅保留在学生的感知记忆里，根本没有经过学生短时记忆的思考过程，很难在学生头脑中形成表象。如果教师能够借助于一些直观的手段来帮助学生对这些知识形成鲜明而具体的印象，通过多种表征形式（图像的、声音的、感觉的）将这些知识存储在学生的头脑中，往往会取得良好的效果。

化学事实性知识包含大量有关物质及其变化的条件、现象等的知识。离开了实物和化学实验来讲授这些知识，必然会使学生感到枯燥乏味，更不能得到有关物质的正确表象。因此，在教学过程中教师要运用各种直观手段，把实物和实验提供给学生，让学生用各种感觉器官去获得对物质的感性认识，以强化形象思维。例如，钠、镁、铝均属于质软的金属，学生单纯记住一个"软"字不能在日后的学习中进行有效的提取和迁移，而且每个学生对"软"的想象也是不一样的，究竟软到什么程度，每个学生的想法并不一致。如果教师为学生准备三种金属，让学生亲自动手切一下，学生自然会对这三种质软的金属留下深刻的印象。

3. 建立知识结构，揭示内在联系

化学事实性知识涉及的内容庞杂，其中包括大量的化学反应事实和反应现象等的知识，这些知识形象、具体，学生很容易理解，但是记忆起来很困难，常常混淆。如果在学习过程中不注意及时梳理、分析、归纳，而是简单、孤立地机械记忆，不仅会增加学习的困难，也不利于对知识的长期记忆和有效提取及利用。对知识形成深刻的理解，意味着学生所获得的知识应是结构化的、整合的，而不是零碎的、只言片语的。因此，在事实性知识的教学过程中，教师应该引导学生认清知识间的内在联系，加强知识结构的建构。

结构化是把所学知识划分为不同部分或归入某种更大范畴，在头脑中组织起来，形成一定的结构。这有利于知识信息的记忆和检索提取，有利于增强知识之间的联系。知识结构化是优化认知结构的重要措施。中学化学知识体系是一个多维的、开放的网络体系，知识点之间的联系是多方向、多角度的，这为构建良好的认知结构提供了有利的条件。在教学中，教师应引导学生围绕知识间的内在联系，及时地对知识进行综合整理，把知识

点连成知识线，把知识线结成知识网，不断提高知识的结构化水平。

新知识的获得总是在已有认知结构的基础上进行的，学生头脑中已有的知识所能提供的联系和线索越多，越容易同化新知识。激活学生已有的知识，让学生通过积极的思维活动把新知识与已有知识紧密联系起来，这是构建知识结构的基本前提。为此，教师在教学中必须充分发挥学生学习的主动性，引导学生尽量把当前学习内容所反映的事物性质、规律和自己已经知道的其他知识相联系，并对这种联系加以认真思考，进行深层次的思维加工，从而实现对知识较深刻的理解。

4. 深化知识内涵，渗透情感体验

化学事实性知识与人类的生活密切相关，通过学习相关物质的性质、用途等方面的知识，学生可以了解化学制品对人类健康的影响，懂得利用化学知识去解决生活中遇到的问题，从化学的视角合理地开发和利用周围的资源。只有学习了这些知识，学生在面临有关化学的自然和社会问题时才能做出理智科学的决策，增强对自然和社会的责任感。但是在实际教学中，教科书中出现的有关反映现代化学及化工成果的事实性知识往往被教师当作不重要的课程内容，这势必会削弱该类内容的教学价值。因此，面对这一类教学内容时，教师应该深入分析事实性知识丰富的教学价值，紧密联系生活、社会，让学生获得积极的情感体验。

在教学中，教师应该把化学知识放在社会发展的动态背景当中，帮助学生从科学、技术和社会相互联系的视角认识化学，让学生应用所学的化学知识分析和解决社会生活问题，实现化学知识的生活化、应用化和实践化，从而使学生切实感受到化学学习既有趣又有用。

二、理论性知识

化学理论性知识是系统化的、具有广泛迁移价值的知识，反映了物质的本质和属性以及化学现象变化的规律，是事实性知识的理论基础，是分析和解决化学问题不可或缺的工具。理论性知识具有高度的概括性，从学生的角度来看，学生对化学知识的认识水平主要取决于他们对化学基本概念、理论的理解程度。因此，探讨化学理论性知识的教学策略对于提高教师的化学教学水平具有重要的意义。

（一）化学理论性知识概述

化学理论性知识是中学化学教学内容的精髓，体现了化学学科的基本观念，在化学教材中起着统领和制约全局的作用。学生只有掌握了一定的化学理论性知识，才可以使对事实性知识的学习不只停留在描述性的水平上，进而比较深入地认识这些化学现象的本质，预见某些元素化合物的性质和发生化学反应的趋势，解释产生某些事实和现象的原因。这样学生对化学知识的学习不仅知其然，而且知其所以然，从而提高化学学习质量。

1. 化学理论性知识的分类

化学理论性知识是指反映物质及其变化的本质属性和内在规律的化学基本概念和基本原理。其中，概念是原理的前提和基础，原理是对概念的进一步发展，二者相辅相成，共同构成了化学理论性知识。

（1）化学基本概念。

中学化学课程涉及大量的基本概念，这些基本概念按照不同的标准可以分成不同的类型。

①按照概念反映的物质本质特征分类。

第一，有关物质组成的概念。这类概念是根据物质及其组成的元素种类、物质种类以及物质在组成中所起的作用进行的分类。在中学化学课程中，属于物质组成的概念有纯净物、混合物、元素、单质、化合物、悬浊液、乳浊液、溶液、溶质、溶剂、酸、碱、盐、氧化物、氢化物、离子化合物、共价化合物、各类有机化合物（烃、烷、醇、酯等）。

第二，有关物质结构的概念。这类概念在物质组成的基础上，解释了物质的微观构成，包括构成物质的微观粒子种类和粒子之间的相互作用等。对这部分概念的学习需要以学生的抽象思维和想象为认识基础。在中学化学课程中，属于物质结构的概念有分子、原子、原子核、中子、质子、电子、离子、原子结构、分子结构、晶体结构、化学键、键能、分子间作用力、氢键、同素异形体、同位素、同分异构体等。

第三，有关物质性质的概念。这类概念主要反映了一类化学物质所具有的物理性质和化学性质的特征，是有关物质性质本质特征的知识。在中学化学课程中，这类概念有溶解性、酸性、碱性、氧化性、还原性、金属性、非金属性、稳定性、电负性、化合价、pH等。有关物质性质的概念不仅从质的方面要求学生应用概念的本质特征对物质的性质进行辨别，而且从量的方面要求学生对不同物质之间的性质进行比较。有的概念还有明显的定量计算关系。

第四，有关物质变化的概念。这类概念与物质的性质密切相关，主要反映了微粒运动的现象和规律。在中学化学课程中，这类概念有物理变化、化学变化、化合反应、分解反应、复分解反应、中和反应、置换反应、可逆反应、化学平衡、溶解、结晶、风化、潮解、取代反应、加成反应、聚合反应、消去反应、水解反应等。

第五，有关溶液方面的概念。物质在溶液中发生的行为是中学化学课程中非常重要的一部分内容，很多概念都和研究物质在溶液中的行为有关联。在中学化学课程中，这类概念有饱和溶液、溶解度、电解质、物质的量浓度、电离、电离度等。

②按照概念的内涵分类。

根据概念的内涵和外延能否明确界定，皮连生将概念分为能精确定义的概念和难以精确定义的概念，并且指出自然科学中的概念多数是可以精确定义的。其中能够精确定义的概念在化学课程中是以定义性概念的形式出现的，而难以精确定义的概念通常是以描述性概念的形式存在的。概念的内涵和外延能否明确表达，是由学生的认知水平和概念本身两方面因素决定的。因此，中学化学概念教学不能过分强调定义的严密性，要注意概念形成的阶段性、发展性和学生的可接受性。

第一，描述性概念。这类概念的内涵和外延无法用精确的语言来定义，即便能够用语言来表达，表述出来也非常复杂，难以让学生理解。由于描述性概念的抽象性程度低，学生在学习过程中可以通过识别具体不同的例子所具有的特征和属性进行辨别，从众多的实例中总结出概念所具有的本质特征和属性。对这类概念的学习必须借助于大量正例和反例来获得对概念本质特征和属性的把握。例如，对于初中化学课程中的氧化反应，它的描述性定义可以为"氧气是一种化学性质比较活泼的气体，许多物质都可以跟氧气发生化学反应，这类反应属于氧化反应"。

第二，定义性概念。定义性概念是通过下定义的方式来表达的，能够用精确的语言进行表述。例如，"酸"的定义性概念：把电离时生成的阳离子全部是氢离子的化合物叫作酸。和描述性概念相比，定义性概念的抽象性水平比较高，概念的本质特征在这个定义中已经明显地被揭示了出来，学生需要在把握这个概念本质特征的基础上，依据自己的知识经验，为概念赋予自我意义。因此在定义性概念的教学中，教师要向学生指明理解概念的关键内容。

（2）化学基本原理。

化学基本原理反映了化学概念之间规律性的联系，是学生进行推理、解决问题的重要依据。中学化学课程涉及的化学基本原理包括化学定律及化学理论，如质量守恒定律，阿伏伽德罗定律，元素周期律，溶液理论，电化学理论（原电池、电解池工作原理），化学反应速率及化学平衡理论等。

化学基本概念根据物质本质属性的不同将繁杂的化学物质和现象进行了分类，而化学基本原理反映的是概念本质特征之间内在联系的规律性，体现的是若干概念之间的某些关系。原理学习就是通过概念进行推理，对现象进行解释和预测。因此，对化学基本概念的深刻理解是学习化学基本原理的基础。

2. 化学理论性知识的特点

化学理论性知识反映了客观事物的本质特征以及物质及其变化的内在规律，能够帮助学生从本质上认识物质的结构、性质及变化规律。与事实性知识相比，化学理论性知识具有以下几个特点。

（1）化学理论性知识具有高度的概括性。

化学理论性知识是建立在具体和感性的化学事实性知识基础上的抽象知识，具有一定的概括性。和事实性知识相比，理论性知识不是分散的、

零星的知识，不是个别性的、具体性的知识，而是系统的、反映事物之间内在联系的知识，因此概括性强，抽象程度高。

化学理论性知识的高度概括性体现了一定程度的迁移价值。学生对理论性知识的掌握可以帮助其掌握规律，预见某些元素化合物的性质和发生化学反应的趋势，同化新的事实性知识或概念，实现知识的有意义建构，将所学到的知识系统化，使之便于记忆和检索。相对于事实性知识，理论性知识抽象化水平较高，学生掌握起来会比较困难，但是学生理解后，就会在头脑中保持较长时间。

（2）理论性知识学习依赖学生的理解力和想象力。

化学理论性知识的形成就是把感知阶段取得的客观事物的表象进行分析综合、去粗取精、去伪存真、由表及里的加工改造，由感性认识经思维加工过渡到理性认识，是揭示事物内在联系、概括事物本质属性的认识活动。理论性知识是在丰富具体的事实中抽象概括出来的，在学习过程中需要学生通过积极思维去理解物质及其变化的本质，这个过程绝非简单的记忆所能完成的。理解不同于机械记忆与技能应用，属于对知识的领悟过程，这个领悟过程取决于学生的思维深度；也就是说，学生在学习理论性知识时单纯靠记忆是无益的，思维只有达到一定的深度才能够领悟知识的内涵。

理论性知识是科学家对客观事物本质进行抽象的过程，在形成过程中包含了科学家的创造成分。学生在学习这些理论性知识时，必须发挥想象力，在头脑中构建出科学家所描绘的概念和原理模型，这样才能实现对概念和原理的理解，让理论性知识在头脑中留下深刻的印象。

（3）理论性知识的形成过程体现了丰富的科学观念、科学方法和态度。

对于任何理论性知识，如果我们将它还原到产生它的历史背景中去思考它与人的意义关系，就会发现每个具体知识都是人类智慧和情感的付出所取得的成果，都在事实表面的掩盖下凝结着人类探索物质世界的思想方法和价值观念，都是现实意义和潜在意义的集合体。化学理论性知识的形成和发展过程包含着大量科学家的创造性思考，融合了科学家的观念、科学方法和科学态度，这些内容对学生科学素养的培养具有重要的价值。因此，在化学理论性知识的教学中，教师不能将抽象的概念、理论看作枯燥难懂的"天书"，而要揭示知识产生的背景和条件，帮助学生了解知识产生的来龙去脉，这样才能促进学生对科学知识和科学本质的深刻理解，培养学生的批判性思维和创新意识。

（二）化学理论性知识的教学策略

化学理论性知识是思维的工具，是知识结构的联结点，是学生学习的核心。在教学中，学生如果开始没有清楚、准确地理解和掌握化学基本概念、原理，那么随着知识的不断增加和深化，就会出现概念越来越模糊、学习负担越来越重的情况。因此，教师必须重视化学理论性知识的教学。

1. 运用直观教学手段，提供丰富具体的实例

学生对概念的学习就是要概括出同类事物的共同本质特征，因此在概念形成的过程中，学生所要做的是从大量的事实中把握概念的本质特征，通过去粗取精、去伪存真、由表及里地进行思维加工，最终从感性认识上升到理性认识。在化学教学中，教师要善于运用各种直观教学手段，使学生获得有关物质及其变化的事实及现象的感性认识，然后运用分析、综合等抽象思维方式揭示事物的本质及变化规律，形成概念或原理。化学实验能够给学生提供生动鲜明的感性知识，教师要认真研究教科书中的每个实验，明确实验的目的，充分发挥实验在化学理论性知识教学中的作用。此外，教师还要充分运用模型、图表、动画、多媒体影像等其他直观手段，引导学生进行分析综合、抽象概括，使学生获得有关原理。

在化学基本概念和原理的教学中，无论运用何种直观手段，教师都要有计划、有目的地引导学生去观察、去想象，提出启发性问题，使学生进行分析讨论，揭示概念和原理的实质。

2. 加强探究教学，倡导学生主动探究

要使学生形成对化学基本概念、原理的深刻理解，培养他们对化学理论性知识的学习兴趣，教师就必须转变教学方式，进行探究教学。

探究教学是教师为了指导和促进学生的探究学习所设计和组织的一种课堂教学。探究是基于问题的探究，整个探究活动围绕一定的问题展开。学生在探究的过程中，通过收集支持假设的证据，在积极思考的基础上得出能够回答问题的解决方案。探究的目的在于能够使学生体验探究的过程和领悟科学的本质，并将获得的对问题的解释运用于新的情境。例如，对于质量守恒定律的教学，教师可以引导学生提出这样的问题："物质在参加化学反应前后，质量有什么变化呢？"学生在已有知识的基础上对这个问题提出各种猜想和假设。自己提出的假设是否正确？学生在此疑问下继续设计实验、记录数据、分析数据，最后得出结论。

开展和实施化学探究教学是一项复杂的系统工程，要成功地组织探究教学，需要教师选择适宜的探究内容，精心设计探究活动，并加以有效地组织和指导。

3. 重视观念建构，突出核心概念

以知识掌握为本的传统化学教学过于强调对化学知识的学习和记忆，把知识的掌握当作教学的最终目的，从而降低了知识对于提高学生科学素养的价值。学生学习化学课程，绝不仅仅是理解和掌握化学的基础知识和基本方法，更重要的是在认识化学学科特点的基础上，形成化学学科的思维方式和基本观念，促进科学素养的全面发展。这正是化学学科对学生发展的价值所在。新课程背景下以观念建构为本的中学化学教学重视学生对典型事实和核心概念的深入理解，把对具体知识的学习作为促进观念建构的手段，突出学生化学基本观念的建构和思维能力的提升。

形成基本观念所需要的素材必须有合适的、能有效形成化学基本观念的核心概念及形成核心概念的具体化学知识。化学理论性知识作为对化学科学领域中某类具体事物或现象的本质属性和内在规律的反映，与化学观念的形成具有紧密的联系。因此，在教学中教师必须超越对具体知识的记忆和简单应用，以具体知识和核心概念为载体，引导学生通过高水平的思维活动，形成化学基本观念。例如，围绕化学平衡这个核心概念，教师可以帮助学生形成以下化学观念：化学反应有可逆和不可逆之分，可逆反应

不能完全进行，在一定条件下只能进行到一定限度；化学平衡状态就是在一定条件下可逆反应所能进行的最大限度；只要外界条件的改变能够使正逆反应速率不再相等就可以改变反应的限度；反应速率和反应限度的调控对更好地利用化学反应意义重大。

4. 充分利用化学史实，加强化学史教育

化学理论性知识的形成过程体现了丰富的科学观念、科学方法和态度，对这些丰富的教育内容加以开发和挖掘，关键是要加强化学史教育。化学课程历来重视化学史教育，不同时代、不同版本的化学教材都呈现和展示了一些典型的化学史实材料。但是，教师在教学中往往对这些素材不加重视，多将其作为自学的内容让学生去阅读。殊不知，这些显性的史实材料背后隐藏着多重教育内容。例如，在什么样的背景下化学家来研究这个问题？化学家是用什么方法来研究问题的，其间经历了哪些不同寻常的过程？不同时期的化学家针对该问题各提出了哪些不同的看法，各自的依据以及特点又是什么？等等。如果学生能够对这些问题加以思考和分析，那么他们对相关化学概念、原理的认识自然会更加深刻和透彻。所以，教师应该加强有关化学概念、原理的教学，引导学生对化学发展进程中的事件做出理性的分析和评价。

对于一些重要的化学概念、原理，如果教材中未展示相关的化学史实，教师在教学中要收集和开发课程资源，在课堂上按照上述思路向学生介绍化学史素材，通过化学史教学进一步推进学生对化学理论性知识的理解和认识，培养学生良好的科学素养。

三、技能性知识

化学技能性知识是指与化学概念、原理以及元素化合物知识相关的化学用语、化学实验、化学计算等技能形成和发展的知识内容。化学技能性知识是化学学习的基础，教师要重视化学技能性知识的教学，引导学生在深刻理解相关概念、原理和元素化合物知识的基础上加强练习与反思，使学生熟练地应用这些技能性知识。

（一）化学技能性知识概述

从哲学角度来讲，技能性知识是指人们在认知实践或技术活动中知道如何去做并能对具体情况做出不假思索的灵活回应的知识。在心理学中，技能性知识属于一般知识分类中的程序性知识，是有关如何做的知识。在化学教学中，化学技能性知识是与化学概念、化学原理、化学实验、元素化合物等知识相关的化学用语、化学符号以及其他技能形成和发展的知识内容。教学实践证明，学生对化学用语、化学符号理解不透，使用不熟练，就会在问题的理解、分析和解决上有障碍；学生没有掌握好化学实验基本技能，就很难独立地完成实验学习，或者难以借用实验的手段更好地学习化学知识。

1. 化学技能性知识的分类

对于中学生而言，化学技能性知识一般包括化学用语技能、化学实验技能及化学计算技能。

（1）化学用语技能。

化学用语是化学科学思想的直接体现，是在化学科学发展进程中逐渐形成的一套简明、准确、国际通用的化学专用文字，是用来表示物质的组成、结构和变化规律的化学符号及术语，是对化学现象的一种本质抽象地表述。例如，化学方程式的普遍性在于囊括了自然界中不论何时何地发生的某种变化；它的深刻性在于抛弃了各种纷繁的现象，只把本质揭示出来。化学用语反映了化学学科特有的思维方式，是化学学习的重要工具。在中学阶段，学生需要掌握的化学用语主要包括元素符号、化学式和化学方程式。化学用语作为一种抽象的符号，本身承载了多种意义，是中学化学基础知识的重要组成部分。正确使用化学用语是学生需要掌握的一项基本技能。

化学用语可分为下述三大类。

第一类，表示元素（原子或离子）的符号或图示：元素符号、核素符号、离子符号、电子式、原子结构示意图、电子排布式等。

第二类，表示物质组成及结构的符号：最简式、化学式、结构式、结构简式等。

第三类，表示物质变化的式子：化学方程式、离子方程式、电离方程式、热化学方程式、电极反应方程式等。

化学科学力求从微观层面解释宏观现象，但是学生很难感受到微观世界的粒子是如何发生变化的，因此通过直观形象的化学用语，学生就能够对微观世界做出形象逼真的描述。

(2)化学实验技能。

化学是一门以实验为基础的科学，掌握化学实验技能是学习化学的重要方面，是课程目标的重要组成部分，也是学生进行科学探究活动的基础。化学实验技能是指学生在完成化学实验的过程中(包括实验之前、实验过程中、实验结束后)所需要的各种技能。这些技能包括：实验实施之前的实验方案设计技能、选择仪器和化学药品的技能等，实验活动之中的仪器组装技能、药品取用技能、正确规范地使用仪器的技能、观察及记录实验现象的技能等，实验结束之后的仪器拆卸技能、实验报告的书写技能及对实验现象和数据的分析及处理技能。

化学实验是进行科学探究的重要方式，学生具备基本的实验技能是学习化学和进行探究活动的基础。化学实验技能的培养必须和具体的探究活动相结合，不宜孤立、机械地训练，更不能把化学实验技能简化为单纯的操作技能训练，否则，难以全面发挥化学实验的教学功能。

(3)化学计算技能。

化学计算技能是指学生依据化学知识，运用数学方法来解决化学问题的技能。化学计算技能学习的基础是化学概念和原理，核心是思维能力及运算技巧的培养，依随其提升的是独立解决化学问题的能力。化学计算技能的教学要重视在学生理解化学概念的基础上，教给学生解决问题的思路和方法，防止将化学计算技能的教学演变成"缺乏化学意义的数学计算"，陷入题海训练的怪圈，加重学生的学习负担。

2. 化学技能性知识的特征

技能性知识作为一般知识分类中的程序性知识，与事实性知识和理论性知识所具有的特征有些不同。技能性知识主要具有以下几个特征。

（1）实践性。

实践性是技能性知识最基本和最典型的特征。它强调的是"做"，而不是单纯的"知"；它是一种"过程"，而不单单指"结果"；它是"做中学"和内在感知的统一，而不是外在灌输。就技能的存在形态而言，技能性知识存在从具体到抽象连续变化的链条。具体的一端表现为肢体技能，即一切与"动手做"（直接操作）相关的技能；抽象的一端表现为智力技能，即与"动脑做"（思维操作）相关的技能。在化学学科领域中，技能性知识介于两者之间，动作技能和智力技能在技能性知识发展的不同阶段相互融合、此消彼长，共同促进学生获得技能性知识。例如，对于有关化学符号的技能性知识，学生要会读、会写，其中的读、写就是一种直接操作的动作技能；会用就需要学生理解化学符号所承载的化学知识本质，并能够进行相关的思维操作活动。

（2）层次性。

技能性知识的掌握有难易之分，其知识含量也有大小之别。现代认知心理学家认为，表征程序性知识的最小单位是产生式。学生对技能性知识的掌握是通过掌握不同数量的产生式而实现的，每种技能可以分为几种程度要求较低的技能，更小的技能又能分为几个产生式的组合。例如，书写化学方程式的前提（技能性知识支持）是能够正确、熟练地书写各种物质的化学式；书写化学式的前提是能够熟练写出特定元素的符号，并知道元素组成化合物应遵守的规则。化学实验综合技能性知识包含多种实验操作技能性知识，在各个步骤和阶段可以将其分为几项相关的基本操作，任何一项操作又可以分解为几项简单的个别操作，这样层层相依，化学实验技能就可以按照个别操作、基本操作、综合实验操作的顺序逐步深化。例如，"溶液的过滤"可以分为过滤器的装备、过滤、沉淀的洗涤三项基本操作，过滤器的装备又可以分圆形滤纸的折剪和滤纸附贴在漏斗内侧两项单项操作，过滤又可分为过滤器的固定、过滤、重过滤三项单项操作。

（3）情境性。

技能性知识总是存在于特定的活动和情境中，学生通过参与实践，从技能性知识所依附的活动和情境中进行体验和感悟，通过大量的练习熟练掌握技能性知识后，便能内化为自动化的过程，最后可以在新的情境中以一种自主的行为进行操作。技能性知识学习初期是掌握技能操作的规则阶段，这个阶段可以脱离具体的情境和活动。然而真正掌握技能性知识必须将其应用到具体的活动和其存在的背景当中，这样才能够实现技能性知识的内化，才能够真正有效解决问题。

3. 化学技能性知识的学习过程分析

化学技能性知识的学习是在事实性知识和理论性知识的支持下，通过一系列连续的心理动作和身体动作完成的。根据心理学有关程序性知识学习的研究，化学技能性知识的学习过程包括三个阶段。

（1）规则学习阶段。

规则学习就是学生对技能性知识所涉及的一系列规则和程序进行了解与掌握的过程，这些规则和程序一般是以事实性知识呈现出来的。

（2）应用阶段。

对化学技能性知识的学习在初期可以脱离具体的化学情境及任务进行，但是如果技能性知识一直不能和具体的化学情境及任务联系起来，那么学生是无论如何也不可能深入理解和掌握该技能的。因此应用阶段是技能性知识形成和掌握的关键阶段。

这个阶段的主要特征是学生动手操作和动脑相结合，形成有效解决问题的技能性知识。应用阶段需要依赖具体的活动任务。没有具体的活动任务，学生技能性知识的掌握便成了一句空话。

（3）自动化阶段。

学生经历多次应用之后，对某一技能性知识认知操作的成分逐渐减少，规则渐渐融合在学生的外显操作中，学生外显操作越来越明显。这个时候学生对技能性知识的学习就进入自动化阶段。此时，学生的技能性知识将成为一种熟练的程序性知识，学生能够准确熟练地对化学任务做出判断，并且非常熟练地以一种外显的方式表示出来。在这个阶段，学生能够认识到技能性知识适用的条件，并能在特殊的化学任务中熟练应用，通过内省达到对技能性知识运用的自动化程度，这时技能性知识才具有在任何化学任务情境中得到广泛迁移的可能性。

（二）化学技能性知识的教学策略

1. 多重联系，深化理解

化学用语形象直观、言简意赅，但不是几个简单的符号或者符号的简单组合，其背后隐含了多种意义，在符号水平上反映宏观的化学现象和微观的物质构成，定性和定量表达着物质及其转化过程中的宏观和微观性质。当学生把具体的实物变化规律与代表它们的符号相联系时，他们的联想、分析、综合等思维能力就得到了训练和培养。

化学用语反映了化学学科特有的思维方式，是化学学习的重要工具。学生对化学符号的学习必须与它所反映的宏观现象、微观结构紧密结合，形成三重表征的思维方式。化学用语是联系宏观现象和微观本质的桥梁。因此，在进行化学用语的教学时，教师要有意识地将符号表征与其所代表的宏观事实和微观信息联系起来，而不是将化学用语当作孤立的符号让学生机械记忆。

2. 统筹安排，循序渐进

技能性知识具有层次性。基础环节的技能性知识若达不到自动化的程度，就会影响更高层次技能的操作和掌握。中学阶段的化学用语和实验技能几乎贯穿于每个年级的每个章节，并具有由低级向高级发展的特点。因此在化学技能性知识的教学中，教师要做到心中有数，统筹安排，循序渐进。初中生刚接触化学用语和符号，对其学习需要通过大量的记忆和认知操作来进行。而在化学教材中，化学用语的编排从属于化学知识体系，分布比较零散，所以学生要熟练地掌握使用化学用语的技能，必须抓住重点，做好合理安排。例如，对于元素符号的教学，要从绪言课开始，结合课本内容，有计划地让学生了解一些元素符号，达到会读、会写、会认的程度。待讲到元素符号时，教师再给出其化学含义，逐步使学生建立这种思维方式，此后再通过化学式和化学方程式的教学进行巩固，使学生达到熟练运用的程度。这种化整为零、分散难点的方法可以减轻学生的学习负担，而且能够使学生保持记忆。

此外，在技能性知识的教学过程中，教师要合理把握教学目标，注意不能对学生提出过高的要求，否则会挫伤学生的学习积极性，导致学生产生厌烦情绪。例如，很多学生初学化学时认为化学方程式的书写是十分困难的，这是因为初学化学时读、写都没有达到自动化的程度。所以，化学方程式的书写教学不能一次完成，切忌一开始就让学生做难度很大的练习，讲解多种配平方法，这样只会增加学习的难度，挫伤学生学习的积极性。教师要引导学生在日后练习中加深体会，逐步理解其含义，达到自动化的程度。

3. 加强任务练习，适时反馈

熟练的操作是衡量技能获得的重要标志。因此，对于技能性知识的学习，只是理解了其意义，知道如何应用是不够的。以离子方程式的书写为例，理解离子方程式的含义，知道其书写步骤只是基础，要熟练地写出离子方程式还必须有足够的练习。对技能性知识的运用要达到自动化的程度，必须经过大量的练习。教师在教学中应该给学生提供多种不同的练习，给予学生恰当的反馈，使学生能够在运用中掌握技能性知识。在为学生提供任务练习的同时，教师要引导学生进行想象和思考，重要的是要让学生达到技能的熟练化操作水平，而非机械地让学生脱离化学具体任务情境孤立地练习，因为这样只能让学生陷入死记硬背、机械训练的误区，最终丧失学习兴趣。

对于化学用语的使用，学生要通过大量的练习达到会写、会读、会用的程度。其中会写是化学用语教学的关键。化学用语的书写要求准确、规范，教师在教学过程中要以身作则。熟练地掌握化学用语，光靠教师一遍一遍地讲是不够的，学生必须在练习的过程中理解、巩固化学用语，采取各种形式的强化练习，逐步掌握技能。

对于化学实验技能，也应该在模仿练习、初步学会的基础上，给学生提供实验课题，让学生通过独立操作来完成实验任务，从而培养和提高他们的实验动手能力。

四、策略性知识

任何高效的活动总是和一定的策略紧密地联系在一起的。不论是化学学科的内容构成还是学生学习化学的过程，都包含着丰富的策略性知识。

与事实性知识、理论性知识和技能性知识相比，策略性知识对于提高学生的学习能力和问题解决能力具有不可比拟的作用，在教学中需要引起教师和学生的重视。

（一）化学策略性知识概述

学习策略是指学生为了提高学习效率，根据学习情境的各种变量、变量间的关系及其变化，有目的、有意识地对自己的学习活动进行计划、控制和调节的复杂方案以及所表现出来的行为方式。它既是内隐的规则系统，又是外显的程序与步骤。有研究表明，掌握和运用学习策略，并在此基础上生成自己的学习策略，是优秀学生学习效率高的重要原因。如果缺乏科学的学习策略，学生就不能有效地组织自己的学习，学习就会出现困难。学生对策略性知识的掌握是学生终身学习的重要保障，学会使用策略性知识是一种综合思考和解决任务的有效方式。

常用的学习策略有精加工策略、组织策略、元认知策略等。其中精加工策略是为了使人们更好地理解和记忆正在学习的知识而做的充实意义的添加、构建或者生发，如对要记忆的材料补充细节、举出例子、做出推论，或使之与其他观念形成联系等。通过精加工过程，信息进入学生已有的知识网络，在以后需要的时候学生容易检索，即使直接检索出现困难，也能够通过知识网络间接地把它推导出来。组织策略是指对精加工提炼出来的知识按其内在联系加以组织构造，使其形成更具层次性的新的知识结构。元认知策略是指对学习过程进行计划、监控和调节的策略。学生应能够对学习目标进行规划和预期，选择和运用适当的策略或方法用于目标的实现，对学习过程进行监控，随时根据需要调整学习计划和方法，对达到目标的途径和过程以及目标完成的情况进行自我评价和总结。

除了上述一般学习策略外，不同的化学学习内容具有各自不同的特点，需要运用不同的学习策略。

（二）化学策略性知识的教学策略

学习策略作为一种内隐的认知技能是可教的，教师在教学中应该着重从以下几方面进行努力。

1. 揭示学习策略的意义，激发学生学习心向

学生面对化学学习任务，不知道该用何种策略性知识时，就会对任务解决感到恐慌，将对任务的完成盲目地寄托在学习时间上，认为只要努力学习，就能够完成任务。这是一种缺乏策略性知识的表现，即学生不知道该如何学习化学。学生采用学习策略的过程是一个积极主动的心理过程。学生要对学习任务、学习环境的特点和自身的特点进行分析，在此基础上制订合适的学习计划，采用学习策略对学习活动进行主动性干预。学习策略的形成是一个持之以恒的过程，学生的学习动机对学习策略的学习具有非常重要的作用。如果缺乏学习动机，学生就不会自动地选择学习策略进行学习，而是一味地应付。

学生掌握一定的学习策略后，相信通过合理应用这些策略，就能取得良好的结果，这是一种认知带来的成功体验，属于学习的内部动机。有了动机的驱使，学生的学习就会变得积极主动，进而在学习策略的监控下，会针对一些较难完成的任务主动地去寻求各种解决办法。例如，学生对某部分内容掌握不熟练，根据之前策略的使用得出的经验，认为多做些不同类型的题目就能加深对该内容的认识，就会借助于课外辅导书、上网查资料等来寻求多方面的解答；有些学生也会选择通过实验的方式来获得解释问题的证据，努力寻找各种解决问题的办法。

2. 分析任务特征，引导学生采用恰当的学习策略进行学习

在学习过程中，学生往往因对任务的分析不恰当而造成对学习策略的选择不够理想。例如，学生决定"用一星期把《化学（必修）》复习一遍"，然而，在实际过程中，学生认为这项任务是繁重的，坚持了两天之后，因为总是重复地记忆，感觉学习一点成效也没有，所以失去了完成该任务的信心。《化学（必修）》包括哪些类型的化学知识？复习一遍之后期望有什么样的学习结果？在复习的过程中该选用什么样的方法？由于该学生并没有清楚地认识自身的学习任务，因此学习效果欠佳。这就需要教师在教学中帮助学生恰当地分析学习任务的复杂程度和需要努力的程度，为学生指明学习任务的重要性和复杂性，并进一步引导学生分析应采取何种学习策略进

行认知加工。学生能够根据任务特征制订整体计划，然后将任务分为不同的阶段，计划好在任务的每个阶段采取哪种学习策略。当然教师在引导学生分析任务特征的同时，要指导学生了解自己的学习风格，选择适合自身的学习策略，切忌用统一的学习策略去约束所有学生。

3. 开展自我调节的学习，培养学生的自主学习能力

学习策略不同于学习方法，它不仅包括学习方法，还包括对学习方法的掌握和应用。也就是说，在学习活动中，一个策略型的学生不仅要掌握一定的学习方法，还要知道根据自身的特点，根据特定的学习内容、学习情境，在分析学习方法使用的各变量以及各变量之间的关系的基础上，调控和使用学习方法，从而使学习更高效。也就是说，化学学习策略都是由具体的化学学习方法和对化学学习方法的调控、运用这两大要素构成的。掌握了学习方法和学习策略并不意味着学习就一定有效，在强调学习策略的同时还要让学生学会自我调节。

自我调节的学习强调学生能够有选择地运用学习策略，能够根据任务的需要和自身的实际情况选择最佳的策略来开展学习。然而随着学习的不断推进，任务和环境会发生变化，这时教师就需要引导学生反思自己的学习过程，对学习行为进行检查，比较目前所完成的任务与计划的吻合程度，并不断检查自己的学习结果离预期目标有多远，不断通过各种方式，如自我测验、与同学交流来检验学习效果，从而及时地控制和调整自己的学习行为。

五、情意类内容

人的素质结构主要是由认知和情感两个层面组成的，但是受唯理性、唯认知教育价值观念的影响，化学课程多年来重认知轻情感，重事实性知识、理论性知识和技能性知识，缺少对学生情感的教育与培养。传统化学课程割裂了人成长的完整性与整体性，违背了学习的生命意义。因此，化学课程不仅仅要关心学生能学到哪些具体的知识、技能与方法策略，更要关心学生对化学情意类内容的学习。

（一）化学情意类内容概述

一涉及情意类内容，我们常会想到兴趣、动机、爱国主义精神、品德、意志、责任感等概念。在化学领域，这些综合起来主要是指积极对待化学学习，充满兴趣与热情，乐于学习化学；对化学有正确的认识，拥有科学的化学观念与信念；加强化学与社会的联系，从更广阔的社会背景认识、学习、理解、应用化学，理解化学的社会意义与价值。这三个方面相辅相成、相互作用、相互影响。具体来说，学生的化学信念和社会价值取向会影响其化学学习的态度与情感。学生如果认识不到化学在社会发展中的重要作用，那么对化学学习就会缺乏应有的热情。此外，学生是否积极学习化学，也反过来影响学生头脑中化学信念的形成以及相应的价值选择。

与其他显性的化学知识相比，化学情意类内容学习具有独特的特点。

1. 情境是情意类内容学习的先决条件

人不是孤立地存在的，而是与外界环境相互作用的，离开了外界事物，人将失去其自身成长、发展的"土壤"。此外，人的情感具有感染性、辐射性，在一定的交往环境中，个人的情感往往会受到他人情感状态的影响。在充满欢乐气氛的情境中，人就会产生快乐的情感；在充满忧伤气氛的情境中，人就会产生悲伤的情感。同样，在·个积极向上的班级中，学生就会对学习、生活充满向往和激情；而在死气沉沉的课堂气氛中，原本蕴藏在学生生命中的强大活力会被抑制和淹没。因此可以说，人的情感领域的活动总是在一定的情境、一定的场合产生的，并且其发展也受学习情境的制约。

2. 活动是情意类内容学习的基本途径

脱离了活动，就不会有主体和客体间的相互作用，也就不会形成主体对客体的反映和认识；脱离了活动，主体就不会有直接经验的获得，也就不会形成亲身感受。活动能引起人在心理上的情感反应和内心感受，因此，主体的能动活动是情感态度与价值观形成的基本途径。

3. 体验是情意类内容学习的关键

从心理学来讲，体验是个体对不同情绪和情感状态的自我感受。人们在活动中总会根据事物是否符合自己的需要来表达对事物的看法，由此会体验到愉快与烦恼、喜爱与憎恶、满足和失望等感受，这些主观上的体验就是人的情感。这种自我感受从何而来呢？从主体用自己的心智去关注、欣赏、评价某一事件、人物、事实、思想等客体而来。所以说，体验是一种心智活动，是感受、感悟、评价等多种心理活动的交融。

（二）化学情意类内容的教学策略

情意类内容在教材中一般分布零散而且隐蔽性较强，因此在化学教学中，教师要能对化学教学内容进行情感性处理，从情意维度着手对教学内容进行加工、组织，使教学内容在向学生呈现的过程中能充分发挥它在情意方面的积极作用。此外，教师还要能够从认知维度对教学内容进行加工组织，从情意维度对教学内容进行优化处理，以其他类型的化学知识为载体做好情意类内容的教学工作。

1. 寓情于境，以境激情

一定的情境可以唤醒、激发学生的情感，情感的产生往往依附于某种特定的客观环境。因此，恰当的学习情境可以保持和增强学生对生活以及自然界中化学现象的好奇心和探究欲，让学生积极主动地学习化学；能够使学生增强热爱祖国的情感，树立为民族振兴、社会进步而学习化学的远大志向。在情感教育中，教师要善于创设与教学内容相关的具体情境或氛围，寓情于境，以境激情，由此唤醒学生的情感。

2. 设计活动，加强活动体验

任何一种情感体验都是个体具体的生命活动，不是靠外界的灌输与给予就能实现的。情感是在活动过程中生成的，离开了在活动中的感受和体验，学生就难以产生思想、观念上的冲击和交融。倡导学生主动参与、亲身体验的活动教学强调学生的情感态度与价值观、健全人格是在学生积极主动的活动过程中培养起来的。

在教学中，教师应明确教学活动包含的情感成分，并在适当的时候引导学生活动，在活动的过程中慢慢渗透情感，而不是告诉学生应该具有怎样的情感。所以，新课程强调学生通过亲身活动，感受活动的价值，加强在活动中的体验与内省，从而内化形成稳定的情感态度和科学的价值观念。

3. 强调合作，增强情感交流

教学过程不仅包括认知方面的信息交流，也包括师生、生生之间的情感交流。这种人与人之间的情感交流是情感态度与价值观形成的促进剂。所以，在情感态度与价值观的培养上，教师要重视课堂上的合作讨论，以此促进学生与学生、学生与教师之间的情感交流。

合作讨论是指学生采取分工合作、相互讨论的方式参与学习活动。这种合作讨论式的学习活动除了有助于学生高效地完成学习任务之外，还对学生情感态度与价值观的教育具有深远的意义。因此，教师在教学中要加强小组合作学习，提供机会让学生进行相互间的交流与讨论，促进学生彼此间的情感沟通与交流。

实践操练

请你结合对本讲内容的理解，选择中学化学某一课时的特定教学内容进行教学策略的优化改进设计，并与原设计进行比较，说明改进教学过程中都运用了本讲内容中的哪些策略。

在完成上述任务的过程中，建议选定某一特定的教学策略进行系统实践，并同步思考以下问题。

①看一看。观察一节优质课，并从中理解其中教学策略的使用。

②想一想。中学化学教学中有哪些主要的教学策略？教学策略需要依据什么进行选择，并根据什么进行设计？

③做一做。自己设计并讲授一次化学课，结合本讲内容的学习以及这次实践进行一次系统的教学反思，设想出下一次使用该教学策略进行化学教学时的调整计划。

▶ 第四讲
教学过程的设计

📎 | 案例 1-4-1[①] |

"乙酸"教学过程设计(节选)

教学环节	教师活动	学生活动	设计意图
环节一：食醋酿制，引入新课	【播放视频】《舌尖上的中国》片段 【介绍】从视频中我们进一步了解了食醋。粮食先酿造成酒，酒又发酵产生酸味，之后继续变化产生香气。食醋中含有乙酸，它是醋酸味的来源。	【观看视频】	通过视频引起关注，为后续课程学习做好铺垫。
环节二：验证酸性，分析结构	【任务1】观察乙酸，总结乙酸的物理性质。 【展示】固体状冰醋酸。 【讲解】醋酸的熔点为 16.6 ℃，当温度低于 16.6 ℃时，乙酸就会凝结为固体，因此，我们也将纯净的乙酸称为"冰醋酸"。	【观察总结】	培养观察能力，并利用冰醋酸提升兴趣，加深印象。
	【提问】从你对醋的认识来看，你认为乙酸具有什么化学性质？ 【实验】老师根据大家的设计准备了石蕊试液、活泼金属镁、强碱氢氧化钠和酚酞试液、碳酸钠、pH试纸，请大家用这五组材料分别验证乙酸的酸性。 【提问】通过酸的通性实验我们验证了乙酸具有酸性，那你认为乙酸与碳酸哪个酸性强？为什么？	【回答】酸性。 【实验并总结现象】 【回答】乙酸，因为乙酸能与碳酸钠反应生成碳酸，强酸制弱酸	从已有认知出发，用实验验证乙酸的酸性，培养合作精神，提升实践技能，掌握实验探究的方法。

---

① 案例来源：北京市大兴区兴华中学耿明希。有删改。

续表

教学环节	教师活动	学生活动	设计意图
	【提问】乙酸的酸性从何而来呢？或者说，乙酸溶液中的氢离子是从哪里来的？要解释这个问题，我们首先要了解乙酸的结构。 【展示】乙酸的比例模型。 【任务2】请根据比例模型拼插出乙酸的球棍模型。 【分析】乙酸的结构（碳氧双键的得出）。	【思考】 【观察】 【拼插】	利用拼插球棍模型强化对有机物成键特点的认识，认识乙酸分子结构，并强化符号表达。
环节二：验证酸性，分析结构	【任务3】请根据比例模型和球棍模型写出乙酸的结构式和分子式。 【提问】为什么乙酸有酸性，而乙醇没有酸性？ 【展示】乙酸结构式与乙醇结构式的对比。 【讲解】碳氧双键的存在是两者结构最大的不同，结构上的差异会导致性质上的差异：由于碳氧双键的存在影响了氧氢单键，使得氢更容易以 H^+ 的形式离去，所以乙酸有酸性，而乙醇没有。这个部分决定了乙酸的特殊性质，我们把这个基团叫作羧基，简写成—COOH，它是乙酸的官能团。乙酸的结构简式可以写为 CH_3COOH。	【思考】 【观察并回答】乙酸的羟基旁边多了碳氧双键。	通过对乙酸和乙醇结构与性质差异的对比，形成"结构决定性质，官能团决定有机物性质"的思路，认识羧基。
	【分析、讲解】我们知道了乙酸的电离方程式，就可以写出刚才实验中化学反应的化学方程式了。例如，醋酸与氢氧化钠的反应。酸与碱反应生成盐和水，水好写，盐是什么呢？很好，是乙酸钠，写法比较特殊，乙酸根写在前，钠写在后。 【任务4】请试着写出醋酸与镁反应的化学方程式。	【倾听、思考】 【书写】	

续表

教学环节	教师活动	学生活动	设计意图
环节三：演示动手，体会酯化	【过渡】乙醇经过发酵成了乙酸，在这之后，视频中还提到了一个使醋变得香气四溢的重要过程，这个过程叫什么？ 【讲解】酯化反应指的是酸和醇反应生成酯和水。例如，在酿醋的酯化阶段，乙酸和乙醇反应生成乙酸乙酯和水。但是该反应自然发生要经历 16 年才能到达反应限度，速率非常缓慢。我们在实验室模拟这个过程，需要提高反应速率，如何做？ 【讲解】在实验室中，我们以浓硫酸作为催化剂，在加热条件下进行实验。下面我来演示这个实验。 【演示实验】 【提问】实验现象如何？ 【提问】关于实验的几个问题： 1. A 试管中试剂的添加顺序是什么？为什么？ 2. 导管为什么不能伸入液面以下？ 3. 饱和碳酸钠溶液有什么作用？	【回忆】酯化。 【回答】催化剂、加热。 【回答】 【讨论、回答】	通过醋的酿造过程中的酯化反应，引起讨论，串联课堂。 通过演示实验帮助学生对酯化反应形成认知，提升学生的实验能力、观察能力和分析评价能力。
	【过渡】乙酸和乙醇的酯化反应究竟是如何发生的呢？ 【展示】乙酸、乙醇、乙酸乙酯的结构式。 【任务5】试着从成键、断键的角度分析反应过程。 【过渡】究竟是如何断键的？（提示：怎么分辨这两个羟基？） 【展示】同位素示踪法。 【提问】哪些键断裂？谁提供羟基？谁提供氢？ 【总结】酸脱羟基，醇脱羟基上的氢原子。	【思考】 【作答】做标记 【回答】	

续表

教学环节	教师活动	学生活动	设计意图
环节三：动手演示，体会酯化	【任务6】用标记好氧的乙醇和乙酸的球棍模型尝试表现这个过程，描述乙酸与乙醇的酯化反应的过程（动画配合）。（检查：带标记的氧在乙酸乙酯分子中。） 【提问】这个反应属于哪种有机反应类型？ 【拓展】当然，醋的香气不仅仅是由于乙酸与乙醇发生了酯化反应。有些醋杆菌氧化糖生成琥珀酸、乳酸等，发酵时这些酸与醇也能产生酯，增加食醋的香气。	【活动】 【描述】 【回答】取代反应。	通过分析推理、收集证据和动手拼插，提升解释证据与结论关系的能力，从成键、断键角度加深对有机反应的理解，拓展对官能团的认识。
	【过渡】粮食经过层层发酵，产生酸味、香气，成为我们生活中必不可少的调味剂。此外，乙酸还是一种重要的化工原料。 【展示】乙酸是一种重要的化工原料。		
环节四：脉络梳理，小结提升	【小结】今天我们通过醋的酿造过程学习了乙酸的性质。通过对其结构的分析进一步理解了乙酸的性质，因为结构决定性质。也在性质的基础上，认识了乙酸的用途，因为性质决定用途，这也是我们化学学科研究物质的重要思路。	【归纳】归纳整理"结构→性质→用途"的思路。	加深对化学特有思维的理解，回顾、梳理课堂内容。

板书设计

乙酸

结构 ——决定——→ 性质 ——决定——→ 用途

分子式：$C_2H_4O_2$

$$CH_3-\overset{\displaystyle O}{\overset{\displaystyle \|}{C}}-O-H$$

官能团：—COOH
（羧基）

结构简式：
CH_3-COOH

1. 弱酸性
$$CH_3COOH \rightleftharpoons CH_3COO^- + H^+$$

2. 与醇发生酯化反应
$$CH_3COOH + C_2H_5OH \underset{\triangle}{\overset{浓H_2SO_4}{\rightleftharpoons}}$$
$$CH_3COOC_2H_5 + H_2O$$

问题聚焦

通过以上案例，你认为什么是教学过程？它包括哪些因素？如何设计教学过程？

一、教学过程的含义、特征及基本环节

教学过程是指教师设计教学情境，组织教学活动，与学生进行信息交流，引导学生理解、思考、探索和发现的过程。[①] 此外，教学过程还包括教学管理、教学进程调节，以确保教学的有效性。

教学过程本质上是学生的认识过程，因此教学过程必须受人类认识的普遍规律的支配、制约，但是教学过程又是一个特殊的认识过程，即它是学生个体的认识过程，与人类总体和学生以外的其他个体的认识过程相比，在认识的任务和认识的方式上存在着不同，这样就形成了教学过程的某些特殊性。

教学过程具有以下一般特征。

（1）间接性。在教学中，学生主要是掌握人类长期积累下来的科学文化知识，而其他个体，如科学家则不同，他们主要是去探索未被认识的事物。这就是说，学生的认识对象是特殊的，学生主要是学习间接的经验，学生的认识方式主要是间接的方式。

（2）引导性。在教学中，学生的认识过程是在教师的启发引导下完成的，教师不但自己有知识，而且能把学校的一切有利条件、精选的教学内容、科学的教学方法等组织成适合学生一定发展阶段和水平的教学模式，从而引导学生顺利完成学习任务。因此，在教学过程中，教师必须充分发挥教的主体作用。

（3）简捷性。教学过程不是简单重复前人发现某一知识的全部过程，而是学生在教师精心设计的教学方案的指导下和在一定的学习环境中有目的、有计划地完成学习任务，这使学生的认识过程有了捷径。其结果是使学生

---

① 陈琦、刘儒德：《教育心理学》，6页，北京，高等教育出版社，2005。

少走弯路，减少或避免认识上的失误。

（4）序列性。人类的认识过程往往表现出一定的跳跃性和曲折性，而教学过程中的教学体系是以学科知识的逻辑顺序、学生的认知顺序和心理发展顺序巧妙组织而成的，具有很强的序列性。

（5）互动性。新课程改变了过去把教学过程视为知识单向传输过程的旧观念，认为教学过程不是一个单纯的认知过程，而是师生、生生交往互动的过程。交往是教学活动的基本形式，互动是师生交往主要的特点。交往即共存的主体之间相互作用、相互交流、相互沟通、相互理解。在教学过程中，师生交往的本质就是教师的人格精神与学生的人格精神在教育情境中的相遇。在课堂教学中，它的主要表现形式是平等对话。对学生而言，这意味着心态的开放、主体性的凸显、个性的彰显、创造性的解放。对教师而言，这意味着上课不是单纯传授知识，而是一起分享理解，不但要关注物，而且要关注人，上课不再是时光的耗费，而是生命活动、专业成长和自我实现的过程。[1]

教学过程要经过一定的教学环节才能完成预定的教学任务，实现预期的教学目标。如果把教学过程看作一根长的链条，那么这根链条是由一个一个环节组成的。由于教学过程采用的教学形式不同，因此要经历的教学环节也会不同。[2]

中小学常规教学过程的设计从总体上来说一般应包括六个基本环节：①激起求知欲；②感受新知；③理解知识；④巩固知识；⑤运用知识；⑥评估教学效果。[3]

以上教学过程的基本环节的设计，反映了教学过程在时间等方面的连续性特征。各个环节都有着各自的、相对独立的地位和独特的作用；同时各个环节又是循序渐进，互相联系、渗透、衔接的。不同学科、不同目标的教学过程在设计上会存在差异，可以根据具体情况加以调整。一般情况

---

[1] 王后雄：《新理念化学教学论》，81 页，北京，北京大学出版社，2015。
[2] 谢利民：《教学设计》，111 页，北京，中央广播电视大学出版社，2004。
[3] 黄甫全、吴建明：《课程与教学论》，184～186 页，北京，中国人民大学出版社，2019。

下，这六个基本环节是各个学科教学设计都应当考虑的。但由于学段、学科不同，加上教学过程具有复杂性和多样性，在实际的教学设计中，这些基本环节也不可能是一成不变的。教师在设计教学时，应当因时、因地、因课、因人和因条件的不同，制定多种不同方式的教学设计方案，为更好地达到预期的教学效果提供前期保障。[①]

例如，案例 1-4-1 中的"环节一：食醋酿制，引入新课"就属于激发学生求知欲的环节，"环节二：验证酸性，分析结构"和"环节三：演示动手，体会酯化"这两个环节都包含了"感受新知""理解知识""巩固知识""运用知识"。

📎 | 理论书签 |

加涅九大教学事件[②]

加涅是美国教育心理学家。在长年的教学研究中，他形成了既有理论支持又有技术操作支持的学习理论，这一理论成为教学设计的指导性理论。他出版的《教学设计原理》（*Principles of Instructional Design*）一书成为教学设计方面的名著。

加涅认为，人的内部心理加工过程是相对稳定的。因此，推进内部心理加工过程的外部条件也应该是相对不变的。这些外部条件被称为教学事件。根据内部心理加工过程（内部心理阶段）与环节，加涅推断出九大教学事件。

①引起注意。用于引起学生注意的方法有多种，主要有刺激变化法、兴趣法、演示法、情境问题法等。

②告知学生学习目标。教学开始时告知学生学习目标是一项基本教学策略。告知学生学习目标的主要目的是激发学生对新知识、新技能的学习期望，使学生产生学习的内部动机。

---

① 谢利民：《教学设计》，113～114 页，北京，中央广播电视大学出版社，2004。
② 常华锋：《生本学科教学设计》，100～102 页，北京，首都师范大学出版社，2015。

③刺激回忆先决性的习得性能。许多新的学习归根结底是观念的联合。对先前习得性能的回忆可以通过再认性的或者更好一些的再现性的问题来引发。只有在新的学习发生之前回忆起习得的性能，才能确保它们具有较高的可进入性，从而使之成为学习事件的一部分。

④呈现刺激材料。学习材料是刺激材料的重要组成部分。刺激呈现通常决定选择性知觉的各种特征。同时，刺激要适宜。刺激呈现的方式取决于材料的内容。为概念和规则学习而进行的刺激呈现需要使用各种例证。

⑤提供学习指导。学习指导能促进语义编码，使所学的知识进入长时记忆。学习指导的数量、方式、程度因学生和学习结果的性质不同而不同。

⑥引出行为。通常，在得到充分的学习指导之后，学生的学习行为会发生变化。这种行为一般发生在学习之后的首次作业中。在多数情况下，教师接下来会呈现新的例子，以确保习得的规则能被应用到新的情境中。

⑦提供反馈。在学生做出反应、表现出行为之后，教师及时让学生了解或知道自己的学习结果。有时，这种反馈是学生自我提供的，他们根据教师提供的信息对自己的学习结果做出判断。

⑧评估作业。评估作业的目的是教师必须确保观察到的作业真正揭示了学生习得的能力。学生表现一次反映新的习得能力的行为，这还不能肯定他已经掌握了这种能力，教师应要求学生进一步表现学业行为。

⑨促进保持和迁移。用有意义的方式习得材料、建立材料的关系网络、注意间时复习是保持记忆的常用策略；为学生提供各种各样的新任务，要求他们运用所学知识在新的情境中解决新的问题是促进迁移的较好方法。

九大教学事件以线性方式阐述，构成一个完整的教学过程。加涅特别指出，按照以上九大教学事件的顺序实施的教学最合乎逻辑且成功的可能性最大，但也并不是一成不变的。

✎ **| 理论书签 |**

常用的几种教学程序

教学程序是教学过程中所设计的教学活动(或教学事件)的进行流程,是教学设计具体表现的核心成分,反映了教师对教学进程的总体组织与安排。因为教学理念与教学目标不同,教学程序有多种不同的表现形态。常用的几种教学程序见表 1-4-1。

表 1-4-1　常用的教学程序[①]

教学程序	主要特点	主要过程	主要适用领域
传递—接受程序	教师直接控制教学过程并加以规划,学生感知、理解后练习运用	激发学生动机—复习旧课—讲授新课—巩固运用—检查	认知领域
引导—发现程序	以问题为中心,注重学生独立活动,着重于创造性思维能力的培养,比较适合用于数理学科	问题—假设—推理—验证—结论	认知领域
示范—模仿程序	学生手脑并用,行为质量可及时得到反馈,有利于培养学生的积极思维和注意力	定向—参与练习—自主练习—迁移	动作技能领域
情境—陶冶程序	由于无意识注意和情感活动的参与,学生不易疲劳,有利于教师大容量、长时间地进行教学,对学生进行个性的陶冶和人格的培养	创设情境—参与各类活动—总结转化	情感领域

---

① 邹霞、康翠、钱小龙:《教学设计:原理与案例》,67~68 页,西安,西安交通大学出版社,2017。

教学过程设计能具体地体现教学思想、教学目标等，因而常常是课堂教学设计中最被人关心的内容。教学过程是由教师和学生的一系列活动组成的，不过，这只是它的外部形态。从实质来看，教学过程是教学策略通过教学方法实施而现实化的过程。教学策略是教学理论的具体化和教学经验的概括化，决定着教学方法和教学过程。[①]

教学过程设计就是用流程图或表格的形式简洁地反映分析和设计阶段的结果，表达教学过程，直观地描述教学过程中教师、学生、学习内容、教学媒体等基本要素之间的关系，给教师提供有重要参考价值的教学设计方案。新课程的教学过程是以问题和任务为驱动，以探究学习、自主学习、合作学习为主要形式的建构过程。[②]

二、如何进行教学过程设计

在确定教学目标和教学策略的基础上，新教师可以遵循如下程序进行教学过程设计。

（一）创设教学情境

📎 | **案例 1-4-2**[③] |

创设情境，引入新课

播放新闻视频：《中俄东线天然气管道正式投产通气》(2019 年 12 月 2 日)。

师：这条能源大动脉对我国沿线地区的发展产生重要作用。天然气的主要成分是甲烷。今天，我们一起来学习简单的有机化合物——甲烷。除了天然气，甲烷还以沼气、油田气、煤矿坑道气等形式存在。深藏于陆地冻土和海底的可燃冰储量巨大，是未来理想的替代能源，其主要成分也是甲烷。甲烷有哪些物理性质呢？根据其物理性质，如何收集甲烷呢？

---

① 人民教育出版社化学室：《化学教学设计及案例》，110 页，北京，人民教育出版社，2002。
② 王后雄：《新理念化学教学论》，160 页，北京，北京大学出版社，2015。
③ 陈静：《"最简单的有机化合物——甲烷"教学设计》，载《江苏教育》，2020(59)。

问题聚焦

什么是教学情境？如何创设教学情境？

1. 什么是教学情境

伴随着新课程的实施，课堂教学应注重"情境创设"的观念已深入人心。真实、生动、直观且富有启迪性的学习情境能够激发学生学习化学的兴趣，引发学生思考，帮助学生建构大概念和核心概念，促进学生核心素养的发展。[①]《义务教育化学课程标准（2022 年版）》在"课程理念"提出要"创设真实问题情境，倡导'做中学''用中学''创中学'"[②]，并在"课程内容"中为各学习主题给出了情境素材建议，在"课程实施"中提出"在教学中，教师根据教学目标、教学内容、学生的已有经验，以及学校的实际条件，有针对性地选择学习情境素材，引导学生从真实的学习情境中发现问题，展开讨论，在解决化学问题的同时，形成和发展认识化学知识的思路与方法，以及科学的态度和正确的价值观。除选择教学提示中所建议的学习情境素材以外，鼓励和倡导教师在教学中创造性地设计和开发学习情境素材。可以利用化学实验、科学史实、新闻报道等多种素材，以及实物、图片、模型、影像资料等多种形式创设学习情境"[③]。《普通高中化学课程标准（2017 年版 2020年修订）》在"课程性质与基本理念"中提出要"倡导真实问题情境的创设"[④]，在"课程内容"的各个主题的教学提示部分给出"情境素材建议"，并在"实施建议"部分建议"教师在教学中应重视创设真实且富有价值的问题情境，促进学生化学学科核心素养的形成和发展"[⑤]。《义务教育化学课程标准（2022

[①] 中华人民共和国教育部：《义务教育化学课程标准（2022 年版）》，44 页，北京，北京师范大学出版社，2022。

[②] 中华人民共和国教育部：《义务教育化学课程标准（2022 年版）》，3 页，北京，北京师范大学出版社，2022。

[③] 中华人民共和国教育部：《义务教育化学课程标准（2022 年版）》，44 页，北京，北京师范大学出版社，2022。

[④] 中华人民共和国教育部：《普通高中化学课程标准（2017 年版 2020 年修订）》，2 页，北京，人民教育出版社，2020。

[⑤] 中华人民共和国教育部：《普通高中化学课程标准（2017 年版 2020 年修订）》，73 页，北京，人民教育出版社，2020。

年版)》和《普通高中化学课程标准(2017 年版 2020 年修订)》都明确指出在学业水平考试试题设计中坚持以核心素养为导向，创设真实情境，基于情境设计任务，以真实情境为测试载体。这些都体现了创设真实情境在化学教学中的重要地位和作用。

传统的"去情境"学习忽视了学生的学习过程，也忽视了学生的情感体验。知识只有蕴含于一定的情境中，才能有其所依存的背景和环境，才不会使学生有距离感和陌生感，才有利于学生更好地理解知识的产生与发展。新课程提倡设计真实、复杂、具有挑战性和开放性的教学情境与问题情境，诱发、驱动并支持学生的探索、思考与问题解决活动，创设"回归生活""贴近生活"的教学情境，实现教学情境的信息化和生活化。[1]

教学情境是指知识在其中得以存在和应用的环境背景或活动背景。学生所要学习的知识不但存在于其中，而且得以应用于其中。[2]

2. 如何创设教学情境

一般来说，化学教学情境设计的常见途径如下。[3]

(1)从学科与生活的结合点入手创设情境。

化学与生活联系紧密，生活中处处涉及化学。从化学在实际生活中的应用入手来创设情境，既可以让学生体会到学习化学的重要性，又有助于学生利用所学的化学知识解决实际问题。

例如，本讲的案例 1-4-1，授课教师播放纪录片《舌尖上的中国》的相关片段创设教学情境(解说词：酸是一种奇妙的味道，不仅舌头能感觉到，我们的鼻子也对它十分敏感。酸味物质解离出的氢离子在口腔中撩拨我们的味蕾，这种味觉就是酸味。中餐里的酸味大多由醋带来，要获得如此美味的酸，必须经历平静漫长的等待。浸泡过的糯米，经过高温蒸煮，淀粉变得充分黏稠，再用冷水冲淋降温，让米粒收缩，

---

① 严文法：《教学设计能力实训》，160 页，北京，高等教育出版社，2019。
② 刘知新：《化学教学论》(第五版)，175 页，北京，高等教育出版社，2018。
③ 刘知新：《化学教学论》(第五版)，175~182 页，北京，高等教育出版社，2018。

有利于微生物繁殖，拌入酒曲，使淀粉糖化，发酵成酒醅。接下来是制醋的关键工序，即醋酸发酵，这决定了香醋的产量和质量，历经21天的演化，酸味产生，再进入一个多月的酯化阶段，这个过程就是产生香味的秘密），结合教学内容利用食醋酿造过程中的相关变化进行讲解。

📎 | 案例 1-4-3[①] |

【真实生活情境】暖宝宝的实物展示及成分介绍（图片略）。

【学生活动】体验暖宝宝发热。

【问题引导】大家学过哪些属于放热反应的化学反应？根据大家的观察和思考，你觉得暖宝宝的发热原理是什么？

(2)从学科与社会的结合点入手创设情境。

实践证明，只有当学习内容与其形成、运用的社会和自然情境相结合时，有意义学习才可能发生，所学的知识才易于迁移到其他情境中再应用。对于在真实情境中获得的知识和技能，学生能更好地理解和掌握，并能将它们应用到真实生活或其他学习环境中解决实际问题。

现代社会离不开化学，化学与社会紧密联系。它跟社会生产以及生活环境等现代科学前沿问题有着广泛而密切的联系。联系与化学紧密相关的社会问题，如能源问题、环境问题等，设计相应的教学情境，是一种常用的方法。

📎 | 案例 1-4-4[②] |

【教师展示】大堡礁"白化"前后的图片（见图1-4-1）。

---

① 杜淑贤：《普通高中化学课程标准(2017年版)解读——中学化学真实情境研究与案例》，188页，上海，上海教育出版社，2019。
② 案例来源：北京师范大学昌平附属学校宋佳利。有删改。

美丽的大堡礁　　　　　　　　　　大堡礁"白化"

图 1-4-1　大堡礁"白化"前后

【教师讲述】这是位于澳大利亚东海岸的大堡礁，它是世界自然遗产之一。海底五颜六色的珊瑚礁不仅给我们带来了美丽的景色，而且是海洋中的"热带雨林"，是海洋生态中生物多样性较高的生态系统。只占全球海洋面积不足千分之二的珊瑚礁却养育了近四分之一的海洋生物，是海洋生物的家园。

但是，近年来人类的活动造成环境破坏，全球很多地方的珊瑚礁发生了严重的退化现象，如珊瑚的"白化"。导致珊瑚"白化"的原因有很多，其中之一就跟我们今天要学习的这种物质有关。它是什么呢？它是怎样导致珊瑚"白化"的呢？我们通过今天的学习，去揭开其中的奥秘，了解如何保护珊瑚。

【案例分析】

案例 1-4-2、案例 1-4-3、案例 1-4-4 是典型的元素化合物知识教学的引入情境。元素化合物知识属于化学事实性知识。[①] 教师在进行相关教学设计时，要充分考虑学生的生活经验，为学生创设生活化的学习情境，引导学生从身边的化学物质和现象入手，学习有关物质构成和变化的知识，然后运用所学的化学知识解决社会生活问题，使学生切身体会到化学对人类生活和社会发展的重要意义。[②]

从化学学科与生活、与社会的结合点入手创设情境，教师就要关注社

---

① 毕华林、亓英丽：《化学教学设计——任务、策略与实践》，104 页，北京，北京师范大学出版社，2013。
② 毕华林、亓英丽：《化学教学设计——任务、策略与实践》，109 页，北京，北京师范大学出版社，2013。

会热点新闻、优秀纪录片和科普片，使学生能够利用在课堂上学习到的内容解释生活现象、社会问题，这样不仅可以增强学生的学习兴趣和动机，还可以开阔学生的视野，使学生了解化学学科在国家发展中所起的作用，增强学生的家国情怀、社会责任感。

（3）提出问题探究创设情境。

适宜的情境一般是跟实际问题的解决联系在一起的。利用问题探究来设置教学情境，便于展开探究、讨论以及问题解决等活动，是物理学、化学等学科适用的设置情境的有效方法。

案例 1-4-5[①]

[问题一]如何设计实验鉴别 CO 和 CO_2？

[活动一]展开头脑风暴，提出尽可能多的鉴别方法。

（师生活动略）

【案例分析】

教师采用探究的方法，创设了有挑战性的探究任务：如何鉴别两瓶无色气体（CO 和 CO_2）？完成这项任务，要根据两种物质的组成、性质不同寻找特殊现象和反应。

（4）利用认知矛盾创设情境。

新、旧知识的矛盾，日常概念与科学概念的矛盾，直觉、常识与客观事实的矛盾，都有利于激发学生的探究兴趣和学习愿望，形成积极的认知氛围和情感氛围，因而都是用于设置教学情境的好素材。通过引导学生分析错误原因，积极地进行思维、探究、讨论，不但可以使他们达到新的认知水平，而且可以促进他们在情感、行为等方面的发展。

---

① 罗滨：《初中化学教学关键问题指导》，105～109 页，北京，高等教育出版社，2015。

📎 | **案例 1-4-6**[①] |

复习旧知识，$Mg(OH)_2$ 实验引发认知冲突

教师：查阅教材中"部分酸、碱和盐的溶解性表（室温）"，请问表格中的"溶""微""挥""不"，还有一个横线"—"分别表示什么？

学生："溶"表示这种物质在水中是溶解的，"微"表示这种物质微溶于水，"挥"是指这种物质具有挥发性，"不"是指这种物质是不溶于水的，"—"是指这种物质不存在或者遇水就分解了。

教师："不"表示不溶于水，如 Mg^{2+}、OH^- 对应的 $Mg(OH)_2$。它是否一点都不溶于水呢？

［展示教师课前对比实验］

①蒸馏水加镁条，加热煮沸，发生反应，滴加酚酞，溶液变红。

②蒸馏水不加镁条，加热煮沸，滴加酚酞，无明显现象。

学生分析讨论、推理，形成共识：镁与沸水反应后的溶液呈碱性，生成的 $Mg(OH)_2$ 不是一点都不溶于水的。

设计意图：从九年级开始伴随学生的"部分酸、碱和盐的溶解性表（室温）"，已不知不觉成为权威的代表。殊不知随着学习的深入，这已成为一种意识禁锢，必须先破而后立。

【案例分析】

首先，教师基于学生的知识基础，从熟悉的"部分酸、碱和盐的溶解性表（室温）"引出难溶电解质是否完全不溶于水的问题，以镁与热水反应后的溶液滴加酚酞变红得出溶解性表中写有"不"的 $Mg(OH)_2$ 是可以极少量溶于水的，从而自然引出学习内容。

(5)利用史料创设情境。

我们在学科发展史及学科学习中都可以找到生动的问题素材。模拟科

---

① 郑军、潘虹：《"难溶电解质的溶解平衡"教学设计、实施与反思》，载《化学教学》，2018(2)。

学家进行科学发现的探索过程，可以为学生提供真实有效的问题情境。

✎ | **案例 1-4-7**[①] |

【历史再现 1】

17 世纪初，比利时化学家海尔蒙特（Johann Boptista Van Helmont）对一种气体进行了观察、研究，发现木炭燃烧后，有灰烬产生，还有不能保存在容器中也不可见的物质产生，他将其命名为 gas sylvestris（森林之精），并通过实验证明这种气体不助燃，烛火在其中会熄灭。他还在地窖、洞穴等地发现过这种气体。这种气体就是我们今天所说的 CO_2。

【历史再现 2】

在海尔蒙特发现并研究 CO_2 之后的一个多世纪里，人们只是知道有这种气体的存在，还没有制出纯净的 CO_2。直到 1755 年，英国化学家布莱克（Joseph Black）发现：

①白垩（石灰石）被煅烧时质量减少了 44%；

②将煅烧后生成的固体生石灰与水化合生成了熟石灰；

③石灰水又与实验①中释放出的气体结合，生成了不溶于水的白垩，石灰水吸收的气体与白垩煅烧放出的气体体积几乎相同，因此他将这种固定在白垩中的气体叫作"固定气体"。（此时人们才真正制出 CO_2。）

【历史再现 3】

英国化学家卡文迪许（Henry Cavendish）在 1766 年通过实验测得在一定温度下，1 体积水能溶解比 1 体积稍多的"固定气体"（CO_2）。

【历史再现 4】

德国化学家伯格曼（Tobern Bergman）于 1774 年将紫色石蕊试液加入溶解有 CO_2 的水中，紫色变成微红色。当时已发现石蕊试液是一种酸碱指示剂，遇酸变红色，遇碱变蓝色。假如你是科学家，你会如何研究？

【案例分析】

本教学设计选取二氧化碳的发现和研究史中的典型科学家及其研究事件作为情境线索，结合初中化学教学内容，通过"演示实验""学生实验""分组实验""探究实验"等一系列实验活动使学生学习 CO_2 的物理性质、化学性质，并用所学知识解决日常生活中的实际问题，实现了化学史、生活实

---

① 刘玉荣、詹利平：《融合化学史和生活的二氧化碳教学设计》，载《化学教育（中英文）》，2017（17）。

际与化学学科知识的完美融合（详见后文）。从 CO_2 的发现与研究历程中，学生深深地感受到人们对一种物质的认识是逐渐深入的，有时需要几代科学家的努力；科学发展也是一个不断进步与完善的过程，不仅对二氧化碳的研究是这样的，对其他物质的研究也是如此。

囿于初中教学内容和要求，所列举史实仅限于对 CO_2 宏观性质的研究方面，对于历史上人们是如何逐步认识和确定其微观构成的以及现代人们对 CO_2 认识的新进展并没有涉及，教师可以在教学中稍微提一下，这样既可以激发学生继续学习的兴趣，又能再一次让学生感受人们对物质的认识是不断深入的。

利用史料创设教学情境，这要求教师不仅要知道理论性知识，还需要了解知识的来龙去脉，对学科史有所涉猎。

教学情境设计应该注意这样几个问题：

①情境作用的全面性，即情境应促进学生的智力与非智力全面发展；

②情境作用的全程性，即情境贯穿教学过程的始终；

③情境作用的发展性，即情境要针对学生的最近发展区，能激发学生持续学习的动力；

④情境的真实性，学习情境的真实性决定了学习方式的有效性，决定了所学知识在其他情境中得以再应用的可能性；

⑤情境的可接受性，即在设置情境时要考虑学生能不能接受等。[1]

（二）确定教学主线

主线是主要线索的简称，是事物发展的线索。教学主线是指教师依据课程内容的特点和课程目标的要求，将教学内容进行有机整合和建构的媒介。它可以使课堂教学内容之间建立清晰的逻辑关系，融通共生，由此生成完整的知识链、价值链和意义链。它是课堂教学设计的内核，能让整节课在教学环节上层层递进、环环相扣、首尾呼应。教学主线可以围绕某一

---

[1] 刘知新：《化学教学论》，182～184 页，北京，高等教育出版社，2018。

教学单元，形成核心知识链；可以始于一种情感，形成情感发展链，也可以源于历史发展脉络，形成社会进步链。教学主线不仅可以取某个视点单独成线，而且可以构建两条甚至更多主线服务于教学，甚至可以细化成不同的暗线，体现课堂结构的清晰程度。一般建议设计主、暗线，主线为"主题线"，暗线为"任务线"。[①]

确定教学主线的方法有以下几种。

1. 根据教科书中的编排顺序

这是新教师（也是大多数教师）经常采用的方法，案例 1-4-8 采用的就是这种方法。

📎 **案例 1-4-8**[②]

课题名称：第八单元课题 3　二氧化碳的实验室制法（北京版）			
教学过程			
环节	教师为主的活动	学生为主的活动	设计意图
1. 情境引入	【猜谜语】 农民说它是"植物的粮食"，消防员说它是"灭火先锋"，气象专家说它能"呼风唤雨"。	倾听、感知并猜想。	引出课题，营造氛围，激发学生的学习兴趣。
2. 药品和反应原理的确定	【提问】能够得到二氧化碳的反应有哪些？ 【追问】哪些反应的条件比较简单？ 【实验指导】与此方案类似的还有两种，从反应速率、收集气体是否容易的角度来探究，哪种反应适合实验室制取二氧化碳？	【回答】木炭的燃烧，碳酸钠与稀盐酸反应。第二个反应条件比较容易实现。 【分组探究实验】分别采用上述三种试剂进行实验，观察记录，讨论出结论。	合作探究实验室制取二氧化碳的药品，体会实验室制取气体选用药品的原则。

---

① 张丽华：《例谈"素养为本"的化学教学设计策略》，载《化学教学》，2021(2)。
② 案例来源：北京师范大学昌平附属学校李晓旭。有删改。

续表

2. 药品和反应原理的确定	【汇报指导】通过现象得出结论。 【总结】实验室制取二氧化碳的反应原理。	【小组汇报】实验现象和结论。	
3. 装置的选取	【回忆】实验室制取氧气的两种装置，讨论选取装置应考虑的因素。 【提问】实验室制取二氧化碳应该采用哪种装置？ 【总结】实验室制取二氧化碳的装置，并说明注意事项。	【思考讨论】发生装置的选取应该考虑反应物的状态和反应条件，收集装置的选取应该考虑生成物的密度和溶解度等。 【回答】选择发生装置和收集装置。 【倾听理解】	合作探究实验室制取二氧化碳的装置，体会实验室制取气体时选取装置应考虑的因素。
4. 制取二氧化碳	【演示讲解】二氧化碳的制取过程。 【指导实验】指导学生制取二氧化碳。	观察、倾听。 分组制备二氧化碳。	提高学生的实验操作能力，加深学生对实验原理、装置、操作的理解。
5. 装置拓展及巩固	【提问】请分组讨论并拼图，除了已用的发生装置，还可以采用哪些发生装置？它们有什么优缺点？	思考、讨论、拼图、展示。	开阔制备二氧化碳发生装置的思路，并学会比较装置的优缺点。
6. 小结	我们选择反应条件容易达到、反应物较易得到、反应速率适中的反应来制取气体；根据反应物的状态和反应条件来选取发生装置，根据生成物的密度和溶解性等来确定收集装置。这就是实验室制取气体的一般思路。		

2. 根据学科发展史的时间顺序

基于科学发展历史的教学设计，有学者认为依其思维水平从高到低可以分为五个层次：内容识记水平、兴趣激发水平、概念转变水平、科学方法水平、社会文化水平。[1]

📎 | **案例 1-4-9[2]** |

"总结 CO_2 的性质及其用途"教学设计(见图 1-4-2)。

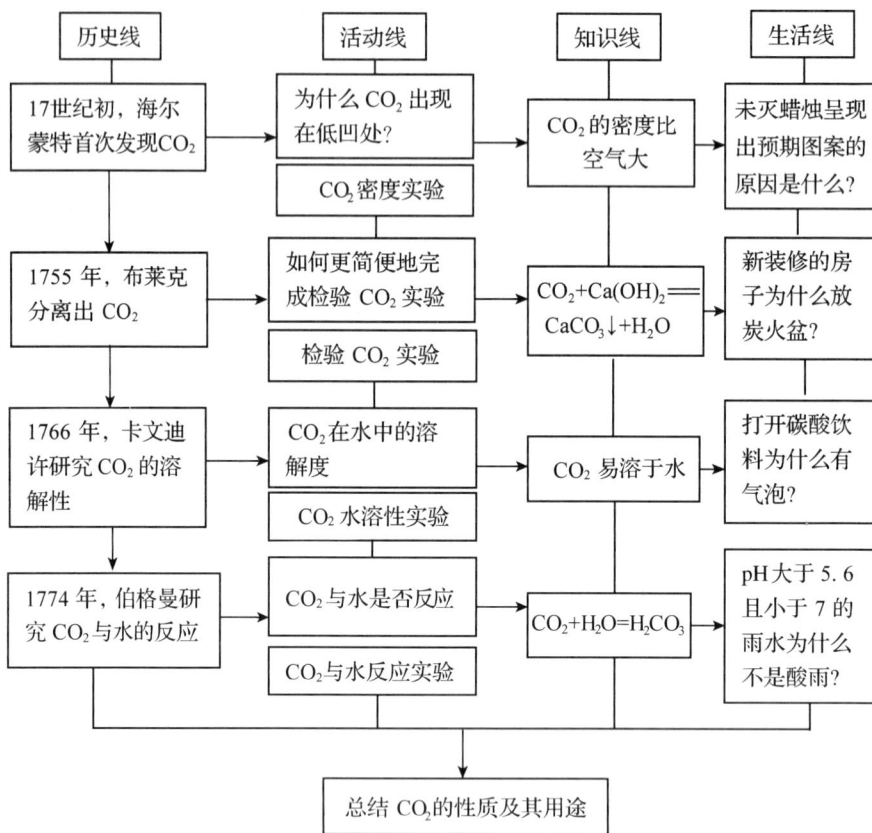

图 1-4-2 "总结 CO_2 的性质及其用途"教学设计

【案例分析】

本节课采用"历史线""活动线""知识线""生活线"相结合的教学方法:以化学家对 CO_2 的认识发展(历史线)来创设教学情境,激发学生的学习兴趣;基于每段化学史内容提出问题,引发学生思考,学生通过实验探究(活

---

① 孟献华、倪娟:《基于科学发展历史的教学设计层次分析》,载《化学教育(中英文)》,2018(1)。
② 刘玉荣、詹利平:《融合化学史和生活的二氧化碳教学设计》,载《化学教育(中英文)》,2017(17)。

动线)挖掘出化学史蕴含的知识(知识线);最后学生用学到的知识解决生活中的问题(生活线),加深对知识的理解,提高分析、解决问题的能力。四线相互渗透、相互融合,共同构成本节课的教学思路:基于化学史提出问题,引导学生进行实验探究,在探究中构建知识,并用所学的化学知识解决生活中的问题。

3. 基于问题解决[①]

问题解决始于问题,终于问题,是一个以问题为核心,将发现问题、提出问题直至解决问题相统一的全过程。心理学认为,问题解决是由一系列目的指向的认知操作过程组成的。只有同时具备三种条件的活动才能称得上是问题解决活动:一是具有目的指向性,二是具有一系列操作,三是具有认知操作。

问题解决教学要遵循以下原则:①学生主体性原则;②知识问题化原则;③多维度合作性原则;④探错、容错、纠错性原则;⑤结构性原则;⑥发展性原则。

案例 1-4-10

"溶解结晶"教学设计(见图 1-4-3)。

【案例分析】

授课教师认为有必要在高一学生中开展关于"溶解结晶"的教学活动,以帮助学生建立动态平衡的观念,提高他们的微观表征能力。综合分析后,教师选择将冰糖在其饱和溶液中的溶解和结晶作为问题的出发点,引导学生观察和思考。为了实验的顺利进行,教师预先查阅冰糖的相关资料(如冰糖的成分、制备、溶解度等),体验配制冰糖饱和溶液的过程,并仔细观察冰糖在其饱和溶液中溶解和结晶的平衡过程。为了提供真实的学习情境,让"化学走进生活",以激发学生学习化学的兴趣,教师要求学生自己在家

---

① 任红艳:《化学问题解决及其教学的研究》,121~179 页,北京,高等教育出版社,2008。

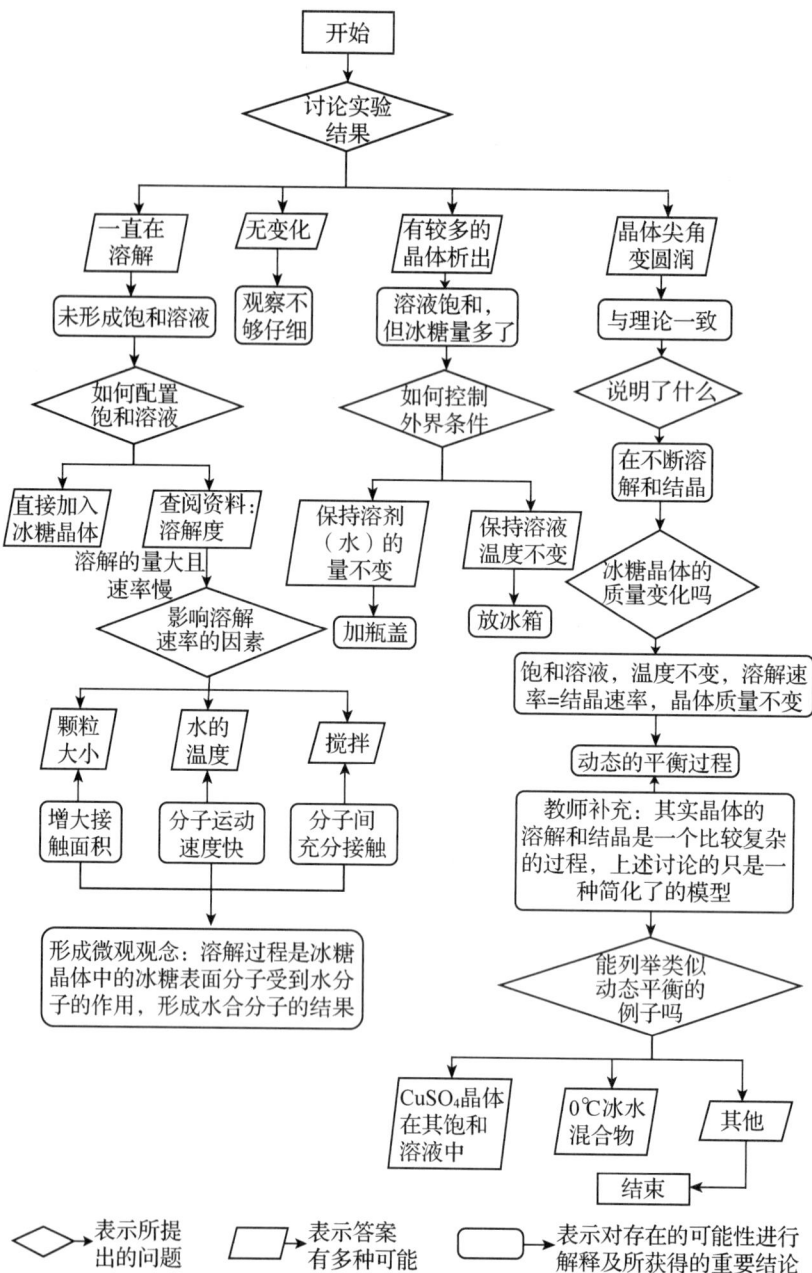

图 1-4-3 "溶解结晶"教学设计

里进行实验。在课堂中,教师向学生提出实验问题和要求:请学生观察冰糖晶体在其饱和溶液中的变化情况,详细记录整个过程和自己的体验,即进行家庭实验的同时写观察日记。在整理学生的观察日记时，教师发现学生的实验结果主要有四种类型：一直在溶解，无变化，有较多的晶体析出，晶体尖角变圆润。于是，教学设计将围绕这些结果进行讨论和分析，从而让学生了解实验的过程并理解溶解结晶的动态过程。案例设计围绕实验中产生的问题步步展开和深入，激发学生的思维，给予学生充分表达自己意见的机会，最后由学生主动获得"平衡"的观点。另外教师还希望能够通过让学生绘制溶解结晶曲线图来考查不同表征之间的互补性，了解学生能否在多重表征之间进行自主建构。

4. 基于任务驱动

任务驱动教学法就是在教学过程中教师把教学内容设计成一项或多项具体的任务，通过任务完成的过程，让学生学习基础知识和技能，培养学生提出问题、分析问题、解决问题的综合能力，同时让学生在完成这些任务的过程中完成教学目标。任务驱动教学法不再以知识点为线索，而是以任务为线索，其教学内容由多个精心设计的任务组成。在课堂教学中，教师布置某一任务时，学生要自己动手解决问题。在完成任务的过程中，学生由被动接受变为主动掌握相关的教学内容并学会学习，教师由知识的传授者变成教学的引导者、组织者和评价者。

任务驱动教学体现了"以任务为主线、以教师为主导、以学生为主体"的过程。任务设计是任务驱动教学方法中的重要环节，直接影响教学效果。因此，任务设计非常关键。相关学者总结了化学教学中任务设计的六个原则：①任务设计要有明确的教学目标；②任务设计要符合学生的特点；③任务设计要符合真实性原则；④任务设计要遵循可操作原则；⑤任务设计要遵循趣味性原则；⑥任务设计要注重渗透方法，培养学生的学习能力。[1]

---

① 李贵顺：《任务驱动教学法在高中化学教学中的应用研究》，1～2、21～25 页，青岛，中国海洋大学出版社，2018。

📎 | **案例 1-4-11**[①] |

"化学反应进行的方向"教学设计

教学环节	教师活动	学生活动	设计意图
1. 创设情境，明确总任务	【图片展示】汽车运行中产生尾气的画面。 【文字材料】汽车尾气中的污染物主要是 CO 和 NO，它们是现代城市中的主要大气污染物。为了减轻大气污染，人们提出通过以下反应处理汽车尾气的设想：$2NO(g) + 2CO(g) \Longrightarrow N_2(g) + 2CO_2(g)$ $\Delta H = 746.8 \ kJ/mol$ 【布置任务】请你以一位化学工作者的视角思考这个设计是否正确可行。 【设问】请大家思考，我们应该从哪些角度判断一个设计是否正确可行？	学生思考、讨论 汇报整理： ①该反应能否进行？②该反应的速率有多快，能否迅速降低汽车尾气中 CO 和 NO 的含量？	以真实的问题情境激发学生内在的学习兴趣和学习动机，驱动学生进入学习状态，为高效学习奠定基础。
2. 学习任务一：认识自发反应，了解反应进行的方向	【视频展示】视频 1 为"山间，溪水自动向下流淌"，视频 2 为"松开扎绳的气球迅速变瘪"，视频 3 为"在电动机带动下，抽水机从低处往高处抽水"，视频 4 为"某学生费力地给自行车轮胎打气"。		
	微型任务 1：视频 1 和视频 2 中的事件为什么那么容易，在视频 3 和视频 4 中的事件为什么那么困难？你能说说这两组过程有什么不同吗？		通过对比，引导学生认识自发过程，进而认识自发反应。
	微型任务 2：请大家结合自己的生活经历和已有的知识，列举一些自发变化或非自发变化的事例（可以依据学生的具体表现，先举几个自发反应的事例或最后再补充几个自发反应的典型事例，然后大家一起评判是否为自发反应）。		加深学生对自发反应的认识，为接下来分析影响反应自发进行的因素提供素材，实现课堂的动态生成。

---

① 高宏：《这样教学很有效：任务驱动式课堂教学》，144～148 页，天津，天津教育出版社，2019。

续表

教学环节	教师活动	学生活动	设计意图
2. 学习任务一：认识自发反应，了解反应进行的方向	微型任务3：分析自然界中水总是自发从高处流向低处、热总是自发从高温物体向低温物体传递这两种变化有哪些共同点。你能从中归纳出自发反应具有哪种趋向吗？（此处可以根据学生在微型任务2中的活动情况再补充部分事例，微型任务4的做法相同。）	它们都具有能量降低的共性。	归纳出"自发反应具有趋向最低能量"的倾向，得出"焓减小的反应容易自发进行"的结论。
3. 学习任务二：引导学生建构熵减与化学反应的关系	（略）		
4. 学习任务三：引导学生认识熵，建构熵增与化学反应方向的关系	微型任务4：提供NaCl晶体模型，分析NaCl晶体遇水自发溶解、未扎紧绳子的气球中气体自发向外扩散等变化有哪些共同点。你能从中归纳出该类自发反应具有哪种趋向吗？	具有由有序变无序的共性	归纳出"自发反应具有趋向混乱度最大的倾向"。
	微型任务5：阅读课本第35页，思考下面的问题。 ①国际上规定使用哪个物理量来描述体系混乱程度？它的大小与体系混乱程度有何种关系？ ②在一定温度和压强下，判断下列反应的体系混乱程度是如何变化的？反应的熵是显著变大还是明显变小？ ……	阅读、思考	初步掌握根据反应前后气体化学计量数的大小判断反应中熵变的方法。学生可结合微型任务4进一步体验"熵增大的反应容易自发进行"。
5. 学习任务四：引导学生初步形成焓变和熵变共同决定化学反应方向的观点	微型任务6： ①－10 ℃时水能自动结成冰，10 ℃时冰能自动变成水。试从焓变和熵变两个角度分析促使上述变化自发进行的主要因素分别是什么。 ②分别从焓变和熵变两个角度分析微型任务5中的反应能否自发进行。		借助于学生的生活经验，引导学生认识两个判断依据不一致的反应是可能自发进行的，关键在于温度的高低，从而建构焓变和熵变共同决定化学反应方向的观点。

续表

教学环节	教师活动	学生活动	设计意图
6. 完成总任务，巩固学习成果	总任务： ①查资料可知，在恒温恒压下，当 $\Delta H - T\Delta S > 0$ 时，反应不能自发进行。已知 298 K、100 kPa 时，$2NO(g) + 2CO(g) === N_2(g) + 2CO_2(g)$，$\Delta H = -746.8$ kJ/mol，$\Delta S = 0.2$ kJ/mol。请大家判断室温下该反应能否自发进行。 ②研究发现，该反应自发进行的速率极慢，效果非常不理想，不少科学家致力于研制催化剂来加快该反应速率。在某温度下，用气体传感器测得尾气中不同时间的 NO 浓度如下表所示(表略)，试判断利用该项研究成果能否有效处理汽车尾气。 ③作为关心社会发展的现代青年，请你谈一谈我们可以从哪些方面治理汽车尾气。		引导学生在真实、具体的任务中运用所学知识解决问题，使学生巩固对判断反应进行方向的认识；组织对治理汽车尾气的开放性讨论，引导学生关注化学在生产和生活中的应用，关注节能减排与社会可持续发展之间的关系。

【案例分析】

本节课是一堂化学理论课，学生虽然对课题比较陌生，但是也储备了不少相关的资源信息。从学生的经验和经历出发，教师利用真实而有趣的问题进行驱动，引导学生自主探索、交流与协作，梳理、整合、归纳出化学反应方向的规律，实现了对知识意义的自主建构。

✎ | 理论书签 |

基本的化学教学模式[①]

①系统陈述知识模式。这种模式是把教学内容按照系统整理后的顺

---

① 刘知新：《化学教学论》(第五版)，128~129 页，北京，高等教育出版社，2018。

序逐一展开的。例如，把元素化合物知识按照结构、存在、制法、物理性质、化学性质、用途……的顺序展开。这种模式的信息密度高，利于学生形成对知识系统的认识；但未明确说明内容的内在逻辑，跟学生的认识逻辑不一致，效果受实际教学方法影响较大，常常需要教师重新对教学内容进行设计和处理。

②解答问题模式。这种模式是在提出问题后，直接提供问题的解答方法，不能激发学生的思维活动。

③验证知识模式。这种模式是在介绍某一知识后，即提供有关的例证或验证，有助于学生理解知识，但不利于激发学生积极思维。

④研究（解决）问题模式。这种模式是在引导学生发现问题或直接提出问题之后，按照研究问题、解决问题的过程展开教学。这种模式利于激发学生的学习积极性，蕴含的隐性教学内容多，但需要的时间往往比较多，有一定难度。

⑤历史发展模式。这种模式是在提出主要问题或介绍问题是怎样产生的之后，按照化学学科发展历史进程，介绍人们是怎样逐步解决问题的、认识是怎样逐步发展的。这种模式比较接近学生的认识逻辑，容易被学生接受。

⑥自主学习模式。随着现代信息技术的广泛推广，自主学习必将成为十分广泛的现象。自主学习需要学生愿学、乐学、会学、善学，能够自省、自励、自控、自立，有较强的适应性、选择性、自为性、自律性、合作性、参与性和竞争意识；需要教师注意培养和激发学生的学习兴趣，引导学生形成良好的学习行为习惯，掌握正确的学习方法，合理地规划学习任务、学习时间，并适时地给予学生辅导和帮助，努力创造能够促使学生较快地形成自主学习能力的环境，建立师生间合理的导学关系与和谐的人际关系。目前，自主学习有多种具体模式。需要注意的是，一些"自主学习"模式（如让学生课前自主学习或预习）是为教师的课堂教学服务的，不是真正的学生自主学习。

（三）组织教学活动

教学活动是指为了实现学习（教学）目标，师生在课堂上所做的事及所采取的策略和行动，是教师引导学生掌握知识技能，获得身心发展的方式、方法和程序。教学活动的设计要与学习（教学）的目标一致。对于同一个学习（教学）目标，可供选择的教学活动有多种，教师要选择较有利于学生学习的活动。

从行为主体的角度看，教学活动是由教师行为与学生行为构成的行为系统。从教师教学的角度看，为了实现教学目标，教学活动是教师启动、推进、调控学生学习活动的教学行为系统，包括教师的设计、实施行为。从学生学习的角度看，教学活动是学生在教学情境中的学习行为系统，包括学生参与课堂听讲、记笔记、讨论、提出和回答问题、动手制作、完成练习等一系列学习行为。

从教师与学生互动的角度看，学习行为是教学活动的内核，教导行为是学习活动的交互性情境；学习行为是教学活动的主体，教导行为是教学活动的辅助。教学活动通过教导行为促进学习行为，通过学习行为进而达到促进学生发展的目的。[1]

有学者将教学（学习）活动分为八大类（见表1-4-1）。

表1-4-1　教学（学习）活动类型[2]

活动类型	包含的具体方法
直接教学活动	先行组织者、书谈会、完形填空、研讨会、说明文、抽认卡、客座教师、指导性探究、引领性阅读、指导性写作、讲座、组词造句、记忆训练、句型与练习、指点、唤醒、跟读、朗读、交互式教学、复习、讨论/辅导、苏格拉底式对话、故事图、讲故事、任务卡、教科书、视觉刺激、单词排序、单词墙、作业单

---

① 孙亚玲：《有效教学（中学版）》，173页，北京，高等教育出版社，2015。
② 孙亚玲：《有效教学（中学版）》，35～36页，北京，高等教育出版社，2015。

续表

活动类型	包含的具体方法
合作学习活动	伙伴系统、协同教学共同体、冲突解决、讨论、访谈、拼图、文学爱好者小组、同伴分享、同伴练习、同伴互教、循环赛、圆桌会
基于任务的教学活动	学习中心活动、辩论、田野调查、游戏、口语演讲、小组讨论、排练重复/训练、复述、模仿、调查、项目学习
思维训练活动	分析偏见/刻板效应、预测指导、头脑风暴、个案研究、分类、概念澄清、概念图、预估、实验、表达不同观点、公平测试、制图表、基于问题的分析、横向思维、教具操作思维、制作地图、媒介分析、大脑运算、元认知反思、思维导图、建模、口头解释、引出问题、解决问题、过程中注意事项、语义特征分析、顺序排列、统计分析、出声思维、视觉/图解组织者、通过写作学习
探究及研究性活动	认知技能模式、决策模式、历史/地理探究模式、探究过程、数学问题解决模式、质疑过程、研究过程、科学方法、技术设计过程、写作过程
自主学习活动	家庭作业、自主阅读、自主研究、学习合同、学习日志、默记、记笔记、预习、档案袋、阅读回答问题、反思、报告、日志式应答
基于艺术的活动	仪式、唱诵、合唱式朗诵、舞蹈编排、拼贴、纪实剧、专题讨论、即兴演说、制作假面具、木偶剧、舞台朗诵、角色扮演、素描学习、讲故事、故事画
基于技术/媒体应用的活动	传播应用、计算机辅助设计、计算机辅助教学、数据库应用、电子邮件应用、图解、互联网技术、媒体演讲、媒体产品、多媒体应用、在线公开获取、电子数据表格应用、时间管理应用

这种分类的目的只是帮助教师辨认每一类教学活动的突出功能,便于教师在设计教学活动时做出更好的选择,并不是说每一类教学活动只有一种功能或者特点。例如,"直接教学活动"也训练学生的思维,但相对于专

门的思维训练活动，它的这种功能要略逊一筹。[①]

有学者认为按照不同的标准，化学学习活动可以分为以下几类。[②]

按照学习过程：预习、听课、记笔记、回答问题、练习、复习、做作业、答卷等。

按照认识过程：收集资料和事实的活动，如观察、实验、调查、查阅；整理资料和事实的活动，如表格化、线图化、符号化等；得出规律和结论的活动，如科学抽象（比较、分类、归纳和概括）、建立模型、提出假说和验证假说等。

按照完成活动的方式：实验类活动，如实验探究、小组实验、实验设计、实验证明、实验区分、实验比较、实验推断、测定、鉴别、分离、配置、实验观察等；调查类活动，如调查、收集、查阅、参观等；交流类活动，如交流、合作、提问、讨论、回答、汇报、辩论、比较、解释、写论文或者报告等。

✎ | 理论书签 |

每一类教学活动都有其核心功能。在教学设计和实施过程中，准确地选择恰当的教学活动对于教师来说十分重要。有时候，由于教学活动、方法选择不恰当，教学效果就会受影响。

①根据学习（教学）目标需要选择教学活动。

②根据学生的需要选择合适的教学活动。

③根据班级规模和教室环境选择教学活动。

此外，教师还要随时调整教学活动。[③]

现以案例 1-4-1 中的教学环节二为例进行具体分析。教学设计见前文 76～77 页。

---

① 孙亚玲：《有效教学（中学版）》，175 页，北京，高等教育出版社，2015。
② 李秀壮：《中学化学课堂教学氛围的表征及评价研究》，博士学位论文，东北师范大学，2020。
③ 孙亚玲：《有效教学（中学版）》，185～187 页，北京，高等教育出版社，2015。

【案例分析】

本节课的教学目标如下。

①知道乙酸的分子结构，理解羧基的特点；掌握乙酸的酸性和酯化反应，学习从物质组成和结构的角度解释宏观现象的思路，体会"结构决定性质，官能团决定有机物性质"。

②通过实验探究乙酸的酸性，学会合作，提升实践技能，掌握实验探究的方法；通过亲历乙酸性质的探究，认识探究是进行科学解释和发现、创造和应用的科学实践活动；等等。

为完成上述目标，授课教师在该环节先设计了探究乙酸酸性的微型实验，学生对物质酸性的研究比较熟悉，实验简单易操作，可以充分提升学生的实验操作能力、观察能力和分析评价能力；在乙酸的结构分析过程中，先是从酸性出发，引导学生从结构的角度解释性质，充分运用球棍模型深入理解碳氧原子的成键方式，并通过乙醇和乙酸之间的结构与性质的差异对比进行突破，采用这种方式学生能够顺利地理解"乙酸的官能团是羧基，羧基体现了乙酸的主要性质"；接着出示乙酸的电离方程式，并通过类别反应帮助学生理解乙酸与碱的反应，实现化学思路理解与化学符号表达的对应；学生对于乙酸中羧基的存在理解得更加深刻、准确，体现了"结构决定性质，性质反映结构"的思维教学方式。

教师在介绍新的知识与设计应用所学知识解决问题的情境时，向学生提供了"阶梯"式的问题串或设计了富有挑战性的操作活动(乙酸的酸性如何产生？分解为乙酸的结构是什么？乙酸是如何电离产生氢离子的？乙酸与乙醇结构和性质的差异有哪些？乙酸的电离方程式是什么？乙酸与氢氧化钠的反应是怎样的？乙酸与镁的反应是怎样的……)，这让学生在层层递进、由浅入深的过程中累积了感性知识，实现了质的飞跃。这样学生在学习中既有成功的体验，又有面临挑战的机会和经历，从而锻炼了克服困难的意志，建立了学好化学的自信心。

三、构思教学板书

板书是教师以教学内容为素材，以教学目标为依据，在黑板上、投影仪上（或用工具制成的课件），用书写文字、符号或绘图等方式，向学生概括、精练地呈现教学内容，以促进学生理解和掌握所学内容的一种教学手段。板书要求书写规范、语言准确、层次分明、重点突出、布局合理、形式多样、美观得体。[①]

板书的内容主要包括：①课题名称；②授课提纲，包括研究问题的思路、方法和程序，知识的系统结构等；③教学要点和重点，包括重要的定义、原理、规律、化学式、性质、制法、用途、步骤、过程、结论、注意点和学习要求等；④补充材料和其他内容，包括图表、例证，以及能帮助学生听好课和解决疑难问题的文字解释、说明、提示、图示、生僻字、词等。其重点和详略常常因教学内容、教学方法、教师的教学风格和学生的接受水平而异。[②]

板书的形式有很多，如总分式、对比式、线条式、雁行式、辐射式、归纳式、网络式、对称式、表格式、阶梯式等。针对不同的教学内容、不同年龄阶段的学生，课堂教学采用的板书形式常常有所不同。好的板书不应该只把知识原原本本标示出来，而应启迪学生的思维，锻炼学生独立思考问题的能力。[③]

在化学课堂教学中，常用的板书形式有提纲式、表格式、运演思路式和综合式。

（一）提纲式

提纲式板书用简明扼要的文字反映教学内容、教学过程。这种形式的板书条理清楚，突出要点和关键，便于学生抓住要领，了解全部教学过程。这种板书一般是新知识教学的常用形式。[④]

① 王后雄：《新理念化学教学论》，165 页，北京，北京大学出版社，2015。
② 刘知新：《化学教学论》，200 页，北京，高等教育出版社，2018。
③ 张大均：《教育心理学》（第三版），329～330 页，北京，人民教育出版社，2015。
④ 王后雄：《新理念化学教学技能训练》，169 页，北京，北京大学出版社，2014。

📎 | **案例 1-4-12**[①] |

一氧化碳的性质

一、物理性质

无色，无味，气体，密度比空气略小，不溶于水

二、化学性质

1. 有毒性

2. 可燃性——用途：作燃料

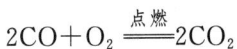

$$2CO+O_2 \xrightarrow{\text{点燃}} 2CO_2$$

3. 还原性——用途：冶炼金属

$$CO+CuO \xrightarrow{\triangle} Cu+CO_2$$

（二）表格式

表格式板书用表格对有关概念、物质的性质、实验等进行归类、对比，从而展示其异同和联系。表格式板书有化繁为简、对照鲜明的功能，因而便于学生对比或联系，加深对事物特点及其属性的认识。该板书还有利于学生分析、概括能力的提升。[②]

📎 | **案例 1-4-13**[③] |

与不同物质反应	Na	Al	Fe
与 O_2 反应	空气中，常温： $4Na+O_2 == 2Na_2O$ 空气中，加热： $2Na+O_2 \xrightarrow{\triangle} Na_2O_2$	空气中，常温/加热： $4Al+3O_2 == 2Al_2O_3$	空气中，常温下： $4Fe+3O_2 == 2Fe_2O_3$ 纯氧中，点燃： $3Fe+2O_2 \xrightarrow{\text{点燃}} Fe_3O_4$

---

① 黄咏梅：《核心素养导向的中学化学教学设计》，75 页，重庆，西南师范大学出版社，2020。

② 王后雄：《新理念化学教学技能训练》，169 页，北京，北京大学出版社，2014。

③ 案例来源：北京市昌平区教师进修学校赵雅萍。

续表

与不同物质反应	Na	Al	Fe
与 H_2O 反应	常温下，与水反应：$2Na+2H_2O \mathop{=\!=\!=} 2NaOH+H_2\uparrow$	可与水蒸气反应	与水蒸气反应：$3Fe+4H_2O(g) \xlongequal{\triangle} Fe_3O_4+4H_2$
与酸反应	与水反应，生成的碱与酸反应	置换反应	置换反应
与盐反应	与水反应，生成的碱与盐反应（需符合复分解反应发生的条件）	与金属活动性顺序排在其后的金属盐类发生置换反应	与金属活动性顺序排在其后的金属盐类发生置换反应
与碱反应	—	$2Al+2NaOH+2H_2O \mathop{=\!=\!=} 2NaAlO_2+3H_2\uparrow$	—

（三）运演思路式

运演思路式板书用箭头、符号、框图等表示思维运演过程或思路。这类板书的特点是能清晰、简明地反映事物间的关系，便于学生了解知识的结构和内在联系，掌握比较复杂的内容。[①]

案例 1-4-14[②]

第1课时　溶液的形成
溶质分子或离子在溶剂分子作用下分散到溶剂分子间

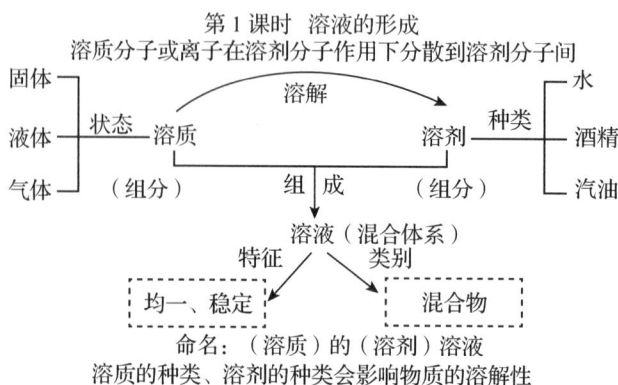

命名：（溶质）的（溶剂）溶液
溶质的种类、溶剂的种类会影响物质的溶解性

---

① 张彬福：《初中化学课堂教学设计》，91页，北京，同心出版社，2007。

② 王春、李刚：《名师领航：大概念统摄下的中学化学单元整体教学设计》，101页，北京，北京教育出版社，2021。

（四）综合式

综合式板书综合运用各种方式和形式，以达到全面系统地传递教学信息的目的。[①]

📎 | **案例 1-4-15**[②] |

第 1 课时 氯气的制法

一、Cl_2 的物理性质

二、Cl_2 的实验室制法

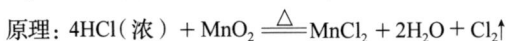

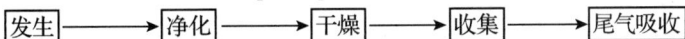

原理：$4HCl（浓）+ MnO_2 \xrightarrow{\triangle} MnCl_2 + 2H_2O + Cl_2\uparrow$

发生 ⟶ 净化 ⟶ 干燥 ⟶ 收集 ⟶ 尾气吸收

　　固、液加热　饱和食盐水洗气　浓硫酸洗气　向上排空气法　氢氧化钠溶液

快速制取：固、液不加热。常用 $KMnO_4$、$KClO_3$、$Ca(ClO)_2$ 等强氧化剂

三、Cl^- 的检验

取样，滴加硝酸酸化的硝酸银溶液，产生白色沉淀，即可证明有 Cl^-

使用板书时，教师要注意以下几个问题：①对教学内容要充分理解和加工；②板书要有利于学生记忆和思考，特别要突出启发性；③板书的字迹要端正和清楚，在黑板四周留空，保持结构美观；④书写板书时应站在一边，尽可能让自己的视线与学生接触，不要对着黑板讲话；⑤可使用彩色粉笔，使结构化板书更具有艺术性；⑥尽量形成习惯，将黑板分成两部分，一部分是教学内容结构化，另一部分是辅助性板书。[③]

📎 | **实践操练** |

请你结合对本讲内容的理解，选择中学化学某一课时的特定教学内容进行教学过程设计，并说明设计过程中运用了本讲内容中的哪些观点和方法。

---

① 张彬福：《初中化学课堂教学设计》，91 页，北京，同心出版社，2007。

② 王春、李刚：《名师领航：大概念统摄下的中学化学单元整体教学设计》，183 页，北京，北京教育出版社，2021。

③ 张大均：《教育心理学》(第三版)，329～330 页，北京，人民教育出版社，2015。

在完成上述任务的过程中，请同步思考以下问题。

①中学化学教学中有哪些主要的创设教学情境的方法？你选择的是什么方法？这样选择的依据是什么？

②什么是课堂教学主线？课堂教学主线的确定依据有哪些？你是依据什么确定目前的课堂教学主线的？

③教学活动可以分为哪几类？你在确定教学活动时考虑了哪些因素？

④你是如何进行板书设计的？

单元小结 ⋯⋯▶

教学设计是教师对课堂教学行为进行事先整体筹划的过程。化学教学设计要基于中学化学课程标准的要求，以现代教育理论为指导，融入学习科学的研究成果，追求最优化的教与学的过程，以促进学生发展。教学设计有多个基本的构成要素，在做教学设计时，教师需要系统全面地考虑各个要素的特点及要素之间的关系，在整体的视角下反复梳理教学设计各要素间的关系，形成自洽一致的教学设计方案。新手教师掌握教学设计的基本方法、练就教学设计的真本事，不是一朝一夕的事情，需要结合教材中的设计策略进行反复学习、思考、实践、研究，经过反复修炼，最终实现教学设计能力的提升。

单元练习 ⋯⋯▶

请结合所学，完成一份完整的课时教学设计，在教学设计的每个环节都力求至少体现所学的一条设计原则或设计策略。

阅读推荐 ⋯⋯▶

1. 加涅，韦杰，戈勒斯，等. 教学设计原理(第五版修订本)[M]. 王小朋，庞维国，陈保华，等，译. 上海：华东师范大学出版社，2018.

2. 皮连生．教学设计：心理学的理论与技术［M］．北京：高等教育出版社，2000.

3. 莫里森，罗斯，肯普．设计有效教学(第四版)［M］．严玉萍，译．北京：中国轻工业出版社，2007.

4. 加涅·D. 鲍里奇．有效教学方法(第七版)［M］．朱浩，译．南京：江苏凤凰教育出版社，2014.

5. 洛林·W. 安德森，等．布鲁姆教育目标分类学：分类学视野下的学与教及其测评：完整版(修订版)［M］．蒋小平，张琴美，罗晶晶，译．北京：外语教学与研究出版社，2009.

6. 罗滨．初中化学教学关键问题指导［M］．北京：高等教育出版社，2015.

7. 毕华林，亓英丽．化学教学设计——任务、策略与实践［M］．北京：北京师范大学出版社，2013.

8. 王后雄．中学化学课程标准与教材分析［M］．北京：科学出版社，2012.

9. 何彩霞．核心素养导向的化学教学探索［M］．北京：北京教育出版社，2019.

第二单元 教学实施

单元学习目标 ……▶

1. 说出教学实施过程中运用的教学管理与调控的内容。

2. 运用教学策略营造化学课堂教学氛围。

3. 组织互动交流的课堂活动，通过倾听和观察对课堂进行诊断，尝试调控课堂教学。

4. 针对不同认知层次的学生组织有效的教学语言，设计恰当的提问。

5. 对课堂教学做出及时且准确的概括和总结。

6. 利用多媒体技术提升课堂教学技能水平。

7. 说出实验课程的要点，设计有效可行的实验课。

8. 知道跨学科项目化学习，了解设计和实施跨学科项目化学习的关键步骤。

单元导读 ……▶

　　教学实施是教师将教学设计中的预设转变为上课时的现实。这中间增添了许多变量的影响，如一个个鲜活的学生个体，教学的时间约束，班级的教学环境，团队的学习氛围，课堂教学中即时生成的问题，教师信息传递出去后没有收到预想的学生反馈，等等。这些不确定的、复杂的因素使教学实施变得远比教学设计要更复杂。如果教师没有一定的教学基本功，那么这些因素可能会给教师的教学带来很大的风险。本单元的学习将帮助新手教师解决以下问题：如何营造课堂教学氛围？如何组织课堂教学互动？如何进行有效的课堂倾听和观察？如何根据学生的反馈进行及时有效的课堂调控？如何借助于导入、讲解、提问、总结等关键环节有效组织和呈现教学内容？如何将信息技术与化学学科教学有机融合？等等。通过多项教学基本功的修炼，新手教师可以更好地胜任化学课堂教学。

单元导航 ⋯⋯▶

```
                                        ┌─ 课堂教学氛围的营造
                        ┌─ 课堂教学管理与调控 ┤  组织互动
                        │                 │  课堂倾听和课堂观察
                        │                 └─ 课堂调控
                        │
                        │                 ┌─ 规范语言与清晰讲解
                        │  教学内容组织与呈现 ┤  有效提问与恰当理答
         教学实施 ───────┤                 │  概括与总结提升
                        │                 └─ 恰当使用信息技术
                        │
                        │  实验教学设计与开展 ┤ 实验教学基本理论
                        │                 └ 实验的主要教学模式
                        │
                        └─ 跨学科项目化学习 ┤ 什么是跨学科项目化学习
                           的设计与实施    └ 如何设计与实施跨学科项目化学习
```

　　教学活动是一种复杂的、人为的和为人的实践活动，"为人"表明教学活动应具有确定性；"人为"表明教学活动具有不确定性；"复杂"表明教学活动必须在不确定性中寻求确定性。而这个过程则意味着教学活动的开展必须具有实践智慧，亦即教学智慧。

——叶澜[①]

　　有了准备好的文字教学设计，教师就要准备进入课堂，把文字呈现转化为课堂实践，实施教学设计。有人说教师既是编剧，又是导演，还是演员。课堂教学实施过程就是教学艺术的展现过程。

　　教师在一开始营造的气氛为整节课的学习定了调子。教师通过积极的课堂互动继续营造和保持以学生为主体的学习气氛；通过倾听和观察教学的生成过程，发现学生学习生成过程中产生的歧义；通过提问诊断教学生成中的结果并及时调整教学内容，保证学习目标与教学目标保持一致。教学过程中教师利用规范的语言进行讲解，用多媒体帮助学生理解教学内容，及时概括和总结教学环节以及整节课的内容。

---

　　① 苏鸿：《高效课堂：备课、上课、说课、听课、评课》，52页，上海，华东师范大学出版社，2013。

▶第五讲
课堂教学管理与调控

课堂教学管理是教师在每节课中都要进行的工作，是确保课堂教学质量的重要因素。新课程改革理念在教师的课堂管理实践中也应该体现出来。课堂管理不仅要维持和控制课堂状况，还要注重学生的心理感受和情感体验。

课堂教学管理是以全方位的教学为对象，遵循课堂教学活动的规律，运用现代科学管理的理论原理和方法，对课堂教学活动实施监控，维持、促进、调动教师和学生的积极性，使课堂总是持续着有意义的教学活动，有效地实现预定教育目标的一系列教学行为方式。[①] 课堂教学管理主要是针对课堂教学过程的管理。

课堂教学过程的管理主要包括两方面：一是课堂进程的管理，二是课堂教学秩序的调控。

课堂进程的管理包括：教学节奏的处理，即对课堂过程的速度、强度、密度等在时间上以一定的次序交替出现的形式的把握；课堂环节的管理，即针对教学过程中主要环节呈现形式的把控。这两个方面不是割裂进行的，而是贯穿于教学过程中。

课堂教学秩序的调控包括：对学生课堂注意力的调控，对学生课堂行为的管理，对课堂偶发事件的处理。[②] 课堂教学秩序调控与学生对教学进度的反馈紧密相关。教学节奏快慢和教师对教学环节的理解直接影响着学生的注意力，由学生的行为反映出来，形成了相应的教学秩序。教师要在教学互动中通过观察教学秩序，判断学生的学习心理，及时调控并维持正常的教学秩序。

---

① 陈月茹：《课堂教学组织与管理》，103 页，济南，山东人民出版社，2010。
② 陈月茹：《课堂教学组织与管理》，104 页，济南，山东人民出版社，2010。

本讲重点讨论教学管理中课堂教学氛围的营造、组织互动、课堂倾听和课堂观察及课堂调控四方面的内容。

一、课堂教学氛围的营造

| 案例 2-1-1 |

粗盐的提纯[①]

1. 课堂引入

同学们，这是我们熟悉的调味品——盐（NaCl）（海盐），它来自海水。用海水直接晒出的盐叫作粗盐，含有较多的杂质，不能直接食用。那么，怎样将粗盐变为精盐呢？今天我们就来学习粗盐的提纯。这是晒盐的场景（展示相关图片），从图中可以看出粗盐中含有大量泥沙。若想获得精盐，必须将这些泥沙除去。

2. 过滤的原理探究

同学们，根据你们的生活经验想一想，我们如何将粗盐中的泥沙除去呢？这位同学说用筛子，因为筛子可以把比筛子网孔小的物质筛出去。如果粗盐中的泥沙颗粒较小，应该可以用筛子筛出去。可是，我们仔细观察粗盐的状态后发现，粗盐中的氯化钠和泥沙凝结在一起形成了大小不等的固体颗粒，直接用筛子显然无法将二者分离。那么我们该怎么办呢？

想一想，我们能否找到一种方法，将粗盐中的氯化钠和泥沙"转化"成大小不同的颗粒呢？如果能，那我们就能再用筛子把它们分开了。是什么方法呢？这位同学提出把粗盐溶于水。因为氯化钠能溶于水，而沙子不溶于水，氯化钠溶到水里就分散成更小的粒子，而沙子还是粒径较大的固体颗粒，然后我们再用孔径合适的筛子就能把泥沙和氯化钠溶液分离开了。

．．．．．．．．．．．．

---

① 罗滨：《初中化学教学关键问题指导》，73～74页，北京，高等教育出版社，2015。

问题聚焦

问题 1：营造良好课堂氛围要关注哪些因素？

问题 2：如何利用课堂导入营造良好的课堂氛围？

课堂氛围又称课堂气氛或课堂心理气氛，是指班级成员在课堂上的情绪、情感状态，是师生在课堂上共同营造的心理、情感和社会气氛。[①]

（一）课堂教学氛围的类型

有学者以学生在课堂上表现出来的注意状态、情感状态、意志状态、定势状态以及思维状态为指标，将课堂心理气氛分成三种类型：积极的、消极的和对抗的（见表 2-1-1）。[②]

表 2-1-1　常见的课堂心理气氛类型

类型	积极的	消极的	对抗的
注意状态	师生对教学过程表现出稳定和集中的注意状态，全神贯注甚至入迷	打瞌睡（教师严厉时），分心、做小动作（教师课堂管理能力较差时）	①学生注意指向与课程内容无关的对象，而且常常是故意的 ②教师为了维持课堂纪律被迫中断教学过程
情感状态	积极愉快、情绪饱满、师生感情融洽	压抑、不愉快（教师严厉时），无精打采、无动于衷（教师课堂管理能力较差时）	①学生有意捣乱，敌视教师，讨厌上课 ②教师不耐烦，乃至发脾气
意志状态	坚持、努力克服困难	害怕困难、叫苦连天、设法逃避	冲动
定势状态	确信教师讲课内容的真理性	对教师讲的东西持怀疑态度	不信任教师

---

① 陈月茹：《课堂教学组织与管理》，157 页，济南，山东人民出版社，2010。
② 黄秀兰：《试论课堂心理气氛与教学效果》，载《应用心理学》，1986(2)。

续表

类型	积极的	消极的	对抗的
思维状态	适度的智力紧张，开动脑筋从而迸发出创造性，教师的语言生动、有趣、逻辑性强，学生理解和解答问题迅速准确	思维出现惰性，反应迟钝	不动脑筋

不同的课堂氛围中，教学效果和学习效率会有明显的差异。因此，营造积极、和谐、良好的课堂氛围是辅助教学行为的重要内容，是实现有效教学的重要条件。[①]

（二）课堂教学氛围的影响因素及相应的优化建议[②]

1. 教师的个人魅力

教师的劳动不仅是"传道授业解惑"，还具有以人格来培育人格、以灵魂来塑造灵魂的特点。其中教师的人格力量是第一教育力量。俄国教育家乌申斯基说过："在教育中，一切都应当以教育者的个性为依据，因为，教育的力量只有从人类个性的活的源泉中涌现出来。任何规章、任何教学大纲、任何人为的学校机构，无论它考虑得多么周密，也不能代替个性在教育工作中的作用。"[③]

2. 师生关系

课堂中的师生关系直接影响课堂教学氛围，因此，建立和谐的师生关系是优化课堂教学氛围的重要条件之一。建立和谐的师生关系要求教师加强师生关系的研究，树立正确的师生观；努力提高综合素质，特别是业务能力，扩大"非权力"影响；了解当代学生的生理、心理和思想特点；淡化教师作为教育者的角色痕迹，注意培养课堂民主平等的人际关系；重视师

---

① 崔允漷：《有效教学》，202 页，上海，华东师范大学出版社，2009。

② 李秀壮：《中学化学课堂教学氛围的表征及评价研究》，博士学位论文，东北师范大学，2020。

③ ［苏联］洛尔德基帕尼泽：《乌申斯基教育学说》，范云门、何寒梅译，307 页，南京，江苏教育出版社，1987。

生间的非正式交往和非语言交流等。

3. 教师控制

教师的控制包含教师自我控制、对偶发事件的控制和对学生焦虑水平的控制。

良好的教学氛围的营造需要教师进行多方面的控制。教师是营造良好课堂教学氛围的关键人物。教师一踏入学校，这种自我控制就变得尤为必要了。教师必须善于控制自己的情感、语言、教态和行为，主动营造民主活泼的课堂教学氛围。

4. 情境创设

教师上的每一堂课都有不同的情境。成熟型教师的课堂强调知识生成的自然性，强调让学生在自然的情境中学习知识、发展能力。这就要求教师创设的教学情境必须符合学生的生活经验和心理发展特点，有利于学生理解和掌握知识，感受到学习的价值和意义，体验知识的发现和形成过程，激发起学习兴趣和求知欲望，在自然状态下完成知识目标。

5. 课堂评价

良好的课堂教学氛围必须充分发挥评价的作用。课堂评价不但要对学生回答问题的正确性给予评价，而且要突出情感和过程方面的评价。教师应该让评价带有情感性，并多对学生思考或回答问题的过程进行评价。评价应该是全面的，应该有利于发挥学生的主体性，有利于学生成长和进步。教师可通过有目的、有针对性的评价来促进学生全面发展。

6. 教学素材的选择和呈现

良好的课堂教学氛围要求教学素材的选择和呈现能引发学生的学习兴趣。这要求教师在选择教学素材时要注意贴近学生生活和现实社会，注意时效性，尽量选择与时事热点相关的内容。在教学素材的呈现上，教师要注意灵活合理地使用多媒体、移动网络等资源，给予学生立体的感官刺激，激发学生的学习兴趣。

7. 学生参与

学生作为课堂教学的主体，能对课堂教学氛围产生重要的影响。学生参与课堂学习活动的主要形式为：与教师互动，独立思考、学习，参与学生小组讨论、探究、实验等活动。学生参与的影响主要体现在学生参与和教师引导形成了课堂教学氛围的基本状态，学生参与课堂学习活动的热情程度直接影响课堂教学氛围的浓厚程度。同时，学生的参与对教师的引导具有反馈作用。学生参与能为教师判断学生学习效果提供依据，教师可在授课过程中根据学生的参与情况及时调整教学方法。学生参与课堂学习活动的热情也会对教师授课的热情造成影响。学生积极参与学习活动会影响教师，使得教师授课的热情提升、精神振奋；学生消极或者对抗参与学习活动会使得教师心情不佳、情绪低落，甚至对教学产生厌恶感，从而影响课堂教学效果。教师要提升学生参与课堂学习的热情，首先要充分了解学生的心理需求，在结合授课需要的前提下尽量满足学生的心理需求。教学素材应选择贴近学生生活、学生感兴趣的内容，教学手段要注意多元化，教师可多利用多媒体吸引学生的注意力。

（三）使用导入技能创设良好的课堂教学氛围[①]

导入技能是教师在新的教学内容或教学活动开始时，运用建立问题情境的教学方式，引起学生注意，激发学生兴趣，使学生明确学习目标、形成学习动机的一类教学能力。

课堂的开端是至关重要的，是形成平等、和谐的课堂教学氛围的关键，直接影响到学生的课堂情绪和学习态度。要想让学生对课堂内容充满期待和兴趣，课堂的开场铺垫尤为重要。正如苏霍姆林斯基所说："如果教师不想办法使学生产生情绪高昂和智力振奋的内心状态就急于传授知识，那么这种知识只能使人产生冷漠的态度，而给不动感情的脑力劳动带来疲劳而已。"[②]实践证明，积极的思维活动是课堂教学成功的关键，富有启发性的导入语可以激发学生的思维兴趣，所以教师在上课伊始就应当注意通过导入语来激发学生的思维，以引起学生对新知识、新内容的探求热情。

---

① 李涛：《教师常用教学技能训练》，23～26 页，北京，中国轻工业出版社，2014。
② ［苏联］苏霍姆林斯基：《给教师的建议》，杜殿坤编译，83 页，北京，教育科学出版社，1984。

1. 导入技能的三个要素

(1)问题情境。

问题情境可理解为一种具有特殊意义的教学环境。这种教学环境除了物理意义上的存在外,还有心理意义上的存在。从物理意义上讲,它具有客观性,是一个看得见、摸得着的教学背景,可以是现实生产、生活材料,也可以是本学科的问题,还可以是其他学科的相关内容等。从心理意义上讲,它充分反映了学生对学习的主观愿望,能激发学生的学习兴趣,唤起学生对知识的渴望和追求,让学生在学习中伴随着一种积极的情感体验,积极主动地投入学习。

(2)知识衔接。

知识衔接是指在导入中,要把学生将要学习的知识和学生已有的知识联系起来。心理学研究表明,学生必须积极主动地使新知识与自己已有的认知结构中有关的旧知识发生相互作用,旧知识才能得到改造,新知识才能获得实际意义。导入是课与课之间的"桥梁"和"纽带",具有承上启下的作用,既是先前教学的自然延伸,也是本节课教学的开始。

(3)目标指引。

教学目标是教学活动所要达到的预期结果或标准。教学目标对教师是教授目标,对学生是学习目标。通过导入,教师把教学目标转化为学生的学习目标,学生知道了学习目标才能明确学习的方向,自觉地以目标来规范自己的行为,主动地接近目标。同时,教学目标还有激发学生学习动机,使学生产生强烈学习愿望的作用。

2. 导入技能要素的实现方法

(1)问题情境的创设方法。

首先,明确所要达到的教学目标;其次,依据教学内容的特点一步步倒推,在学生原有认知结构中找到与新知识既有某种联系又有区别的内容,确定问题情境中相对的两个方面;最后,设计具体的表现方式来表现这对矛盾。

方法一:问题的障碍情境。这是在学生原有知识储备和知识经验的基础上，有意识地让学生陷入新的困境，以形成新的认知冲突，从而唤起学生对新知识的渴望和探求的一种问题情境。

方法二：问题的发现情境。这是通过呈现一定的背景材料，引出新的学科问题，引导学生发现问题的特征或内在规律，产生新的学科知识的一种问题情境。

方法三：问题的解决情境。这是直接呈现出某个新的学科问题，围绕如何解决这一问题组织学生开展学习、探求知识、寻找问题解决办法的一种问题情境。

（2）知识衔接的实现方法。

导入要真正引起学习动机，仅靠问题情境的创设是不够的，还必须使问题情境中潜在的矛盾或差异表面化，被学生主体充分地意识到。这就需要引导学生从原有认知结构中提取出与新内容相关的内容，与新内容形成对峙。

方法一：从旧知识中引出新知识。该方法是根据知识之间的逻辑联系，找准新旧知识的连接点，以旧知识为基础发展深化，从而引出新的教学内容，达到温故知新的目的。这种方法通过针对旧知识进行复习、提问及做习题等活动，对照新情境，发现问题，帮助学生明确学习任务。这样导入使学生感到新知识并不陌生，便于将新知识纳入原有的认知结构，降低了学习新知识的难度，易于引导学生参与学习过程。教师使用该方法时要注意：①要提示或明确告诉学生新、旧知识的联系点，以引导他们思考，从而明确新、旧知识之间的联系，进入新的学习；②通过有针对性的复习为传授新知识做好铺垫，同时在复习的过程中又要通过各种巧妙的方式设置难点和疑问，使学生暂时困惑或思维受到阻碍，从而激发学生的积极思维，创造学习新知识的契机；③要精选复习、提问的已学教材内容和编排习题，使之与新内容之间有一个紧密联系的"支点"，从复习到讲授新课过渡得连贯自然；④化学学科的导入方式以练习、实验、演示为主，或复习、巩固、印证前面所学的知识，或以此为基础展示新的矛盾和问题，让学生思考。

方法二：从生活经验中发现新的问题。该方法是在新内容与学生的有关经验既有联系又有区别时，教师以学生的生活经验、已知的素材为出发点，通过生动而富有感染力的讲解或提问等方式引导学生从生活经验中发现新的问题，引起学生的求知欲望，引导学生动脑思考。教师使用该方法时要注意：①一定要选择学生非常熟悉的生活经验、体验或素材，这样才能引起学生的共鸣，调动起所有学生的情绪；②所选择的内容要与新教学内容有关系，但学生不明白其中的原理；③要在关键处提出问题，引导学生对"熟视无睹"的现象进行思考。

方法三：在实验现象中展现新知识。该方法是以将已知实验现象或知识经验与新现象对比的方式产生问题情境，提出新问题，自然地过渡到新课学习。该方法通常是在新知识所要求的感性经验是学生缺乏的，或学生在生活中虽有所接触但没有充分注意和思考的，或需要有鲜明的表象时运用。从实验现象中展现新知识有利于学生形成生动的表象，由形象思维过渡到抽象思维，因此，在化学教学中应用较广。教师使用该方法时要注意：①实验演示的内容必须与新内容有密切的联系并能为学习新内容服务；②要让学生明确观察的目的，掌握观察的方法；③要善于抓住时机提出问题并引导学生积极思考。

方法四：在情境中激发学生感受新知识。该方法选用语言、设备、环境、活动、音乐、绘画等各种手段，创设一种符合教学需要的情境。在所创设的情境中，教师通过与学生对话、让学生参与活动等形式调动学生已有的知识能力，激发学生学习新知识的兴趣，引发学生思维，使学生处于积极学习状态。苏霍姆林斯基说："任何一种教育现象，孩子们越少感到教育者的意图，它的教育效果就越大，我们把这条规律作教育技巧的核心。"[①]情境创设如果运用得当，则会使学生身临其境、感同身受，从而在潜移默化中受到教育、获得知识。教师使用该方法时要注意：①善于创设情境，必须从教学内容出发，精心组织，巧妙构思，创设良好的符合教学需要的情境；②设置情境应有明确的目的或意识，或以此激发学生的情感，或因

---

① ［苏联］苏霍姆林斯基：《帕夫雷什中学》，赵玮等译，前言14页，北京，教育科学出版社，1983。

此引发学生的思维，或借此陶冶学生的性情等；③当情境内涵比较隐蔽时，要恰当地对学生进行启发和诱导。

（3）目标指引的实现方法。

目标指引的具体方法是先对问题情境的导入活动进行概括，提出后面教学认识的主要问题；然后对实现教学目标的方法和途径进行指引，使学生对接下来的教学要解决什么问题、如何解决做到心中有数，从而形成学习期待。

（四）案例分析

案例2-1-1先以学生熟悉的生活调味品食盐为例，围绕"如何把含有较多杂质的粗盐变成可直接食用的精盐"这一问题导入新课，情境创设贴近学生生活，容易引发学生学习兴趣，接着组织学生开展学习、探求知识、寻找解决问题的办法。在教学过程中，教师对学生的回答不是简单地以对错回应，而是引导学生仔细观察、认真分析，既保护了学生的学习热情，又促进了学生深入思考，师生之间形成了良好的人际关系氛围，双方都充满热情，精神振奋，势必能提高课堂教学的实效性。

实践操练

1. 活动名称

通过导入技能营造化学教学氛围

2. 活动目标

①通过撰写教学设计，理解营造化学教学氛围的影响因素。

②通过体验导入技能的过程，理解导入技能的要素，并学会评价和调整自己的教学设计。

3. 活动所需

①材料：初高中化学教材、电脑（自备）。

②场所：多媒体教室。

4. 活动内容与步骤

①教案编写：选择初中化学或高中化学的绪言课，根据导入技能的要素进行导入环节设计。

②角色扮演：分小组进行教学片段训练。小组成员依次扮演教师，其他成员扮演学生，将自己设计的导入教案用于实践。

③反馈评价：教师和其他学生根据营造课堂教学氛围的影响因素评价扮演教师的学生的导入过程，指出其存在的问题，并说明自己的评价。

存在的问题：

_____

_____

意见和建议：

_____

_____

④修改导入教案：扮演教师的学生根据大家的评价进一步修改本组的导入教案。

5. 活动讨论题

①每人的导入资源是否一样，请选出印象最深刻的教学设计并说明原因。

②如果再给一次机会，你是否会选择其他人的教学导入设计，请说明原因。

二、组织互动

✎ | 案例 2-1-2 |

"醋酸"主题研讨交流环节[①]

A 组代表：（图片展示"醋"字，讲述"醋"字的来源与传说）传说在古代

---

① 杨文斌：《化学教学互动理论与运用》，136～139 页，上海，上海教育出版社，2017。

的中兴国，即今山西运城，有个叫杜康的人发明了酒。他的儿子黑塔也跟杜康学会了酿酒技术。后来，黑塔率族人移居现江苏镇江。他们觉得酿酒后余下的酒糟扔掉很可惜，就存放在缸里浸泡。到了第二十一日的酉时，一开缸，一股从来没有闻过的香气扑鼻而来。在浓郁的香味的诱惑下，黑塔尝了一口，感觉酸甜可口，便把它储藏起来作为调味浆。给这种调味浆起什么名字呢？黑塔就用"二十一日"加"酉"字来命名这种物质，也就是"醋"。据说，直到今天，镇江的酱醋厂酿制一批醋的期限还是二十一天。醋酸有不少特点，它是有机物，易溶于水；它有酸性，但是一种弱酸，电离方程式为 $CH_3COOH \rightleftharpoons CH_3COO^- + H^+$；它沸点比水高，为 $117.9\,℃$，而当温度低于 $16.6\,℃$ 时，它就会凝结成冰状晶体，所以无水醋酸又叫冰醋酸。

B组代表：醋酸在日常生活中有很多妙用。烧鱼时，放一些醋和酒，可以去除鱼腥味；将食醋加入烧水壶中可以除水垢；用醋熏蒸可以杀菌消毒；在吃了较多的油腻食物后，可喝加醋的羹汤来帮助消化；醋还能醒酒，喝多了酒，喝点醋，醋酸能和乙醇反应；醋酸还是重要的有机化工原料，在油漆、塑料、醋酸纤维等化工生产中都会被大量使用。

C组代表：（展示一瓶食醋、一瓶白醋和一瓶无水乙酸，请其他同学观察颜色，并打开瓶盖请同学闻气味）醋酸是无色、有刺激性气味的液体，易溶于水和乙醇，熔沸点较低，易挥发。食醋中含有 $6\%\sim8\%$ 的乙酸，乙酸俗称醋酸。醋酸的分子式为 $C_2H_4O_2$，比乙醇少2个H原子、多1个O原子，官能团是"—COOH"，叫作羧基。醋酸能与碱及较活泼的金属反应，还能在浓硫酸的催化下和乙醇反应生成乙酸乙酯。

A组代表：我认为B组同学说醋还能醒酒不科学，醋酸和乙醇反应生成乙酸乙酯需要有浓硫酸作为催化剂，而人的胃里没有浓硫酸，所以醋酸不能和乙醇反应。

B组代表：我们是听很多人这样说，网上也查到了酒后喝点醋可以快速解酒。

教师：（引导）两组争论的焦点是醋酸和乙醇在什么条件下能反应。如何解决这一问题？

学生：可以通过实验。

教师：大家针对这一问题，设计实验方案，同时确定什么样的条件比较有利于乙酸乙酯的生成。

（学生小组讨论后，再次汇报。）

…………

教师：同学们的设计都有明确的目的，有些组考虑得非常仔细，有些设计虽不太精细，但思路基本是正确的，说明大家都有自己的思考，并有一定的能力。可参照教材上的试剂用量，开始我们的探究之旅，要注意实验规则，确保安全，对刚才 E 组提出的问题，大家可结合反应物和生成物的性质综合考虑。另外，考虑到乙酸、乙醇和乙酸乙酯的沸点（乙酸乙酯沸点为 77 ℃），加热时应尽可能将温度控制在什么范围？可考虑用什么装置控制温度？

（学生实验后作报告。）

问题聚焦

问题 1：化学课堂互动的形式有哪些？

问题 2：如何组织有效的化学课堂互动？

互动有广义和狭义之分。广义的互动是指一切物质存在的相互作用与影响。狭义的互动是指在一定的社会环境中，人与人之间的相互作用和影响。教学过程是以学生为主体、以教师为主导、以教材为主线的特殊认识和实践活动过程，是一种狭义上的互动。教育部印发的《基础教育课程改革纲要（试行）》指出，"教师在教学过程应与学生积极互动、共同发展"。课堂教学互动是教师与学生之间、学生与学生之间对话、相互沟通和相互理解的过程。

中学化学课堂教学中的互动是指在教室内的学习情境中，教师与学生之间通过媒介发生的各种形式、各种性质、各种程度的相互作用和影响的互动，不仅包括行为上的互动，还包括心理上的交互作用。[1]

（一）教学中互动的形式

课堂交流互动不只是教师和学生之间进行的交流互动，也包括学生个体之间、小组与小组之间、班与班之间、年级与年级之间的交流互动，是多方向的交流。互动既有课堂中人与人之间的交流，也有人与物（文字、实物、影像等）之间的交流。互动还可以扩展到课后活动及社会实践中，是多维度的全方位沟通。

依据互动中互动对象的不同，化学教学中的互动可分为师生互动、学生间互动、学生与教学媒介的互动。

1. 师生互动

师生互动可以是教师与全体学生的互动，也可以是与一个小组的学生的互动，还可以是与一名学生的互动。选择哪些学生作为互动对象，利用哪种互动方式，要依据学情和教学内容而定。

师生互动是双向的，既有教师的活动，也有学生的反馈。这类互动中教师的主导作用明显。教师有意识、有计划地调动学生的积极性，起到引导和促进的作用。[2] 但是，教师不能忽略学生的反应，只按照自己的思路继续教学，这样会导致学生产生的疑问被忽视，学生没有经过真正思考，只是被动地接受了知识内容和观点，不能真正地主动学习。

2. 学生间互动

年龄、知识范畴、认识水平、评价标准、在教学中的角色和地位与教师的差异，使得学生之间处于更为平等的关系，他们的交流比师生间的交流更容易。学生间互动有组内学生互动、组间学生互动和班级间学生互动。

小组或班级是一个学习共同体，学生之间的认知结构、性格特点存在差异，这种差异从动手能力、理解能力、表达能力和知识迁移能力等方面的表现程度能够表现出来。正是由于这样的差异，学生才会有自己的

---

① 李高峰、刘杨：《互动教学能力实训》，4 页，北京，高等教育出版社，2019。
② 杨文斌：《化学教学互动理论与运用》，35 页，上海，上海教育出版社，2017。

观点。观点不同会产生认知分歧，引起学生间的争辩，使学生形成思维碰撞，从而不自觉地调动了学习能动性。通过思考与交流，学生间最终会形成较为一致的观点。这个互动过程使学生真正做到了共同学习，成为学习的主体。

教师在学生互动过程中要关注其表现，掌握互动的方向和节奏，及时给予相应的指点和引领，起到主导教学的作用。

3. 学生与教学媒介的互动

学生与教学媒介的互动是指学生与教学媒介之间信息的传递和交流的过程。教学媒介是物体或物质变化过程，可以是文本制品，如教材、学案等，可以是化学体或化学体部分结构的实体、模型、标本或实验器材等，可以是挂图、影像、PPT 等多媒体，还可以是动作的演示或一段表演。

这种互动通过刺激学生的感官，将学生的思想、精力和情感融入学习情境。实际存在的物体对学生的认知产生的内化效果持久性较强，即使物体不出现，也能有效地支持认知活动。[1]

（二）实现互动的条件

互动是否有效就要看在较短的时间内，学生在和谐的教学氛围中通过教学活动达到教学目标的程度。[2] 和谐的教学氛围是有效互动的前提，需要教师熟知学生的喜好和习性，在充分预知学情的基础上，针对学生的特点创设学习情境，这样才能引导学生自主认知、主动学习、互助答疑解惑，完成学习目标，最终完成教学目标。

1. 创设平等的教学环境

互动教学需要开放的教学环境，这种开放的环境首先是一个轻松的、和谐的课堂空间。在这种环境里，师生关系是平等的，学生的内心是开放的，学生在课堂中能充分享受学习自由，不受他人的压制。教师在课堂中要微笑面对学生，语言平和、幽默，对学生提出的各种问题不反感，用学

① 杨文斌：《化学教学互动理论与运用》，45 页，上海，上海教育出版社，2017。
② 李高峰、刘杨：《互动教学能力实训》，119 页，北京，高等教育出版社，2019。

生能够接受的方式表达否定性的意见、提出建议或批评学生，有意识地适当保持沉默，不与学生当面发生冲突，消除学生的畏惧感；应尊重学生，不偏袒、不歧视学生，公平对待不同层次的学生，让所有的学生都参与到教学互动交流中。

2. 提供自主学习的时间和空间

有时，教师认为提出的问题太难，以学生现有的知识肯定答不上来。教师的提问如果不是记忆层面的问题，就不要急于让学生立刻回答，给他们多一点时间思考，要相信学生有能力回答出来。凡是学生能看懂的内容就放手让学生自学，凡是学生动手操作能得出规律的就放手让学生去完成，凡是学生能独立解决的问题就放手让学生去解决。学生讨论或实践后，教师也不要期望其展示的内容就是标准答案。教师应尊重学生的想法，让学生说出自己想到的、见到的，让学生之间先进行评价、交流，尽可能不打断学生。教师应给学生辩论的空间，让学生间的互动交流成为学习的常态，保障自主学习的有效性。

📎 | **理论书签** |

分布式认知理论

传统认知理论只关注个体内部的认知过程，直到 20 世纪 90 年代，赫钦斯(Hutchins)认识到完整的认知过程实际上不仅依赖认知主体，还包括其他认知情境、认知个体、认知工具及认知对象，进而提出了分布式认知的概念。分布式认知是一种认知活动，是对内部和外部表征的信息加工。赫钦斯的分析表明交流是分布式认知的必要条件，共享聚焦的信息是支持问题解决的重要手段，各要素相互依赖是任务完成的重要保证。[1]

---

① 杨文斌：《化学教学互动理论与运用》，29 页，上海，上海教育出版社，2017。

（三）组织互动的教学原则

课堂教学是教师与学生双向、生生多向的交流活动，是教与学相互作用、相互影响的过程。互动的目的在于让学生动起来，不仅要调动学生说出来、做出来，而且要调动学生的思想动起来。

1. 体现学生主体地位

在化学教学过程中，教师的主导作用很重要，但是，学习的发生还在于教学对象——学生本身的认知内容和认知过程的变化。学生是学习活动的中心，是学习的主体。学生在轻松的课堂气氛中参与学习，思维活跃，能够产生积极的学习意愿，成为教学互动交流的中心。互动过程是学生对学习过程的体验，是在"做中学"的过程。学生在互动中可以体验到实验的失败与成功，体验到学习的艰辛与快乐。

2. 引导学生重建认知结构

建构主义认为，学习是一个积极主动建构的过程，每个学生都以自己的经验系统为基础对新的信息进行编码，解构自己的理解，而且，原有的知识又因为新经验的进入而发生调整和变化。[1] 从教学效果的角度来看，学习就是学生有所收获，即能够理解相应的概念、原理、规律，掌握动手实践的方法、实验操作的技能，在上课时将相应的概念进行认知建构，并且收获相应的能力。[2] 互动教学是教师组织学生进行思维碰撞的过程，教师鼓励学生通过独立思考，发现原有认知结构中的欠缺，引导学生用自己的理解方式进行补充和更新，重新搭建新的知识结构，达到形成新的认知结构的效果。

3. 激发学生深度思维

互动教学过程是一个教与学的交流过程，不仅是表面的课堂学生活动、语言交流，而且是有学习行为的改变。教师联系生活实际，利用各种教学方法引导学生有意识地发现问题，结合原有的化学认知主动思考，发现化学的新价值，同时结合其他学科知识，激发学生的深度思维。

---

① 刘恩山：《中学生物学教学论》(第2版)，45页，北京，高等教育出版社，2009。
② 李高峰、刘杨：《互动教学能力实训》，119页，北京，高等教育出版社，2019。

（四）教学中互动的策略

根据课堂互动交流的形式，教学中互动的策略可分为师生互动的策略、生生互动的策略和学生与教学媒介互动的策略。

1. 师生互动的策略

师生互动是化学教学过程中常见的互动方式。课堂上教师与学生之间有语言交流、思想交流和情感交流。与化学相关的话题的交流一般由一个话题引出讨论的内容，形成师生共同参与教学的情境。话题多以对教学情境提出问题的形式出现。因此，师生互动策略中有一个重要的内容：问题情境。这些问题情境源于哪里呢？

(1)对生活经验的解释。

化学学科讨论的话题形成的教学情境一般是从学生的生活经验中来的。例如，学生对这些生活经验已经"视而不见"了，化学知识恰好能够帮助他们解释这些"习以为常"的生活现象。

(2)经验与科学解释的冲突。

学生经常能够从不同渠道获得感兴趣的知识，但是对于与化学相关的知识的理解有些是不正确的。例如，在案例 1-2-8 中，学生对燃烧的条件存在错误的概念。

(3)学习过程中的新发现。

在化学教学过程中，学生在学习了新知识之后，会联想到已有知识，激发出新想法，形成新的发现。这是由于新知识使学生对化学价值有了新的感受。

教师设置好学生感兴趣又恰当的问题情境，提出明确的问题，师生交流才能够顺利地进行，学生才能更好地理解化学知识，更深刻地理解化学的学科价值。

2. 生生互动的策略

(1)认识合作学习。

合作学习于 20 世纪 90 年代在美国兴起，能够弥补个别学生与班级整体学习进度产生差异的不足。合作学习一般是以小组为学习单位进行的一种教学互动。教师安排小组学习任务，组中的学生相互协作，共同完成学习目标。[①]

小组合作学习包括小组讨论学习、小组实验学习和小组辩论学习等形式。

（2）合作学习小组的建构。

教师根据学生的认知水平和性格表现指定合作小组的成员。每个小组一般由 2～6 名学生组成，小组成员都有自己的角色，每个角色分工不同。小组设组长一名，由有责任心、比较活跃的学生担任。每次活动时，组长安排组内讨论发言、实验操作、记录结果、总结、汇报等任务，在活动中鼓励并督促组内不同的学生承担相应的任务，扮演好各自的角色。[②]

合作学习小组也可以根据学习任务的不同，重新建组，进行动态编组。

（3）小组合作学习的优势。

首先，增加了交流的机会。小组合作学习为每一名学生创设了积极交往的机会，小组内的学生为一个共同目标一起学习，将学习任务由过去的个体化转向个体化与合作化相结合。小组间还引入了竞争关系，可以促进学生自主发展和沟通能力的提升。

其次，发挥了个人作用。每个人都有机会发挥自己的作用，成为小组中不可缺少的一员。小组成员可以相互依靠，完成问题讨论、实验探究、辩论或表演等学习任务，学生之间由过去的竞争关系转向合作与竞争相结合的学习伙伴关系。学生逐渐形成良好的合作意识，增强了责任感。

最后，形成了认知互补。小组成员能力特点各有不同，在完成学习任务的过程中发挥着不同的作用，形成认知互补，有利于实现"促进每个学生充分发展"的教学目标。

（4）实现小组合作学习的要素。

不同的小组开展合作学习活动的内容和形式多种多样，但是每个合作

---

① 郑晓蕙、胡继飞：《生物课堂教学行为研究及案例》，235～236 页，南昌，江西教育出版社，2009。
② 郑晓蕙、胡继飞：《生物课堂教学行为研究及案例》，235～236 页，南昌，江西教育出版社，2009。

活动都有共同活动要素：目标准确，内容明确，有评价机制，关注反馈，引领方向。每个要素有相应的操作要点，不同要素之间形成有效互动。

①目标准确。

课堂上的每个活动环节都是围绕学生的学习目标和内容展开的，是为突破学习重点和难点而设计的，不能为了讨论而提问，为了互动而活动。

互动讨论的话题要准确，具体到：是解决学生对化学观念的理解和构建，还是对生命观念的理解和形成；是对实验器材的操作和学习技能的培养与提升，还是科学探究能力和科学思维的养成；是用化学的认知解释、解决生活中的现象，还是树立社会责任感。创设的问题情境要与教学问题高度匹配，这样才能够为完成教学目标服务。要避免出现看起来热闹而没有教学目标的互动活动。

②内容明确。

每名学生都要参与到小组合作学习中。在合作学习前，教师要说明每名学生的任务，让所有人都有机会承担学习任务，不能出现学习的旁观者。

提供给学生的教学媒介内容要简洁、明确、清晰，与教学内容和学生的知识水平相符。教师根据讨论的要求设置有针对性的话题，让学生快速捕捉到关键词，进行有效的阅读和观看。问题设置应注意难易程度和认知层次，让全体学生都能参与讨论。教师讲解的内容清晰，声音洪亮，使教室内学生都能听清楚；演示动作熟练、准确、有节奏，高度适宜，让全体学生都能看到。

化学实验的目的和实验步骤简洁明了。实验不单纯是为了学习实验操作技术和步骤方法，还有帮助学生通过科学探究方法理解化学概念、解释化学现象和规律的作用。这些内容都应该在实验目的中体现出来。化学实验的操作顺序对实验是否科学、能否得到预期结果至关重要。

在辩论活动中，辩论题目的设置要以学科知识和理论为支撑，可以是针对学校、家庭或社会热点等方面的内容，聚焦于有实际意义或急需解决的问题。参加辩论活动的学生可以分成"正方"和"反方"两组，也可以设立第三方作为"评判"组。学生分组的方式多样，可以是按班内自然组划分，也可以是学生自愿成组。教师确定组内成员名单和组内学生分工后，组织学生做辩论前的准备。小组准备的内容包括：准备发言内容和形式，挑选资料收集的方式和渠道，整理资料；预设对方会提出什么问题、如何应答、问对方什么问题，如果遇到不知道的问题怎么办；进行预演并修改辩论内容；等等。在准备过程中，教师应注意学生遇到的问题，及时帮助学生解决问题，督促学生按时完成计划。

③有评价机制。

小组合作学习是班级每名成员都要参与的集体学习，在保证每名学生都能主动参与组内工作外，还要有互相帮助、互相评价、互相监督的任务，这就需要建立有效的评价机制。评价可以由学生分组根据评价量表对本组或本班内的同学进行打分，教师也可以使用这个评价量表对学生进行过程性评价。评价量表中的标准要在互动活动之前确定，并且得到教师和学生的认可。

评价量表的内容包括：参与度——活动中的表现，可以根据发言、主动动手做与否评判；尊重度——对别人发言或对不同意见的态度表现，可以根据倾听别人述说时的表现评判；荣誉度——"学习小组"的集体感，可以根据是否感到自己的行为会影响整组的学习结果评判（见表2-1-2）。

表 2-1-2　小组活动评价量表

评价要点	优秀（5分）	良好（4分）	一般（3分）	不好（0分）	权重
参与度	积极参加组内发言，主动动手操作，主动快速准确地完成自己的任务，主动提出建议。	能够参加组内发言，能够动手操作，能够完成自己的任务，能够提出建议。	有时参加组内发言，有时动手操作，有时能够完成自己的任务，有时提出建议。	不参加组内和班级发言，不动手操作，不完成自己的任务，没有提建议的意识。	0.5

续表

评价要点	优秀(5分)	良好(4分)	一般(3分)	不好(0分)	权重
尊重度	主动与组内同学合作，主动启发其他同学发言，主动帮助或纠正其他同学的操作，认真倾听其他同学发言，给予客观的评价。	能够与组内同学合作，有时启发其他同学发言，有时帮助或纠正其他同学的操作，能够倾听其他同学发言，能够给予较客观的评价。	有时与组内同学合作，听从同学的启发发言，操作被帮助或纠正，有时倾听其他同学发言，有时给予评价。	不与组内同学合作，不给予其他同学任何启发，不帮助或纠正其他同学的操作，不倾听其他同学发言，不做任何评价。	0.3
荣誉度	积极展示个人或本组的活动成果，相信本组的活动成果一定会被全班认可，认为自己的表现一定会影响本组成果的形成。	能够辅助展示本人或本组的活动成果，认为本组的活动成果会被全班认可，认为自己的表现可能会影响本组成果的形成。	有时展示本组的活动成果，认为本组的活动成果可能会被全班认可，认为自己的表现不一定会影响本组成果的形成。	不愿参与展示本组和班级的活动成果，认为本组的活动成果不会被全班认可，认为自己的表现与本组成果的形成无关。	0.2

④关注反馈。

学习以小组形式进行时，教师根据表 2-1-2 的内容观察学生的合作情况。在小组发言人展示后，观察其他成员做补充和辅助工作的情况，以及其他小组是否认真倾听。

教师在实验过程中观察学生，保证学生在既定时间内完成实验内容，观察学生对实验器材使用得是否规范，实验步骤是否正确，配合和参与情况及实验完成情况如何。

辩论活动中，教师可以做主持人，也可以让学生做主持人。教师要观察并记录学生在小组准备时的参与程度，掌握辩论活动小组发言的内容表达和整体表现，小组成员辅助小组完成讨论时起到的作用，对其他小组学生的态度等。

⑤引领方向。

在小组合作学习的过程中学生活动相对分散，干扰因素相对较多。教师要通过巡视发现问题，使用提示、点拨、引导等方法推进活动的开展；控制好互动时间，保证互动为实现课堂效率而服务；找到互动活动中学生存在的共性问题，为下一步教学环节做准备，引导互动向精准完成教学目标靠近。

教师应对学生的展示表述及时做出反馈，根据学生的理解程度，指导学生进行分析，激发学生进行思考，适时引领学生的思维水平向高阶发展，培养出学生的创新思维。

学生依据设计好的评价标准进行小组间的评价。教师在对学生和小组进行评价之前，让学生对展示的内容和过程提出自己的想法和修改意见。学生对展示结果出现的差异进行讨论和分析并找到出现分歧的原因。教师应适时鼓励学生客观对待不同的意见，从多个视角思考，有意识地培养学生的批判性思维。

3. 学生与教学媒介互动的策略

教学媒介有文本性的和非文本性的呈现方式。[1] 学生与媒介的交流主要是学生对其阅读、观察、加工和反馈的表达。

首先，对于文字，如教材和学案，教师不仅要读懂文字和符号，还要指导学生读懂结构、主旨，注重关键信息（参考第二章第一节读懂教材的内容），可以利用思维导图进行示范。

其次，对于实物、模式图，教师要由内到外、由上到下、从整体到局部进行仔细说明，帮助学生观察；对于表格，要从横向到纵向，不漏掉每一处信息表达，利用图或表来记录观察结果和实验结果。

最后，对于多媒体展示的生命现象或过程，教师要从时间到空间进行对比观察，找到不同时间段生命的空间变化，做好相应的记录。记录的形

---

① 杨文斌：《化学教学互动理论与运用》，25页，上海，上海教育出版社，2017。

式可以是图和表,并加以文字说明。在说明中记录者应注意对化学术语的使用。

在与教学媒介的互动中,教师要提前做好准备,根据学生的认知情况选择适当的教学资源。教学媒介与教学内容紧密相连,能够对教学目标的完成起到很好的辅助作用。

互动时,学生要动起来。有了学生的声音、行为和思考,交流才有意义。教师在互动过程中要倾听学生的表述,检查学生写出的文字,观察学生的动作、步骤等行为,了解学生的学习状况,厘清学生的思路,调整交流的方向。教师可以适当给予一定的提示,帮助学生找到思考的方向,得到正确的答案和解决问题的科学方法。

实践操练

1. 活动名称

滚动的小球

2. 活动目的

①通过体验小组活动的过程,理解互动的要素内涵和操作要点。

②通过回答讨论问题,评价和调整教学设计中互动的内容。

3. 活动所需

材料:一次性纸杯、乒乓球。

场所:教室、楼道或操场。

4. 活动任务内容

分组活动,每组 4~6 人。小组第一位参与者手持乒乓球在身前,约在鼻子的高度,站在 6 米长线段的一端,在另一端的地上放置一个一次性纸杯。小组设计的方法是,将乒乓球由第一位参与者运送至 6 米外地上的一次性纸杯内。在运送过程中,乒乓球要一直保持滚动的状态。参与者在运送乒乓球时可以改变位置,但不能手持乒乓球奔跑。

5. 活动的步骤

①小组设计运送乒乓球到达终点的工具和方法。

②小组练习，检测方案的可行性。

③进行小组比赛，所有小组一起比赛，看哪个小组的工具和方法好。

④小组讨论问题。

6. 讨论问题

①每个组的运送方案是否一样？

如果方案一样，运送的时间是否一样？请分析原因。

如果方案不一样，运送的时间是否一样？请分析原因。

②如果给小组更多的时间，你会对之前的方案做什么样的改进？

③请依据互动的要点简述这个小组活动对设计化学课程教学活动有什么启发。

三、课堂倾听和课堂观察

📎 | 案例 2-1-3[①] |

教师：25 ℃时，0.1 mol/L CH_3COOH 溶液的 pH 约为 3，向其中加入少量 CH_3COONa 晶体，晶体溶解后，发现溶液的 pH 增大，结合离子方程式解释原因。

学生 A：因为 CH_3COONa 溶解后电离出的 CH_3COO^- 水解呈碱性，中和了 H^+，所以 pH 增大。

（此时，大多数学生都表示赞同，也有少数学生表示不同意。教师没有直接给出结论。）

教师：请同学们围绕该问题，小组相互讨论。

---

① 杨文斌：《化学教学互动理论与运用》，130～131 页，上海，上海教育出版社，2017。

（学生开展讨论。）

教师：请一位持不同观点的同学回答。

学生 B：我认为是 CH_3COONa 电离出的 CH_3COO^- 抑制了 CH_3COOH 的电离，使溶液中的 $c(H^+)$ 减小，所以溶液的 pH 增大。

（此时，大部分学生改为同意第二种观点了。）

教师：我们分析问题应抓住主要矛盾。从这个角度来分析刚才的问题，我们可以得出结论：第二种观点正确。

问题聚焦

问题 1：课堂倾听，倾听什么？如何实施有效的化学课堂倾听？

问题 2：课堂观察，观察什么？如何实施有效的化学课堂观察？

案例 2-1-3 中，在学生回答问题时，教师通过倾听学生的回答，分析学生语言中传递出的信息（学生 A 忽视了弱电解质电离和水解二者的主次关系），判断学生对之前教学内容的理解情况（认为弱电解质的电离和水解是同等程度发生的）。同时教师观察到其他学生在此过程中的神情，大多数表示赞同，只有少数表示不同意，发现了学生中存在的问题。综合这些信息，教师做出教学方式的选择：以学生小组研讨为主，教师引导和追加补充为辅。教师在这个教学环节使用了倾听和观察课堂的教学技能。

（一）课堂倾听和课堂观察概述

教师通过课堂互动交流形成生成性课堂教学，使得学生真正成为课堂教学中的学习主体。如何确定学生在课堂教学中是否真正地进行了学习、学习效果是否达到了预设教学目标呢？课堂倾听和课堂观察是进行初步判断的方法。课堂倾听与课堂观察是教师了解学生在课堂上参与程度的基本技能，对有效组织课堂教学、提高课堂教学效率有积极的作用。

课堂倾听是主动听学生对学习内容和学习心理活动的表达。观察是一个动词，是仔细看事物或现象。课堂观察就是主动看学生的学习行为。这两种教学行为同时进行，既共同作用又相互补充。

课堂倾听和课堂观察是在课堂上教师以积极的情感态度，运用感觉器

官接收课堂传递的信息，感知学生学习状态，了解自身授课效果的行为方式。

在课堂倾听和课堂观察的过程中，教师要有良好的精神状态，要专注于学生，不要边听边进行其他的操作，不要心不在焉，要用动作和表情给予呼应，要有耐心，给学生更多的思考时间，不要随便打断学生的讲话。

（二）课堂倾听和课堂观察的原则

1. 使学生成为学习的主体

学生对学习的愿望、需求、情感和思想是通过他们的声音表达出来的，对这些声音所表达的欲望和要求的倾听、理解和应答是教师的重要任务。[①]教师不仅是一个头脑清醒的讲授者，也是一个反应灵敏的倾听者。教师要对学生发出的声音予以足够的重视，让学生充分表达自己的真实认知状态和思维路径，根据学生的真实情况引导和激发学生主动地学习，使他们真正成为课堂学习的主体。教师不能只听那些符合自己教学设计的声音，对那些不是自己想要的回答或者对学生提出的其他疑问不予理睬。

课堂上的倾听者和观察者不只是教师，还包括学生。学生倾听教师的讲解和同学之间的讨论，观察教师和其他同学的言行与态度，也是参与学习的方式。学生表达自己的观点时，能够将学习过程中的态度、收获和思考过程表达出来。

2. 分析并判断学生的真实学习状态

学生的真实学习状态包括对化学知识的接受和内化程度、对课堂的参与程度两个方面。[②]教师通过倾听和观察可以判断学生的真实学习状态。

（1）对化学知识的接受和内化程度。

教师通过学生的语言表达、肢体动作及面部表情等传递出的信息，可以推断学生对知识的记忆程度、对知识的理解水平、对知识的运用能力和由此展现的思维路径，进而推断教学效果。如果学生对知识认同并接受，行为规范、表情兴奋，课堂气氛就会活跃。如果出现举手发言人数减少了，

---

① 李政涛：《倾听着的教育——论教师对学生的倾听》，载《教育科学》，2001(4)。
② 李涛：《教师常用教学技能训练》，170～173 页，北京，中国轻工业出版社，2014。

发言时声音比平时小，语气犹豫，眼神游离，或出现翻看教材、相互询问的情况，表明学生对之前的学习内容还没有完全理解，教师应及时停下来，询问学生在前面学习中存在疑问的地方，及时解决。[1]

(2)对课堂的参与程度。

语言和神态表情表现出了学生的心理活动，也是他们表现学习结果和表达自己观点的方式。学生能够用自己的方式判断是否受到了教师的关注。教师的反应决定学生对学习的态度和参与程度，也会影响学生后续学习的态度。

在教学过程中，如果学生积极参与互动活动，按时完成课堂学习任务，积极参与课堂发言，发言时声音洪亮，没有影响课堂学习的不良动作，使得课堂交流顺畅，教师就可以推断出学生参与教学的程度高，说明学生一直处于学习积极、思维活跃的状态。教师应积极回应，及时予以鼓励。如果学生出现了目光游离、表情木然，不参与互动活动，不参与课堂发言，做小动作影响其他学生的学习等消极情况，教师就应该及时干预。

推断的准确性与教师对学生的了解程度密切相关。准确地判断课堂状况不能仅限于在课堂上的观察，还需要教师在课下和学生交流。学生的神态表情是丰富的，学生的心理活动和神态表情具有对应的关系，教师通过与学生多接触才能了解和把握。

3. 及时调整课堂教学

对课堂教学的调整是指在对学生的真实学习状态进行判断的基础上及时调控教学活动。如果学生的认知效果良好，参与程度较高，那么教师就可以按照原定教学设计继续后面的课堂教学活动。如果学生的认知出现了困难，注意力分散，影响了正常的课堂秩序，那么教师就要及时调整教学方式，调动学生的情绪，帮助学生回归到良好的认知状态，重新营造良好的课堂气氛。

如果是学生认知出现障碍，那么教师就一定要停下，弄清问题点和症

---

[1] 李涛：《教师常用教学技能训练》，170～173 页，北京，中国轻工业出版社，2014。

结，及时解决，不能为完成教学任务而置之不理，避免影响之后学生的认知过程。如果是理解水平的问题，教师可以通过举例说明所学的知识；如果是分析水平的问题，教师可以通过追问，帮助学生厘清思路；如果是判断水平和应用水平的障碍，教师可以从知识结构的角度找到相关内容。

对于参与程度下降的学生，教师可以用眼神暗示，或在学生身边稍做停留，来提醒学生。教师在教学方式上也要做一些改变，可以采取点名提问、增强语言的幽默感或改变语音语调和节奏、多媒体等教学手段，缓解学习引起的疲劳，活跃课堂气氛，集中学生的注意力。对课堂调整的有效性与教师的技能经验和教学中的应变能力密切相关，需要教师在教学实践中不断探索和总结积累。

倾听和观察教学技能都没有更多的、更明显的外显教学行为，是听觉和视觉受到外界变化引起的教师思维活动，属于一类心智操作的教学技能。这要求教师对教学内容有深刻的理解，对课堂有敏锐的知觉能力、有准确的思维判断力和较强的教学应变能力。

（三）课堂倾听和课堂观察的策略

1. 课堂倾听的策略

课堂倾听是进行课堂交流的基础，倾听使教学成为可能。学生的表达只有在教师的倾听中才有意义。课堂倾听不但要用耳朵倾听，而且要用心倾听。在课堂中，教师不仅要倾听学生的语言，还要倾听课堂上的其他声音。[①]

（1）听学生用语言表达出来的内容、语音、语调和语速。

学生回答时教师要注意内容的准确性，推断出学生对知识的理解和掌握情况。教师通过语调可以推断学生的学习态度，通过语速快慢推断学生的思维状况，通过语音大小判断学生对学习的自信程度，通过学生的提问判断学生的学习水平并做出及时反馈。

---

① 李春艳：《教师教学技能培养系列教程：中学地理》，75 页，北京，中国轻工业出版社，2019。

（2）听教室内学生发出的其他声音。

学生在教学过程中的每个环节都有不同的反应，学生对教学的回应声音是教师不容忽视的。例如，疑惑声、叹息声、赞同声等，这些声音表达了学生的学习情绪，反映了学生的学习状态，形成了一定的学习气氛。学习气氛不仅影响学生在课堂上继续学习的态度，也会影响教师完成课堂教学的心情。

真正的课堂倾听不仅要用耳朵、用心去听，也要用眼睛去"听"。

2. 课堂观察的策略

课堂观察是视觉感知，教师通过看学生的眼神、面部表情、身体状态、动作表现和行为变化判断学生在学习过程中的情绪变化和认知状态。[①] 情绪变化和认知状态直接影响课堂纪律，通过课堂纪律反作用于学生的情绪变化和认知过程。教师在观察的同时也要用倾听作为辅助，从而对教学状况做出较准确的判断。

（1）情绪态度变化。

情绪是个体对外界事物的态度体验以及相应的行为反应，往往通过机体反应表达出来，像喜、怒、哀、乐等情绪就是人心理和生理的综合反应，因此具有个性特点。情绪与心情、气质、性格和性情有关，也跟外界刺激有关。在课堂教学中，学生的心情变化会通过情绪表现出来。学生容易受到情绪的影响，课堂上学生的情绪变化可以影响课堂的教学气氛。

情绪可以通过眼神、语调、行为表现出来。学生的情绪有积极的情绪、消极的情绪和焦虑的情绪之分。[②]

积极的情绪表现为：眼睛看着教师、发言的学生或展示的教学媒介，积极参加课堂互动，积极举手回答问题，对有疑问或不理解之处向教师提问，按照教师的指令做出正确的反应，没有过度影响他人学习的声音和动作。教师要积极回应学生，并予以表扬和鼓励。

消极的情绪表现为：眼睛不看发言人，而是看着其他地方，目光呆滞，

---

① 李春艳：《教师教学技能培养系列教程：中学地理》，74 页，北京，中国轻工业出版社，2019。

② 李涛：《教师常用教学技能训练》，174～175 页，北京，中国轻工业出版社，2014。

甚至昏昏欲睡；不积极参加课堂互动，不积极举手回答，对教师的指令没有反应，发出影响他人学习的声音和动作，甚至还找机会起哄。如果学生出现消极情绪，教师应及时发现并用眼神提醒，或走到学生附近予以关注，还可以通过提高语音或提问来改变学生的消极状态。同时，教师要回顾教学策略是否有效，确定是否需要改变教学策略。

焦虑的情绪可能是由学生在认识过程中形成的问题引起的。学生不理解知识内容可能会引起学习焦虑，即焦虑情绪。具体表现为：不听讲，交头接耳，翻阅教材等。不解决学习焦虑问题会使学生情绪由积极转为消极，最终迫使学生放弃学习和思考，做出极端的行为，破坏课堂气氛。学生出现焦虑情绪后，教师要及时找到问题点，使用其他的教学方式帮助学生解决困惑。

（2）认知状态。

根据布卢姆对认知水平的分类，学生的认知可以分为对知识的记忆、理解、应用、分析、评价和创造。教师可以通过学生复述化学概念、现象、定律的准确性判断学生的记忆状况。检测学生的理解状况的方法是看学生能否恰如其分地使用学过的化学理论和图示，有见地、合理地说明化学事件、化学行为。对应用水平的判断看学生在新的、不同的现实情境中能否有效地使用化学知识。[1] 对学生分析水平的判断是看学生能否综合运用化学知识对解决现实问题的方法做出正确选择，这个水平的判断往往是开放性的。对学生评价水平的判断是看学生运用已有的化学知识，依据标准进行综合价值判断的能力，如判断实验结论是否有数据的支撑。创造水平是指学生对化学提出新见解、新的研究问题的思路、新的解决问题的方案、新的质疑角度等的水平。[2]

由于学生之间存在差异，因此教师要通过倾听和观察去判断不同层次学生的认知状况，确定相应的教学方法和策略，进行有针对性的教学。例

---

[1] ［美］格兰特·威金斯、［美］杰伊·麦克泰格：《追求理解的教学设计（第二版）》，闫寒冰、宋雪莲、赖平译，95～104页，上海，华东师范大学出版社，2017。

[2] 李春艳：《教师教学技能培养系列教程：中学地理》，74页，北京，中国轻工业出版社，2019。

如，根据学生的回答对学生做出判断，搭建相关的、有逻辑性的系列问题帮助学生进行理解。

实践操练

1. 活动名称

看你贴对了没有

2. 活动目标

①通过互动体验倾听和观察的重要性。

②关注倾听和观察的内容，在实践中运用倾听和观察的方法。

③通过倾听和观察提高沟通和判断的能力。

3. 活动所需材料和场所

材料：三张简笔画人脸、记事贴、九个泡沫包装袋。

场所：教室或楼道。

4. 活动任务内容

活动分起点和终点，距离起点直线外大约 6 米的终点是墙壁。墙壁上贴有简笔画人脸。小组的两位参与者一起站在起点处，其中，一位参与者蒙上眼（蒙眼执行者），听小组另一位不蒙眼成员（指令者）的指令行走，准备把记事贴粘在指定的简笔画人脸的鼻子部位（或者是眼睛、嘴和耳）。不蒙眼的小组成员通过语言指令，指导本组蒙眼者行走。起点到终点之间放置三个泡沫包装袋。在行走过程中蒙眼者不能踩到泡沫包装袋。

三个组共同进行摸鼻子活动。在活动中其他观看成员可以用语言进行干预。

5. 活动步骤

①随机建组，两人一组。小组人员熟悉名字和声音，确定两人的分工，即指令者和蒙眼执行者。

---

②三个组准备，听到"开始"的指令后同时开始活动，去贴鼻子。看哪个小组用时少，贴得准。

③换三个组，做步骤②的活动。

④小组讨论问题。

6. 讨论问题

①本组活动中指令者发出的指令蒙眼执行者是否全都听懂了？有哪些指令不准确？请分析并说出不准确之处。

②请分析如果是熟悉的两人参加活动，速度是否比本组快，并给出理由（结合教师了解学生的重要作用）。

③请分析还有哪些干扰因素影响活动的顺利进行。

④结合活动说一说倾听与观察在课堂教学实施过程中的作用。

四、课堂调控

案例 2-1-4[①]

在学习"乙醇"这部分内容时，教师安排了学生完成乙醇催化氧化的实验，并让学生自己去发现和总结实验现象。实验完毕，教师首先请两组学生分别描述自己观察到的实验现象（他们的回答和教材上描述的现象基本相同），其次教师让学生试着解释为什么会产生这样的现象（他们分析得也非常正确）。通过一步步地设问，教师很顺利地和学生探讨了乙醇催化氧化的基本原理，课堂气氛非常活跃，效果很好。正当教师准备对这个实验进行总结时，意外情况发生了，一名学生大声说："老师，我观察到的实验现象和刚才两名同学描述的有些不同，当我把铜丝用酒精灯外焰加热的时候，铜丝确实变黑了，可是如果将铜丝移到内焰灯芯处时，

① 杨文斌：《化学教学互动理论与运用》，120～130页，上海，上海教育出版社，2017。

已经变黑的铜丝又变回了红色。这是什么原因呢？"教师听完这名学生的问题后，微笑着竖起大拇指。学生们都很好奇，于是又重复了一次实验，结果果真如此。接着教师提出问题："意外的实验现象背后一定有它发生的原因，通过我们刚才对乙醇催化氧化的学习，谁能解释这种意外的现象呢？"学生马上相互讨论起来，课堂气氛更加活跃。学生很快找到了意外现象产生的原因：初中学过酒精灯内焰燃烧不完全，可能有挥发出来的乙醇蒸气，可能是乙醇蒸气与氧化铜反应，将氧化铜还原成红色的了。

问题聚焦

问题1：案例中的教师是如何处理课堂上发生的"意外情况"的？

问题2：如何有效组织化学课堂调控？

教师在学生提出疑问之后，并没有急着给出答案，而是首先"微笑着竖起大拇指"，对这名学生的发现表示赞赏。其他学生也重复了一次实验，发现果真如此。这时教师抛出问题并让学生讨论，学生也找到了实验现象异常的原因。教师对课堂教学进行了及时而又恰当的调控，既引导学生解释了实验中产生异常现象的原因，又完成了前后教学环节的过渡，使学生对乙醇的催化氧化的性质印象更深刻，顺利地完成了本节课的教学目标，并且课堂气氛更加融洽，学生的兴趣更加浓厚。那么，什么是课堂调控呢？在什么情况下要对课堂进行调控呢？用什么方法进行课堂调控？下面就课堂调控进行分析。

课堂调控是指在教学活动中针对课堂互动活动中学生的学习状况与教学预设出现偏差的情况，教师及时调整教学方法或采取相应补救措施的教学控制行为[1]，属于课堂管理行为。课堂调控是一种教学手段，是顺利实施课堂教学和实现教学目标的重要手段。

为了保证课堂教学活动的顺利进行，教师会提前对课堂进行预设。由

---

① 查伟燕：《初中教师课堂有效调控行为研究》，硕士学位论文，苏州大学，2010。

于课堂是变化的，学生的学习具有生成性，因此随着学生的思维不断推进，课堂中会出现这样或那样的问题。教师通过倾听和观察对影响课堂的生成性问题及时做出判断，并及时化解，引导学生积极参与教学活动。对课堂的调控实际是处理教学预设与课堂生成的关系。

（一）教学预设与课堂生成

教学预设是指课前备课，教师对课堂教学做出规划、设计、假设和安排。为了达到一定的教学目标，教师对学生学习的课程内容、课堂组织、教学方法、多媒体使用等进行预先设计，课堂上师生按照教师课前的设计和安排，按计划、有序地展开课堂教学活动，预设课堂结束时学生获得了预设性的发展，也就是教师完成了预设性的教学方案。[①]

"生成"是一个哲学概念。不同的学者对生成有不同的解释。目前，多数学者认为课堂生成的是教师与学生、学生与学生在一定的教学情境中，围绕多元目标，在开展合作、对话、探究的过程中即时形成的、超出教师预设方案的新问题、新情况。[②] 因此，课堂的生成具有不确定性、多样性和隐蔽性，有时稍纵即逝，有时能够引发教学过程中的突发事件。突发事件的出现可能会引发教学情境的变化，如果处理不当就会导致课堂秩序混乱，也可能打击学生学习的积极性，或引起学生认知混乱。如果教师及时智慧地调整教学策略，使课堂生成的方向转向教学预设的目标，就能够开发出预设外的教学价值，给课堂教学增加意外的收获。

教学预设和课堂生成存在对立的关系，这表现在教学目标、教学过程和教学效果评价等方面。它们又是相互联系、相互影响的。教学预设是课堂生成的前提，是课堂生成的基础，没有针对学生思维的开放性的预设，就不会有动态生成性的课堂。课堂生成是教学预设的追求，为之后的教学预设提供思考方向。

（二）课堂调控的原则

课堂调控是指教师对课堂因势利导，使预设与生成相得益彰。在教学

① 余文森：《论教学中的预设与生成》，载《课程·教材·教法》，2007(5)。
② 朱志平：《教学预设与生成关系论》，18页，北京，教育科学出版社，2013。

生成的过程中，教师对学生的认知水平和思维路径的了解更加准确，在课堂纪律、学科教学等方面灵活使用调控方法和方式，在全面理解和整体把握科学知识的前提下，提升学生的认知水平和思维能力，以顺利完成教学目标。

1. 把握学生的认知水平和思维路径

在备课时，对学情的分析是对与学生学习化学密切相关的因素的分析，包括学生的化学知识结构、理解思维能力、学习习惯等。教师假定学生对学过的化学术语、概念能够理解并且能够运用，在此基础上进行互动的设计。在课堂教学过程中，教师会发现有时高估或低估了学生的能力。高估是指教师认为非常简单的内容，学生却觉得很难；低估是指设计的教学环节刚开始学生就表示早就会了。这都是在教学过程中反映出的教学起点与实际的学习起点不匹配的现象。[①] 在课堂教学生成过程中，学生会显示出自己真实的生活经验、兴趣取向、知识结构、思维路径和心理特点，有利于教师更进一步确定学生的最新认知发展和真实的执行能力，更准确地制定和修改教学设计，进一步提高教学预设的针对性。

2. 及时纠正偏差，顺利完成教学目标

教学调控是促使学生的课堂学习向着预设的目标进行。遇到突发情况时，教师应根据对学生认知的了解和分析，思考通过什么样的教学方式来解决学生的认知障碍，正确引导学生的理解方向，纠正学生的学习偏差，而不是有意回避，强行将课堂的走向拉回"主题"。就如案例 2-1-4 中的教师那样，既能使学生继续深化思维，又能使学生认知更为全面、记忆更为深刻。

课程动态生成的不仅是学生的知识和能力，还有方法、情感、态度和价值观等学生素养。把动态生成的资源有机地纳入教学内容，使其对形成教学效果具有价值，可以帮助教师高效地完成教学目标。

3. 促进知识的整体建构，加深对化学学科知识的理解

化学学科的知识是具有层次的，且知识之间有着密切联系，不是彼此独立的。学习化学知识必须在原有的知识基础上进行。化学的观念——结

---

① 朱志平：《教学预设与生成关系论》，144 页，北京，教育科学出版社，2013。

构与功能观、物质与能量观贯穿于不同教学阶段，在初中到高中所有学段的教学中都应该体现。化学的教学内容与学生的生活息息相关，教师和学生在教学互动中不断进行思想和知识的碰撞，会出现新的学习需求，这往往与生活相关，使得教学方向发生变化。面对新问题，教师帮助学生分析生活现象与化学知识的关系，纠正思辨过程的错误思维方向，引导学生回归课程的教学内容、教学目标和化学观念，形成出现问题—解决问题—理解提升的学习过程。这样比学生只接受、不思考、没问题的课堂生成更有效，可以使学生加深对学科知识的理解，通过知识的建构思考如何运用知识。

📎 | 理论书签 |

皮亚杰建构主义理论

皮亚杰的结构理论认为一个结构包括三个特征：整体性、转化性和自身调节性。他的科学认知理论以认知主体为基点，认为认知是主体与知识之间产生了转化，随后发展成建构主义理论。建构主义理论认为学习不是由教师把知识简单地传递给学生，而是由学生自己建构的过程。学生不是简单地被动接收信息，而是主动地建构知识的意义，是根据自己的经验背景对外部信息进行主动的选择、加工和处理，重新认识和编码，建构自己的理解，重新获得自己的意义。[1]

（三）课堂调控的策略

1. 及时发现课堂动态生成的问题

在教学过程中，教师通过对课堂的倾听和观察敏锐地感知教学生成，关注学生的反应并在与学生的问答过程中及时发现超出教学设计范畴的内容，观察在一定的教学情境中学生的表现或行为是否规范。

对课堂动态生成的敏感，一方面要求教师读懂教材，把握知识的整体性，增加知识储备，扩充和更新化学学科知识及跨学科知识，重视化学知

---

[1] ［瑞士］皮亚杰：《结构主义》，倪连生、王琳译，1～8页，北京，商务印书馆，1984。

识与其他学科知识的整合；另一方面要求教师走进学生生活，了解学生关注的热点和焦点，为教学提供生成性资源。

2. 分析和判断课堂生成的问题

学生在学习过程中产生的预设之外的情况可分为两种类型。一种是由学习活动中学生对知识的内容表述不理解、产生误解或者产生理解分歧引起的内生型教学生成。例如，在案例 2-1-4 中，学生出现了类似的情况。另一种是由与教学无关的突发事件引起的外生型教学生成。[①] 例如，课堂上有学生突然流鼻血，教师必须立刻处理。

教师要具有准确的判断力，对生成性问题的价值做出准确判断，根据生成的问题是否符合课程内容、是否影响当前教学和对后面教学内容是否产生障碍、是否具有积极作用等方面进行判断。教师还要判断偏差是个性化的还是全班性的。如果该问题对后面的教学和学生的理解有很大影响且是全班性的问题，就应立即解决。如果是个性化问题，就可以放在课下单独解决，不要过度关注，不做任何判断，以免使教学偏离目标方向。

3. 调整教学方法，及时化解冲突

教师和学生在教学互动中不断进行思想和知识的碰撞，会使课堂出现新的学习需求，使教学方向发生变化，使预设的教学方法在新的情境中失去作用。教学过程是一个教学方法不断变化和运用的过程，在这个过程中，教师要不断选择和灵活运用教学方法。[②]

首先，调整教学要从"大处着眼，小处着手"。"大处"是指调整教学节奏，从学生情绪、课堂气氛等方面对课堂教学进行调控。课堂教学活动错综复杂，教师不能对每一个方面都关注到并进行完全的调控，应该将注意力集中，从"小处"出发，针对重要的、关键的因素重点调控。

其次，及时制止扰乱教学的课堂生成性事件。教师要立刻制止学生破坏纪律的行为或者学生毫无目的的东拉西扯。这是教师最常用的方法之一。

---

① 朱志平：《教学预设与生成关系论》，25～30 页，北京，教育科学出版社，2013。
② 朱志平：《教学预设与生成关系论》，178 页，北京，教育科学出版社，2013。

教师可以用眼神示意，也可以走到学生旁边警示，可以提高说话的声音或在说话的时候突然停顿用以警告，还可以用委婉的语言加以制止，从而消除不良影响，让混乱的课堂秩序迅速回归有序的状态。

再次，给予学生生成性的问题肯定，因势利导解决问题，引导学生思考。教师可以用追问的方法进行问题探询，找到问题的原因后，发现其有利于课堂目标实现、有利于学生思维发展的元素，随机应变，灵活运用；也可以采用多层互动的方式，让学生之间互助解疑，或者教师讲述解疑，使教学从偏移的方向回到教学目标方向，让学生思维回归课堂。[①]

最后，如果遇到不能解决的问题，就先放下，可以留作课外化学研究小组的作业，课下解决，或者暂时搁置，等待时机成熟再解决。

在课堂教学管理过程中，教师既是教学的管理者，也是教学的参与者，将课堂教学调控在为师生共同创设的学习情境中，师生之间、生生之间展开有序的、适合学生认知水平的互动学习交流。学生自始至终保持着积极的态度，热情地参与课堂学习，在学习生成中的情感、行为和认知变化的状况由教师通过倾听和观察反映出来并得到反馈。教师不断地判断和解决与教学设计的环节有差异的生成性问题，选择相应的教学策略，随时调整课堂教学方向，使其与教学预设保持一致，引导学生理解化学知识内容，使课堂形成以学生为学习主体的和谐、积极的教学氛围，真正做到与学生民主、平等地学习和探讨科学的价值，让学生能运用化学知识解释、解决生活中的现象和问题，使学生"畅快"地学习。

🔗 | 实践操练 |

1. 活动名称

约会时间

2. 活动目标

①通过活动体验预设与生成的关系。

---

① 贾亚东、李芸芸：《课堂调控研究文献综述》，载《基础教育研究》，2014(20)。

②在活动过程中练习使用预设与生成的方法。

③通过活动提高沟通和调节的能力。

3. 活动所需材料和场所

材料：每人一张有标识的钟表图（见图2-1-1），记号笔。

场所：教室。

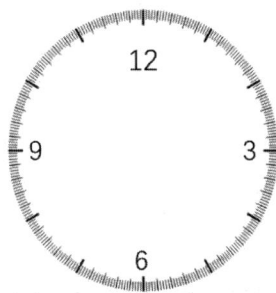

图 2-1-1　钟表图

4. 活动任务

班内每人设定从 9:00 到 20:00 每一个整点的活动内容和地点，每一个活动内容不能重复。然后在班内邀请其他人和自己一同做这件事，每个整点的活动邀请的人也不能重复，即有 12 人与自己共度一天的活动。确定并完成约会时间和地点。

5. 活动步骤

①每人设定从 9:00 到 20:00 每一个整点的活动内容和地点。

②邀请班内其他成员参加自己的活动。与他人商议约会的时间、地点和活动内容。

③确定并标注从 9:00 到 20:00 每一个整点的约会内容和地点。

活动说明：此活动可以根据参与人员的人数确定约会时间。如果参与的人少，可以设置从 9:00 到 20:00 每两个整点的约会内容和地点。

6. 讨论问题

①确定后的约会内容与原计划有多少变化（几项改变）？请说明原因。

②请列出在确定约会的过程中遇到的主要问题是什么，说明是怎么解决的。

③在确定约会的过程中你是主导者还是被动接受者？请分析原因。

④这个活动对化学教学过程中的教学预设与调控有什么启发？请说明原因。

▶第六讲
教学内容组织与呈现

教学内容的组织与呈现是教学过程中教师根据一定的教学目标和学生学习的特点，对教材内容进行合理的补充、删减等的结果。它是现实和生动的，具有一定的开放性和灵活性。[①]

美国教育学家鲍里奇(Borich)在《有效教学方法》一书中谈到了促成有效教学的五种关键行为。[②] 第一，清晰授课——授课过程中突出重点和难点，综合运用多种教学手段，如举例、图解、示范，了解学生的知识水平和理解能力，使提出的问题有足够的针对性。第二，多样化教学——课堂上教师提问的问题、安排的活动和提供的材料等力求多样化。第三，任务导向——教师为学生提供较多的机会去学习将要评估的材料，在时间上合理安排授课内容，充分有效地传授教学内容。第四，引导学生投入学习过程——集中学生的注意力，讲解知识的同时关注学生的反应并且严格要求课堂纪律。第五，确保学生的成功率——教学中采用的题目应该适合大多数学生的理解水平和能力，使他们能通过自己的努力得出正确的结果。这五种关键行为中，清晰授课、多样化教学都与教学内容的组织与呈现紧密相关，这两种关键行为离不开语言技能、讲解技能、提问技能、结束技能等教学技能的锤炼。

一、规范语言与清晰讲解

🔗 | **案例 2-2-1** |

"化学反应热的计算"的教师语言

教师：我们现在研究化学一般情况下有两个目的，一个就是通过化学

---

① 俞红珍：《课程内容、教材内容、教学内容的术语之辨——以英语学科为例》，载《课程·教材·教法》，2005(8)。

② ［美］加里·D.鲍里奇：《有效教学方法(第四版)》，易东平译，8～15页，南京，江苏教育出版社，2002。

反应来获取一些新物质，另外一个就是利用化学反应放出来的一些热量。我们第一章讲的反应热的目的就在这里，我们要研究一些反应是吸热还是放热。

我们来回忆一下，我们在"化学与生活"中曾经讲过使煤气化变成水煤气或者是干馏煤气，那气化的目的是什么？这个过程能不能增加煤的发热量？有同学说能，有同学说不能，带着刚才的问题我们来学习今天的内容——化学反应热的计算。

教师：请同学们看一下，这个反应能不能表示氢气的燃烧热？

$$H_2(g)+1/2O_2(g)\!=\!\!=\!\!=\!H_2O(g) \quad \Delta H=-241.8\ kJ/mol$$

学生 A：能。

教师：你能不能再回忆一下燃烧热的概念是什么，说出来那几个要点就可以。

学生 A：1 mol 的可燃物质完全燃烧生成稳定的氧化物。

教师：昨天我们说了，那个稳定的氧化物应该是什么？

学生 A：液态水。

教师：那这个反应能不能表示氢气的燃烧热？

学生 A：不能。

问题聚焦

问题 1：教师的哪些语言需要优化？

问题 2：如何做到使用规范的语言进行授课？

（一）规范的语言

1. 什么是教学语言技能

按照在实践中的应用，教学语言有广义和狭义之分。广义的教学语言包括：口语语言、符号语言（书面语言）和体态语言。与此相对应，教学语言技能也有广义和狭义之分。广义的教学语言技能是教师用语言向学生阐明教材、传授知识、提供指导、传递信息和组织教学活动的一类教学行为技能，包括口语语言技能、符号语言技能和体态语言技能等。狭义的教学

语言技能即教学口语技能，是指教师有效地运用语言（声音）传递信息、提供指导的语言行为技能，是一切教学活动最基本的行为技能。[①]

2. 教学语言的特征

好的教学语言应该有教育性、科学性、规范性、简明性等特征。

（1）教育性。

教师的教学语言潜移默化地影响学生，年级越低影响越大。教师必须十分清醒地认识到语言对学生的影响，注意语言的教育性。教师对学生尊重、鼓励、爱护的语言对建立良好的师生关系，调动学生学习的积极性，培养学生的自尊、自爱意识以及文明礼貌都会起到积极的作用。教学语言发挥的教育性在很大程度上取决于教师是否言行一致。教师要在业务上精益求精，在思想、道德、情操等各方面全面提高自己的修养。[②]

（2）科学性。

教师要正确运用科学术语，准确给定科学概念，言语符合学科原理、语言要求。例如，"原子不显电性"不能说成"原子不带电"，"二氧化碳一般不支持燃烧"不能说成"二氧化碳不支持燃烧"，"催化剂能改变化学反应速率"不能说成"催化剂能加快化学反应速率"，不能把化合物的概念说成"由不同种元素组成的物质"，等等。

（3）规范性。

教师要尽可能用标准的普通话讲课，发音规范，符合化学语言要求，特殊符号发音准确，注意避免过于口语化。教学语言过于生活化，口头禅过多，不利于学生建立化学概念，不利于学生学习使用化学语言。例如，不能随意地把"加热"说成"烧一烧"，"试剂瓶"不能说成"瓶子"，不能把化学反应方程式中的"＋"读成"加"，等等。[③]

（4）简明性。

教学语言要体现简洁美，力求言简意赅。教师的语言不能太多，要使

---

① 王后雄：《新理念化学教学技能训练》，15页，北京，北京大学出版社，2014。

② 曾懋华：《化学教师综合技能训练》，10页，北京，化学工业出版社，2018。

③ 辜燕飞等：《基础教育教学基本功：中学化学卷》，40页，北京，首都师范大学出版社，2009。

学生一听就明白。就表达的内容来说，一定是经过提炼和认真组织的，使用的词语一定是经过认真推敲的，句式一定是经过严格选择的。简明的语言也包括留有引起学生思考的余地。

此外，教师要注意训练自己的语音、语速和语调。吐字要清楚，尤其后半句不要含糊拖过，不拖"啊""嗯"等尾音，语言衔接自然；语速适中、一般以每分 200～250 字为宜，忌"放连珠炮"或吞吞吐吐；音量适中，以最后一排学生能听清楚为准；语调抑扬顿挫，通过语言和语调唤起学生的注意力。教师要控制住自己的情绪，不流露一些不愉快的情感，要以声情并茂的表达调动和激发学生的情感。

3. 教学语言的训练策略[1]

(1)精练语言。

教师要有意识地对自己的教学语言进行精练，将书面语言加工成精要、学生易于听懂的短句，运用抑扬顿挫的语调使语言富有情感；要经常听同行的课，分析他们教学语言的特点并吸收借鉴。

(2)运用现代化教学技术辅助训练。

教师可根据实际条件运用录音设备、语言实验室等电教手段进行练习和反馈，可有组织地采用微格教学和其他创设交际情境的现代方法，提高训练的实效。例如，选一段要讲授的新课的内容(2～3 分钟)，大声试讲的同时录像或录音，然后播放这段录像或录音，对照下述几种教学口语"常见病"逐条检查并修正。

①"无效口语病"。"症状"如下："嗯""啊"不断，频繁使用同一短语，如说话前带上"我们知道"，说话后带上"对不对""是不是"等口头禅，经常重复句末短语，如"一氧化碳具有还原性，具有还原性"。

②"语速失常病"。"症状"如下：讲话过快，"放连珠炮"；讲话过慢，拖音过长。

---

[1] 鲍正荣：《化学新课程教学技能研究》，46～47 页，北京，科学出版社，2013。

③"语调单一病"。"症状"如下：说话语调平直无变化，或呈上升调，或呈下降调；节奏无变化，整个语调平板单调。

④"语言不清病"。"症状"如下：语言含糊，有的语句声音过大，有的语句声音过小，使人听了不舒服，或听不清。

⑤"逻辑不通病"。"症状"如下：语言缺乏逻辑，颠三倒四，层次不清，语序混乱。

⑥"干瘪僵化病"。"症状"如下：翻来覆去总是那几句，缺乏评述，口语表达呆板，缺乏艺术性。

（二）清晰的讲解

1. 什么是讲解技能

讲解技能是教师利用语言及各种教学媒体向学生传授知识和方法，启发学生思维，引导学生表达思想感情，理解重要事实，形成概念、原理、定律、定理等的一类教学行为技能。讲解分为陈述性知识（概念、规律）的讲解与程序性知识（解题、实验）的讲解。

目前，有人认为讲解技能是传统的授受式教学，新的教学理念要求教师转变角色，成为学生学习的引导者、促进者和合作者，讲解技能不应该再作为教师的基本技能。也有人认为，在教学过程中教师对许多问题需要进行叙述、描述、解释、推理和论证，讲解技能不可缺少，仍然是教师应具备的基本技能。在讲解的过程中，教师不要忘记学生，不仅要对学生进行启发、引导，还要让学生参与进来，在师生互动的过程中完成讲解任务。

讲解不同于讲授和讲述，它是针对学生对内容认识的难易程度，针对学生的思维过程，运用叙述、描述、解释、说明、分析、归纳、演绎等推理论证、概括的方式，使学生认识事物的现象、发展变化、本质特征和内在联系。讲解技能是教师根据不同类型的内容采用不同的讲解程序，使讲解的过程符合学生的认知规律。

讲解不是照本宣科，不脱离教材，而是对内容的说明，需要讲清道理，引导学生正确认识。讲解是把对教材中需要学生学习的每一个事件的讲解作为一个完整的认识过程，不仅要考虑内容的清晰、准确、科学，还要注意学生的认知过程，即如何引入、讲授、反馈和结束。

讲解是教师用生动的、富有启发性的语言激发学生的思维活动，引导他们想象、进行逻辑推理等，从而发展学生的思维能力。讲解技能是把引导学生思维的过程较好地呈现出来，使隐藏在方法背后的思考显性化，即按照不同的讲解程序有步骤、有计划地引导学生的思维活动，使学生学会建立一套编码系统，从而实现讲解的目的，发挥讲解的作用。

> 🔖 | 理论书签 |
>
> ### 二度消化论[①]
>
> 二度消化论认为，一名教师对自己所教的内容必须经过二度消化。第一度消化是在他自己当学生或做科研时，针对自己存在的问题，结合自己的特点、条件，对输入的教学信息进行加工，其目的是求得自己的理解。第二度消化是在他成为教师以后，针对学生的特点、条件，对即将输出的信息进行加工，其目的是让学生更好地理解、记忆和运用。显然一名好的教师必须是第二度消化上的强者。

2. 讲解技能的特征

好的讲解应该具备以下特征：目标明确、结构合理、语言清晰、富有启发性、重视知识间的联系、学生参与、结论明确。

(1)目标明确。

达到一定的教学目标是对讲解的基本要求，是讲解技能的指导性要素。课堂教学的讲解与平时的讲故事、说相声、谈心等不同，这些活动虽然都需要语言表达，但是与教学中的讲解所要达到的目标不同。讲解是为达到一定的教学目标服务的，无论是讲解概念、规律，还是讲解习题、实验，都是为突破教学重、难点服务的，因此，讲解的内容和方式要随着教学目

---

① 袁孝凤：《化学课堂教学技能训练》，98 页，上海，华东师范大学出版社，2008。

标和教学重、难点的变化而变化。

（2）结构合理。

讲解的结构是教师在分析学生情况和教学内容的基础上，对讲解过程框架的设计。这一技能要素是整个讲解教学活动成功的基本保证。在讲解过程中，教师既要关注整个讲解过程的条理性和清晰度，又要关注讲解过程的结构合理性和环节的逻辑性，确保讲解过程连贯，还要关注讲解的过程与讲解的目标的一致性，要针对不同的目标选择不同的讲解框架结构。

逻辑严密、层次清晰、推理准确、分析深刻的教师，不仅能使学生有效掌握化学知识结构，而且能使学生从中学会分析问题和解决问题的思路与方法。

（3）语言清晰。

教学是一门艺术。讲解技能的重要特点之一就是语言清晰、条理清楚、快慢适合学生。此外，课堂的讲解语言常常与板书、多媒体、动作等结合使用。还有，知识的类型不同，选择的讲解语言类型就不同。化学学科往往会涉及大量的化学反应原理、物质的微观结构、元素符号等，讲解的时候要清晰、规范。

（4）富有启发性。

由于化学是在原子、分子的基础上研究物质的组成、结构、性质、转化及应用的一门基础学科，会涉及对一些抽象概念的认识与理解，因此教师要抓住学生的困惑和重点进行有针对性的启发性讲解。例如，"物质的量"是学生不易接受、不易理解的一个物理量，为此，教师可以通过长度、质量以及它们的单位与"物质的量"和"摩尔"进行联系，让学生理解"物质的量"的概念的本质；再如，在让学生认识甲烷分子的结构时，通过四个气球形成的空间结构的类比让学生认识甲烷分子的四面体立体结构。

操作指引

启发式教学的三个阶段[1]

进行启发式教学，常需要经过诱发、定向、指导三个阶段。

①诱发。诱发是使学生产生某种需要，产生某种兴趣、求知欲，迫切希望学到某一知识或能力。以讲解干冰为例，首先可以通过问题情境诱发学生。例如，电视剧里孙悟空腾云驾雾的镜头，你知道是怎么回事吗？问题提出后，学生会想：是啊，到底怎样才能有这样的镜头呢？以此可以激发学生探究知识的欲望。

②定向。定向是使学生的注意力集中在某一问题或某一现象上。如果启发的对象是许多学生，那就要把所有学生的注意力在同一时间内都集中在同一问题或同一现象上。经过情境的诱发，在学生思考讨论后，教师再告诉他们，这是干冰的"功劳"，然后提出问题：什么是干冰？干冰为什么能"造"出云雾？

③指导。指导是在学生的求知过程中，教师应给予必要的提示、帮助，使学生在较短的时间内更快、更好地学到知识和提高能力。例如，教师可结合"定向"过程中提出的问题，讲解二氧化碳的性质。

(5)重视知识间的联系。

为了帮助学生构建良好的认知结构，教师在讲解中要把教学内容与学生的生活之间存在的联系讲解出来，还要把知识前后之间、学科之间的联系讲解出来。然而，这些联系有时并不是在教材中明确地表现出来的，学生也不能很好地去领悟，需要教师去引导、挖掘和创造。因此教师在讲解中要讲明这些联系，使学生很好地构建起学科知识间、跨学科知识间、知识与经验间的关联网络，以利于学生牢固地掌握知识，构建良好的认知结构。

---

[1] 袁孝凤：《化学课堂教学技能训练》，106页，上海，华东师范大学出版社，2008。

例如，在讲解电解原理时，教师要引导学生将电解原理与原电池原理、能量转化与守恒以及氧化还原反应等重要知识建立联系，从而构建有利于迁移应用的知识结构。

（6）学生参与。

教师的思维离不开学生，学生的思维也离不开教师的指导。因此，教师要有意识地引导学生参与讲解活动，通过讲解在学生思维的关键处、模糊处和障碍处加以引导。例如，对于金属钠与水反应的讲解，需要在学生观察和描述实验现象的基础上，与学生共同分享实验现象背后的原因，在帮助学生认识金属钠的物理性质和化学性质的同时提升学生的观察和推理能力。

（7）结论明确。

在讲解的过程中，教师不断地向学生传递信息，如果缺少让学生回忆、整理、联系旧知识或实践的过程，那么在学生头脑中形成的知识可能是杂乱无章的，因此，在完成一次讲解后，教师要带领学生一起梳理、总结和归纳，以得到明确的讲解结论，并且使讲解结论直接为教学目标的完成服务。没有讲解结论的讲解过程是不完整的，学生构建起的认知结构也是不完整的。

（三）案例分析

案例2-2-1中，教师在引入环节说的"另外一个就是利用化学反应放出来的一些热量"这句，语言描述不够准确，因为尽管人们通常利用的是化学反应放出的热量，但也会利用一些化学反应吸收的热量。"我们第一章讲的反应热的目的也就在这里，我们要研究一些反应是吸热还是放热"的说法也不够严谨，因为研究反应热的目的并不只是研究一些反应是吸热还是放热，如果要确定一个反应是吸热还是放热，只要定性研究即可，而研究反应热是定量研究反应过程中的能量变化。因此，如果细致分析就会发现该教师语言表达有不够准确的地方。

另外，教师的一些口语表达习惯也是需要纠正的，例如，频繁以"我们"起始，再如"有两个目的，一个就是……，另外一个就是……"，显然应表达为"一个是……，另外一个是……"，或者"一是……，二是……"。

二、有效提问与恰当理答

案例 2-2-2

"化学反应热的计算"的提问

教师：1 mol 的氢气生成 1 mol 的水蒸气，它表示的不是氢气的燃烧热。那你们能不能再想想，如果我们要表示氢气的燃烧热的话，氢气的燃烧热应该比 241.8 kJ/mol 大还是小？

我们说 1 mol 的氢气生成 1 mol 的水蒸气放出 241.8 kJ 的能量，如果表示它的燃烧热，比 241.8 kJ/mol 大还是小？

学生 A：小。

教师：比它小，你指的是什么意思？

学生 B：液态水要吸收一部分能量变成水蒸气。

教师：现在(方程式里)是什么？现在是水蒸气，你要让水蒸气变成什么？

学生 B：变成液态水。

教师：想想你刚才说的，再重新说一遍，从水蒸气到液态水到底应该怎么样？是吸热还是放热？

学生群答：放热。

教师：应该放热，对吧？想想水蒸气变成液态水的过程，应该是一个放热的过程。请 A 同学坐下。

教师：如果已知 1 mol 的水蒸气变成液态水，放出的热量是 44 kJ/mol，那你能不能写一下表示氢气燃烧热的热化学方程式？写在你的学案纸上。

教师：请 B 同学说下结果。

…………

教师：(用 PPT 给出答案)这个是我们写的表示氢气燃烧热的热化学方程式，我们来总结一下刚才我们的思路。氢气和氧气生成气态水，然后我们再使气态水变成液态水。实际上，是不是经历了两个过程？我们把这两个过程来表示一下。你能不能总结一下这三个焓变之间有什么关系？

这个反应经历了两个过程。你先想着刚才的过程，我们再来看一道题。你能不能仿照刚才的那个过程去设计一个类似于刚才的反应途径，求一下 ΔH_3。

....

教师：我们再来看一下刚才那道题，三个焓变之间存在这样的关系：$\Delta H_1 + \Delta H_2 = \Delta H_3$。

这个规律就是我们今天要学的主要内容——盖斯定律。不管化学反应是一步完成还是分几步完成，其反应热是相同的，这就是著名的盖斯定律。

问题聚焦

问题1：教师提出的问题哪些是无效的？为什么？

问题2：如何有效提问？

（一）什么是课堂提问

每一位教师上课都需要课堂提问。提问技能是指教师通过提出问题的形式，通过师生相互作用，检查学习目标，促进学生学习、发展化学思维及语言能力的教学行为方式。

学生回答任何一个问题都要经历一定的认知过程。按照认知过程的六个维度，课堂提问可以相应地分为记忆型提问、理解型提问、应用型提问、分析型提问、评价型提问和创新型提问。

新课程理念对课堂提问提出了新的要求。课堂提问不再是教师提出问题学生进行回答，而是教师在精心预设问题的基础上，在教学中创设良好的问题情境，生成恰当的问题，引导学生主动思考和参与对话，全面实现预期的教学目标。

（二）有效提问的特征

有效提问应该具备以下几个特征：核心问题明确、构成问题链、措辞恰当、问题的难度合理、停顿节奏合理、分布广泛、理答及时恰当。

1. 核心问题明确

核心问题是一节课中数量最少却能支撑全课的问题，是一节课中每个教学活动要解决的主要问题，是设计课堂提问的主线。核心问题往往源自教学重点内容，教师可以通过对课程标准、教材、学生认知水平的分析来确定核心问题。例如，"溶解在水中的物质具有怎样的状态？能发生怎样的反应"是高中必修离子反应教学的核心问题。

2. 构成问题链

一节课的几个核心问题连成了一个逻辑链条，构成了全课的逻辑结构。此外，这里所说的问题链还是指围绕每一个核心问题设计的次一级的一系列问题组合，前后贯通递进，使所有问题成为一个认识层次递进的整体系统，形成与知识结构相匹配的问题框架。问题应该意图明确，紧扣教学重点，能引发学生思考、讨论。提问应调动学生的原有认知结构，有多种预设性答案。例如，在高中必修离子反应的第一课时的教学中，教师设计了如图 2-2-1 所示的问题链。

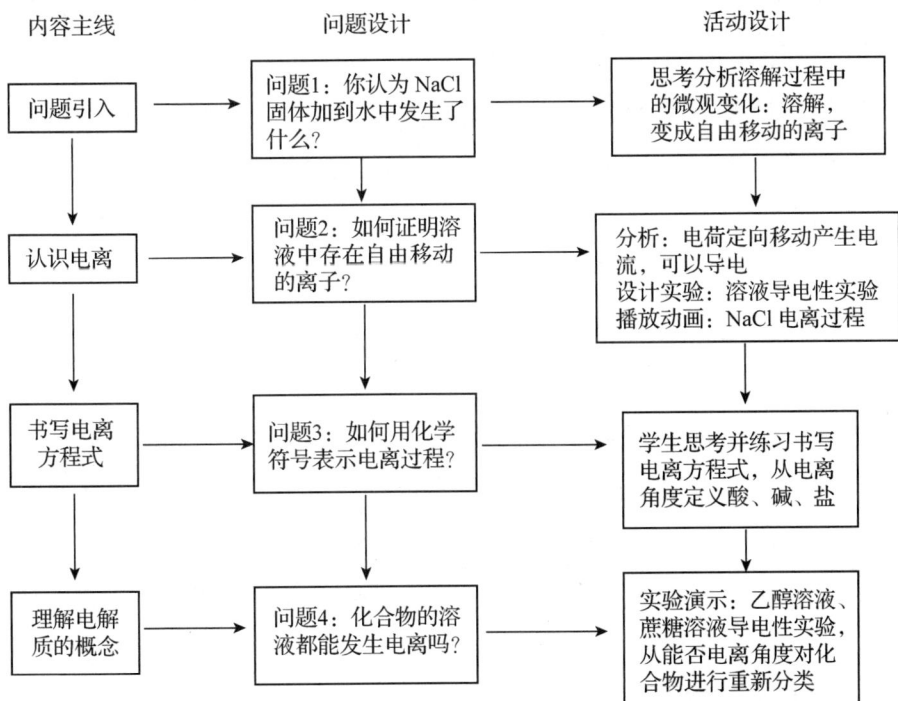

图 2-2-1　离子反应（第一课时）问题链以及教学活动设计

教师通过问题 1 促进学生思考分析溶解过程中的微观变化：溶解，变成自由移动的离子。通过问题 2 引导学生通过实验和微观电离过程认识电离概念。通过问题 3 引导学生思考并练习书写电离方程式，从电离角度定义酸、碱、盐。通过问题 4 驱动学生理解电解质的概念，使学生从电离角度对化合物进行重新分类和认识。

3. 措辞恰当

提问措辞是指教师在提问过程中的语言应用，包括提问引导语、提问用词、问题的表述方法，是教师提问技能的展现。

关于问题的表述，语言要准确、明白、简洁，提问有效，不产生歧义，有一定的启迪性，避免模棱两可学生不知如何作答。问题的表述要注意措辞："你们听明白了吗"和"我是否讲清楚了"，教师提问的出发点不同，给人的感受就不一样。教师还可以提问"你有不同的看法吗""你是如何理解的"，引导学生进行更深刻的思考。另外，"是不是""对不对"这样的问题少问，既没有深度，也无助于学生建构知识，基本都是无效提问。

问题的设计要有针对性，不要偏离教学的主题。例如，在讲燃烧与灭火时，教师展示奥运圣火的图片以及中国航天员在太空的图片，然后问学生"通过这两张图片你想到了什么"。学生的回答各种各样，有的说"想到了北京奥运会"，有的说"我以后也要当航天员上太空去"，等等。这就是因为教师的问题过于宽泛，缺乏针对性。[①]

4. 问题的难度合理

教师提出的问题要符合学生的实际，即符合学生已有的知识、认识能力以及思维水平。太浅显的问题，如"水的化学式是什么""镁条在氧气中燃烧的现象是什么"等问题属于简单事实性问题，只是考查学生对知识的记忆，不能激发学生的思维。但如果问题的难度太大或者超出了学生的已有认知，那么也会引起学生的思维障碍或成为被学生放弃的无效问题。

5. 停顿节奏合理

停顿节奏是指教师在完成一个完整的提问过程中，如提问前、提问中、

① 袁孝凤：《化学课堂教学技能训练》，73页，上海，华东师范大学出版社，2008。

提问后都要有必要的等待时间，合理控制语速。

6. 分布广泛

提问分布是指教师的提问应该有计划、有目的地针对全体学生，而不是只局限于少数学生。对于不同难度的问题，提问相应程度的学生，这既可以为待优生创造成功的机会，以增强其自信心，又对优秀学生提出了更高要求，从而调动各类学生的积极性。

7. 理答及时恰当

教师在课堂提问后，对提问反馈的处理，即理答，非常重要。理答是指在学生初始回答问题后，为了帮助学生针对最初的问题找到更合适的答案，教师要对学生的回答给予及时恰当的反馈或追问。

此环节是整个提问过程的核心，若处理得好，不仅有利于学生对问题的理解，还会长期提高学生参与课堂互动的积极性。好的理答应该具备两大特征：及时性、引导性。教师在学生提出问题或作答后的及时处理，能够点燃学生思维的火花，激发他们的求知欲，并有意识地为他们发现问题、解决问题提供抓手，引导他们一步步建构知识。

在这个环节，教师要给学生留有思考的时间，对解答进行及时反馈，对学生答不上来的问题应因势利导，点拨学生得出符合化学知识规律的答案。学生回答完问题后，教师应给予合理性评价，并示意学生坐下或回到座位上。

（三）案例分析

案例 2-2-1 提到"我们来回忆一下，我们在'化学与生活'中曾经讲过使煤气化变成水煤气或者是干馏煤气，那气化的目的是什么？这个过程能不能增加煤的发热量？有的同学说能，有的同学说不能，带着刚才的问题我们来学习今天的内容——化学反应热的计算"。这段语言中的两个问题是连续提出的，学生在听到连续的两个问题后通常只会回答最后一个问题，那么这样第一个问题就成了无效问题。

而且，使煤气化变成水煤气或干馏煤气的目的与化学反应热计算有什么关系？这个问题需要斟酌。煤气化变成水煤气或干馏煤气的过程能不能增加煤的发热量？这个问题是学生基于已有知识能够回答的问题吗？或者通过本节课的学习，学生能够解答这个问题吗？如果不能的话，那么这个问题也不是驱动本节课教学的理想问题。

在案例 2-2-2 中，教师向学生提出问题："我们说 1 mol 的氢气生成 1 mol 的水蒸气放出 241.8 kJ 的能量，如果表示它的燃烧热，比 241.8 kJ/mol 大还是小？"

这个问题让学生马上回答的话有可能超出他们的推理能力，就像包括学生 A 在内的很多学生尽管知道液态水要吸收一部分能量变成水蒸气，但他们都认为氢气的燃烧热比 241.8 kJ/mol 小。这可能与学生认为"氢气燃烧生成水蒸气是其最终的状态，所以放出的热更多"的概念有关。因此，教师要基于学生的认知基础和思维习惯，给他们一定的思考时间，让学生画出分析问题的思路，这样很多学生就可能正确回答该问题，更为重要的是可以让学生通过该过程发现分步进行的反应热与总反应热的关系。

三、概括与总结提升

🔖 | **案例 2-2-3** |

"碳的单质"课堂结束环节

教师：请用"因为……所以……"的句式总结石墨、金刚石的结构、性质和用途。

学生自主总结后汇报。

教师：不同的碳单质因为具有不同的微观结构，所以具有不同的性质，也因为这些不同的性质，使得不同的碳单质有了不同的应用。一方面，结构决定了性质，性质在很大程度上决定了用途；另一方面，用途可以体现性质，性质可以反映结构。

（教师用板书总结，如图 2-2-2 所示。）

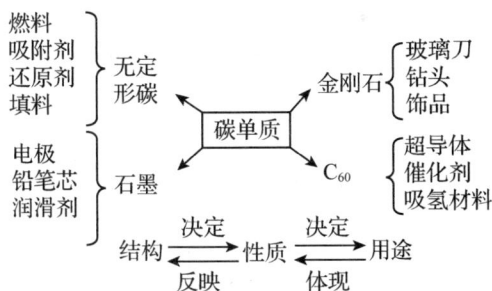

图 2-2-2　板书

教师：请大家阅读"C_{60}、石墨烯的发现和我国碳纳米管技术研发"的资料，谈谈阅读后的感想。

问题聚焦

问题 1：什么是结束技能？

问题 2：课堂结束环节应该如何高效地组织和呈现教学内容？

（一）什么是结束技能

结束技能是教师在完成课堂教学活动时，对本节课知识进行归纳总结，使知识更系统，重点更突出，促进学生记忆、迁移知识的一种教学形式。结束技能主要分为知识总结及作业布置。

对于一堂课来说，结束是重要的组成部分，起着画龙点睛和提纲挈领的作用。课堂结束的好坏是衡量教师教学水平高低的标志之一。许多优秀教师都很讲究恰到好处地结束课堂：或归纳总结，强调重点；或留下悬念，引人遐想；或含蓄深远，回味无穷；或新旧联系，铺路搭桥；等等。这些都显示出了精湛高超的教学水平。

（二）结束技能特征

好的结束环节应该具备以下特征：概括性、整合性、教学目标评价。

1. 概括性

概括性指的是能用语言、提纲、表格、思维导图等形式对本节课的内容进行提纲挈领的概括总结，结合板书，形成逻辑结构清晰的知识结构网。教师在结束环节重在引导学生进行如下反思：这节课我们提出了什么问题？是如何进行科学探究的？解决问题的逻辑顺序是什么？所学知识之间有什么联系？所学的各个具体知识点和哪些背景经验相联系？结束环节要突出主干，进一步强调重点，而不是本节课内容的二次复述。总结可用提问、简述、提纲、表格、图示等方法，用以强调要点、强化记忆，使学生对整堂课形成完整、清晰的印象。例如，在"二氧化硫的性质"结课时，可以引导学生概括归纳二氧化硫的核心知识，形成如图 2-2-3 所示的知识网络。

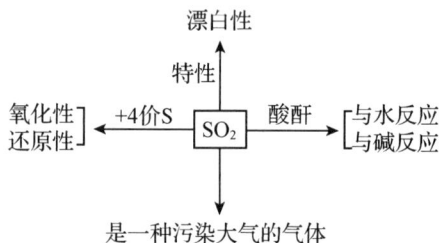

图 2-2-3　"二氧化硫的性质"知识总结

2. 整合性

整合性指的是能根据课堂时间调控总结的方法和形式，使课程有始有终，为本节课画一个完美的句号，同时承上启下，适当引出下节课内容，让学生提前预习。教师在新课导入中，常常设置问题悬念，引导学生去探究问题，然后开始课堂学习。课堂结束环节也应当紧扣教学内容，使其成为整个课堂教学的有机组成部分，做到与导入环节相呼应，而不要游离主题太远。如果导入课精心设疑布阵，而讲课和课堂结尾中却无下文，那么在结构或逻辑上会让学生感觉不完整。特别是有些课的结尾实际上就是对导入课设疑的总结性回答或是导入课思想内容的进一步延续和升华。因此，在一堂课结束时，教师要用准确、简练的语言，提纲挈领地把整节课的主要内容概括、归纳一下，给学生以系统、完整的印象，促使学生加深对所学知识的理解和记忆，培养其综合、概括能力。

3. 教学目标评价

教学目标评价指的是结束时可以通过提问、练习、布置作业等形式考查本节课的教学目标是否达到，对学生学习情况进行诊断，为下节课调整教学策略提供参考。教师要注意评价形式灵活多样，内容紧密围绕教学目标，有梯度，以便精准了解学生的学习效果；对作业形式及交作业时间要描述清楚，布置的作业量要适中。

（三）案例分析

在"碳的单质"的教学中，教师让学生以"因为……，所以……"的句式概括总结石墨、金刚石的结构、性质和用途，既对所学内容进行了总结，又让学生自己概括出了"结构决定性质"的化学核心观念。该教学的最后给学生布置的阅读"C_{60}、石墨烯的发现和我国碳纳米管技术研发"的资料，并谈感想的活动，既能拓展学生的知识广度，又能激发学生的创新意识，增强学生探索物质世界微观结构的兴趣。

四、恰当使用信息技术

| 案例 2-2-4 |

1. 使用信息技术探究中和反应（九年级化学教学）

学生实验：往盐酸中倒入氢氧化钠溶液。

教师：有什么现象？

学生：无明显现象。

学生 A：应该有温度变化。

教师利用温度传感器测试中和反应过程中溶液温度的变化。

教师：大家看到了什么现象？

学生：溶液温度明显上升。

教师：通过温度传感器测试中和反应过程中溶液温度的变化，温度上升可以说明中和反应是放热的。除了通过温度变化来判断盐酸与氢氧化钠发生化学反应外，还可以通过什么方法说明往盐酸中倒入氢氧化钠溶液一定发生了化学变化？

学生设计探究方案。

2. 使用信息技术实验并绘制酸碱中和滴定曲线（高中化学教学）

利用 pH 传感器测试实验并绘制酸碱中和滴定曲线，根据软件绘制出图像并分析酸碱中和滴定曲线的特点及成因。

问题聚焦

问题 1：什么是信息技术？

问题 2：如何在化学课堂教学中恰当使用信息技术？

（一）信息技术概述

21 世纪是信息化的时代，随着信息与通信技术的不断发展，新技术层出不穷，在教育中的应用越来越普遍，产生的效果也越来越明显，越来越得到教育工作者的重视。利用信息技术，我们可以把浩瀚的宇宙和微小的原子世界展现在学生面前；利用信息技术，学生在教室就可以"遨游世界"。信息技术的发展使我们拥有了覆盖各个领域的数字资源。信息化教育使整个人类的学习和教育方式发生了变革，将把整个世界推进到一个崭新的全民教育、个性化教育、终身教育的时代。

现代信息技术主要是指以计算机为核心，以数字技术为基础，融合通信技术和传播技术，能处理、编辑、存储和呈现多种媒体信息的集成技术。其中媒体信息通常包括文本、图形、图像、视频、动画和声音等。现代信息技术包括 PPT、电子白板、智能手机 App、传感器、虚拟现实、大数据、人工智能等。

现代信息技术能对多种媒体信息进行数字化技术处理，从而使集成的多媒体信息在本质上具有多样性、集成性和交互性等特征，在表现形式上具有新颖性、艺术性、趣味性等特征，并能以一种图文并茂、声形辉映、生动逼真的全新形式再现。充分发挥现代信息技术的优势，能为学生的学习和发展提供丰富多彩的教育环境和学习工具，有利于开阔学生的眼界，启迪学生的形象思维，增强学生的理解记忆，激发学生的学习热情，改善学生的认知方法，大大提高学生学习的效率和效益。[①]

2001 年 6 月 8 日，教育部颁发的《基础教育课程改革纲要（试行）》指出，"在课程的实施过程中，加强信息技术教育，培养学生利用信息技术的意识和能力""大力推进信息技术在教学过程中的普遍应用，促进信息技术与学科课程的整合，逐步实现教学内容的呈现方式、学生的学习方式、教师的教学方式和师生互动方式的变革，充分发挥信息技术的优势，为学生的学习和发展提供丰富多彩的教育环境和有力的学习工具"。

2012 年 3 月 13 日，教育部发布的《教育信息化十年发展规划（2011—2020 年）》提出"面向未来，育人为本""应用驱动，共建共享""统筹规划，分类推进""深度融合，引领创新"的工作方针，强调要"探索现代信息技术与教育的全面深度融合，以信息化引领教育理念和教育模式的创新，充分发挥教育信息化在教育改革和发展中的支撑与引领作用"。

1913 年，当电影应用到教学中时，爱迪生就宣布："不久将在学校中废弃书本……有可能利用电影来教授人类知识的每一个分支。在未来十年里，我们的学校机构将会得到彻底的改造。"[②]但是，十年后爱迪生的预言并没有成为现实。时至今日，这个预言仍然离我们很遥远。有人预言一对一的智能专家系统将会进入教育系统，有人预言分布式学习和远程协作将会使课堂教学和教室消亡。这都没有发生。

这让我们意识到新技术的诞生并不能取代教师的作用，反而使教师的角色在新技术中更加重要，也更难扮演。因为教师面临的挑战是掌握新技术，有效地将技术和学习、教学融合在一起。

2013 年以来，教育部实施全国中小学教师信息技术应用能力提升工程，教师应用信息技术改进教育教学的意识和能力普遍提高，但仍然存在信息化教学创新能力不足、乡村教师信息技术应用能力薄弱、支持服务体系不够健全等问题。此外，大数据、人工智能等新技术变革对教师信息素养提出了新要求。根据《教育信息化 2.0 行动计划》和《教师教育振兴行动计

---

① 韩志坚、封昌权、徐建祥：《现代教育技术教程》，3 页，北京，人民邮电出版社，2000。
② Seattler, P. A., *History of Instructional Technology*, New York, McGraw-Hill, 1968, p. 98.

划（2018—2022 年）》的总体部署，2019 年教育部发布《教育部关于实施全国中小学教师信息技术应用能力提升工程 2.0 的意见》，希望推动教师主动适应信息化、人工智能等新技术变革，积极有效地开展教育教学。

信息技术与学科教学深度融合是时代的要求。

（二）恰当应用信息技术的原则

从 20 世纪 90 年代末一所学校只有录课室有计算机多媒体设备，到现在大部分教室都有多媒体设备，从挂图、实物投影，到虚拟现实、增强现实设备、手机投屏，从教育行政和教研部门鼓励、提倡教师在课堂教学中使用 PPT，到现在教师在课堂教学中离不开 PPT，信息技术应用到学科教学中，经历了多年的尝试和发展，取得了丰硕的成果。信息技术与教育融合经历了起步、应用、融合、创新四个阶段。人们的观念在不断变化，对教育信息化有了更深刻的理解。

通过翻转课堂、智慧教室等信息技术支持的教学模式，教师能够体会到应用信息技术的优越性，如激发学生学习兴趣、提高课堂教学效率、利用多媒体工具提高教学质量等。其中，多媒体在科学实验中的应用更具有实际意义，更能体现其优越性。学校和教师甚至能够应用信息技术，如大数据、人工智能来建立每一名学生的数据库，及时了解和诊断学生的学业情况。

信息技术的教学功能可以概括为七个方面：①创设教学情境，激发学习动机；②呈现复杂过程，促进自主建构；③丰富教学资源，活跃学生思维；④实现资源共享，促进师生交互；⑤促进自主学习，支持协作学习；⑥促进课程整合，提高信息素养；⑦支持即时评价，改进教学过程。

然而，信息技术的使用也会带来一些问题。例如，部分教师不熟悉、不会用信息技术，在课堂上出现问题。新教师往往不存在使用信息技术的问题，问题在于如何有效应用信息技术。新教师往往过于求多求新，造成信息技术滥用，流于形式。此外，新教师往往也缺少优质的信息技术资源。因此在教学中如何恰当应用信息技术，如应用信息技术呈现什么内容，如何呈现等，是新教师需要琢磨的技能。

技术融入教学的根本宗旨是通过变革教学方式、优化教学过程，提高教学的有效性。可见，有效教学是信息技术教学应用的价值追求。恰当应用信息技术，提高教学有效性，需要遵循六个主要原则。[①]

1. 必要性原则

我们看到不少课堂表面上似乎融合了技术与教学，但是仔细分析后发现整个课堂的教学目标并未实现。当问及学生是否掌握了学科内容时，学生一脸茫然。针对当前信息化教学中出现的"技术滥用""技术至上""技术崇拜""只见技术不见人"等现象，有必要提出信息技术应用的必要性原则。

必要性原则也称实用性原则，即只有在教学中需要应用信息技术时才使用，而不是把信息技术作为教学的"花瓶""摆设"。该原则也可以理解为如果不使用信息技术手段就难以实现预期的效果、效率或效益。教师遵循必要性原则需要在正确认识信息技术教学价值的基础上，关注信息技术应用与教学效果、教学效率、教学效益之间的关系，即信息技术的应用能否提高效果、效率、效益，能否有利于促进学生的素质发展。再具体地说，信息技术的应用能否促进教学目标的完成，如果信息技术不能与教学目标建立明确的联系，那么就需要认真考量教学是否真的需要应用信息技术了。

例如，对于实验室制取二氧化碳气体的实验装置的设计，由于学生已经有了一定的实验知识基础，而且该反应所用的化学仪器比较常见，整体装置也不复杂，因此教师可以让学生绘制实验装置图并实际动手组装实验装置，没有必要让学生在计算机上选择反应器材并进行所谓"组装"实验仪器的操作，因为该任务是让个别学生通过计算机进行演示，其他同学观看。

而对于一些无法用肉眼观察的反应过程、有毒有害的化学实验、速率很慢的反应、微观化学机理等，教师则可以借助于信息技术对反应过程进

---

① 蒋立兵：《信息技术在中小学课堂教学中应用的有效性研究》，博士学位论文，华中师范大学，2016。

行记录或模拟，为学生提供直观、清晰和丰富的学习信息。

2. 适宜性原则

中小学的课堂教学有时出现不恰当使用信息技术的现象，如技术应用不符合学生的认知特征、不适合学习内容和学习目标、不具备客观条件等。适宜性原则是指信息技术的选择类型、应用方式、应用时间均符合认知规律、学习内容、学习目标、学科特点、具体情境等，能够真正提高教学效果、效率或效益，从而促进学生素质发展。

适宜性原则具有以下几个方面的内涵。

首先，选择合适的媒体类型。

其次，选择合适的应用方式。同一种媒体的应用方式不同，取得的效果可能也不一样。例如，互联网时代网络也是一种学习媒体。如果让学生在课下基于互联网开展某一特定主题的研究性学习，可能效果比较好；但是如果让学生在课上使用互联网搜索某个主题的信息后进行加工展示，那么难度较大，学生很容易陷入网络迷航；如果让学生在制作好的专题性网站中查找相关内容并进行加工展示，可能针对性更强、效果更好。

最后，选择合适的应用时间。教师经常使用视频媒体创设教学情境，如果选择的视频内容和时间比较恰当，效果一般比较好，但是如果通过播放长时间的视频来创设情境，显然就喧宾夺主了。

3. 辅助性原则

在信息技术与学科教学整合过程中，技术与教学的关系一直是困扰教师们的一个难题。学者们曾经为教育技术是姓"教"还是姓"技"争论不休。无论如何争论，"技术是为教学服务的"始终正确。当前我国中小学课堂教学存在一定程度的"唯技术化"倾向，主要表现为教师在教学过程中过度依赖技术，甚至忽视了教学的"主体地位"，使课堂教学被技术主宰，甚至离开多媒体技术就无法上课。较为典型的就是用播放视频代替操作演示、利用 PPT 呈现推理演算。

针对教育信息化过程中出现的"技术凌驾于教学之上"的现象，有必要提出辅助性原则。辅助性原则是指信息技术的应用是为教学服务的，一切以教学需要为准。尽管我们现在大力倡导信息技术与教学深度融合，期望信息技术能够与学科内容、教学方法融为一体，但是在讨论技术与教学之间的关系时，教学依然处于主要地位，技术处于辅助地位。技术一定是为教学服务的，任何脱离服务教学的技术应用都是不合理的。

4. 情境性原则

建构主义理论、情境认知理论都认为真实的情境是有效学习的重要条件。戴尔(Dell)的经验之塔把人类获取经验的方式分为三类：做的经验、观察的经验、间接经验。认知学习主要是通过符号学习获取人类的经验，通过这种方式获得的经验基本上都属于间接经验，往往脱离了现实情境。

学生仅仅获得间接经验难以培养问题解决能力和创新能力。随着社会的发展，学生需要学习的知识种类、数量繁多，不可能所有经验都通过做的方式获得。观察的经验是连接直接经验和间接经验的桥梁，弥补了书本学习脱离现实情境的不足。信息技术可以为教学创设逼真的情境，弥补符号学习脱离现实情境的问题。情境性原则就是充分利用信息技术手段为教学创设逼真的教学情境，诱发学生的学习动机，建立符号学习与生活情境的关联，帮助学生获得对知识的直观感受和情感体验。情境主要包括：生活情境、虚拟情境和知识情境。生活情境就是学生所在的社会情境，可利用媒体技术还原事件发生的过程或背景。虚拟情境就是利用虚拟现实和虚拟仿真所创建的模拟情境，适用于那些生活情境难以表现的领域。知识情境就是知识发生的背景与过程情境，能够帮助学生建构知识的意义。需要说明的是，并不是所有教学中都需要创设以上三种情境，而应根据内容和学情的需要进行设计。

5. 伦理性原则

信息技术在为课堂教学带来便捷性、生动性、功效性的同时，在教育信息化高速发展的影响下，似乎已经跨越了技术的"辅助角色"。教学的重心不断地向技术倾斜，甚至造成了教学的"技术化倾向"。不少教师似乎已经认为技术进入课堂的正面价值是必然的，"技术至上""媒体作秀""技术中人的隐退"等现象不断呈现。依据辩证唯物主义科学技术观和科学人文主义教育观，任何技术在课堂教学中展现积极价值的同时，也都可能存在某种教学风险。信息技术的应用是师生主体间通过"技术中介物"进行相互作用的过程，因此探索信息技术的应用不得不考量技术实践折射出来的伦理问题。信息技术应用的伦理性原则是指我们在应用信息技术的过程中，尽量规避技术给学生、给教学带来的负面效应，让信息技术发挥其正面教学价值。要遵循伦理性原则，需要通过职前学习、职后培训、教学研讨等多维路径发展教师的信息技术能力，提升教师的信息技术伦理素养；需要教师能够辩证认识信息技术教学价值的双重属性，防止信息技术给学生带来不利影响，加强学生的信息伦理教育。

6.经济性原则

任何媒体的使用都需要一定的成本，我们在教学中选用信息技术要符合经济性原则。经济性原则就是选用媒体的概率是由媒体功效和媒体代价来决定的，尽量选择那些功效高、成本低的媒体。何克抗教授提出，在选择教学媒体过程中要遵守"代价最小原则"，也就是在教学媒体的选择上，根据媒体的效能和需要付出的成本来决定，尽量实现以最低的成本取得最好的效果。

（三）案例分析

化学是一门以实验为基础的学科。实验是化学的根基，是需要学生学习的重要内容，也是帮助学生理解化学概念和原理等的手段。随着新技术的不断发展，现代化的手段被运用到化学实验的探究教学中。

在案例 2-2-4 中，使用温度传感器来测定盐酸与氢氧化钠溶液中和反应过程的能量变化是有必要的，因为酸碱中和反应放出的热量是学生凭手感不能明确感知的，通过普通的温度计测定，现象也不是特别明显，而温度传感器可以把酸碱中和反应过程中的温度变化清晰地外显出来，帮助学生认识中和反应是放热的。

案例 2-2-4 还利用了 pH 传感器进行实验并绘制酸碱中和滴定曲线，利用计算机自动采集和处理数据使整个实验过程变得很轻松，计算机绘制的酸碱中和滴定曲线也比较漂亮，但是学生失去了深度学习酸碱中和滴定的机会。强酸与强碱的中和滴定是中学化学中为数不多的定量实验之一，也是国家课程标准要求的学生必做实验之一。学生只有亲自动手进行全程实验操作，才能深入理解滴定原理，掌握酸碱中和滴定技能。

由学生记录酸碱滴定过程中的数据并手工绘制酸碱中和滴定曲线尽管比较费时，但是能够培养学生记录实验数据和处理实验数据的能力，因此不宜用数字化实验取代传统的实验操作和数据处理。

实践操练

①按照规范、准确、简洁的要求，讲解"化学反应热的计算"内容，要求有设计文本，并多次练习，优化讲解。

②请设计"离子反应"一节教学的问题链，并将你设计的问题链进行小组讨论，然后进行优化。

③请按照概括性、整合性、教学目标评价的要求，设计"碳的单质"的结束环节的框架和流程，用思维导图的形式呈现，并与他人一起讨论、优化。

④请依据信息技术在课堂教学中应用的原则，设计"探究酸碱中和反应"的探究方案，就方案设计中信息技术如何提高教学有效性加以简要说明，并交流分享。

▶第七讲
实验教学设计与开展

一、实验教学基本理论

（一）化学实验与化学教学实验

化学科学实验是指科学研究者根据一定的化学实验目的，运用一定的化学实验设备和装置等物质手段，在人为的实验条件下，改变实验对象的状态或性质，从而获得各种化学实验事实的一种科学实践活动。化学科学实验通常简称化学实验，是化学科学研究不可缺少的实验活动，所以也可称化学科研实验。

化学教学实验在教学中也常被简称为化学实验，是指在化学教学中教师或学生根据一定的化学实验目的，运用一定的化学实验仪器、设备和装置等物质手段，在人为的实验条件下，改变实验对象的状态和性质，从而获得各种化学实验事实的一种教学实践活动。

案例 2-3-1

温度对反应速率的影响

取两支试管各加入 5 mL 0.1mol/L $Na_2S_2O_3$，另取两支试管各加入 5 mL 0.1 mol/L H_2SO_4。将四支试管分成两组（各有一支盛有 $Na_2S_2O_3$ 溶液和 H_2SO_4 溶液的试管），一组放入冷水中，另一组放入热水中。经过一段时间后，分别混合并搅拌，记录出现浑浊的时间（见表 2-3-1）。

实验中反应的化学方程式为：$Na_2S_2O_3 + H_2SO_4 =\!\!=\!\!= Na_2SO_4 + SO_2\uparrow + S\downarrow + H_2O$

表 2-3-1　记录表

项目	0.1 mol/L $Na_2S_2O_3$　5 mL 0.1 mol/L H_2SO_4　5 mL	0.1 mol/L $Na_2S_2O_3$　5 mL 0.1 mol/L H_2SO_4　5 mL
实验温度		
出现浑浊时间		
结论		

【案例分析】

实验中涉及了很多实验方法，如实验条件的控制方法（反应物不变，反应物浓度不变，只改变反应的温度），测量方法（时间和温度），记录方法（表格），实验数据的处理方法等。通过这样的实验，学生不仅学习了有关的化学知识与技能，而且经历了科学探究的一般过程，运用了一些实验方法。

问题聚焦

你认为化学实验应具有哪些教学功能？

（二）化学实验的多重教学功能

无论是作为实践活动的实验（实验探究活动），还是作为认识活动的实验（实验方法论），都是在一定的化学教学活动中进行的，因而，都具有重要的教学论功能。

化学实验促进了化学科学的形成和发展。虽然中学化学教学中的实验在实验目的、研究对象、实验条件等方面与科学研究的实验有所不同，但是化学教学中的认识过程与科学研究中的认识过程本质是相同的。所以，化学教学实验在使学生形成化学概念、理解和巩固化学基础知识，提高学生的观察能力及提出问题、分析问题、解决问题的能力，帮助学生掌握实验技能，培养学生实事求是、严肃认真的科学态度等方面都有重要的意义，具有其他教学内容和形式不能替代的作用。开展核心素养导向的化学教学，倡导开展以化学实验为主的多种探究活动，创设生动活泼的学习情境，从而激发学生学习化学的兴趣，促进学生学习方式的转变，帮助学生理解和掌握化学知识和技能，引导学生学习科学方法，发展学生的科学思维和创新意识，培养学生的科学态度和责任。这些新课程理念使化学实验的教育教学功能也有了相应的发展。因此，我们有必要重新审视化学实验在中学化学教育教学中的功能。

（三）化学实验的认识论功能

化学实验是化学教学认识的基础，无论是从实践（实践探究活动）与认识的关系来看，还是从感性认识（化学实验事实）与理性认识（化学概念和理论)的关系来看,化学实验对化学教学认识都有不可替代的作用。

1. 化学实验是提出化学认识问题的重要途径之一

布鲁纳认为:所谓求知,是过程,不是结果。实验教学应让学生通过实验、观察、质疑、思考、分析、综合、比较、抽象、概括、具体化等思维过程,自己发现问题、解决问题和得出结论,在亲自体验知识的形成和发展的过程中,学会科学探究,发展科学思维。

在化学教学中,引发化学教学认识、提出化学教学认识问题的方式有多种,其中,化学实验是重要途径之一。

📎 | **案例 2-3-2** |

黑面包实验

【实验操作】往装有润湿的蔗糖的小烧杯中缓缓倒入浓硫酸。

【实验现象】浓硫酸使润湿的蔗糖炭化变黑的同时,逐渐产生蘑菇状泡沫。

【学生提问】为什么有泡沫?为什么有刺激性气味?

【教师启发】

①这个反应系统的几种物质可能发生哪些反应(包括生成物再参与反应)?

②有泡沫,有刺激性气味,说明有气体物质生成,气体物质中可能有哪些物质?

③泡沫及液体物质中可能有哪些物质?

④请同学们设计实验检验气体的成分,证实假设中哪些是正确的,哪些是不正确的,还有哪些问题要进一步研究探索。

学生通过讨论,与教师交流,推测气体物质中可能含有 SO_2、CO_2、CO 等气体,检验这些气体的实验方案当堂就能设计完成,具体实施要利用课外时间。教师还要求学生完成实验后进行小结,谈谈收获和体会。

【案例分析】

在实际问题的解决过程中学生发现问题,教师引导学生提出猜想(假设)、进行讨论、设计解决问题的实验方案,开展实验探究,归纳实验结果。在整个学习过程中，学生是主体，学习的过程是主动建构知识与技能的过程，是探索研究的过程，学生在这个过程中认识事物的一般方法、兴趣、态度、价值观念都得到了协调发展。

化学知识的获得依赖特定的探究过程与方法论，学生的学习重在掌握方法、主动建构知识，这个过程的核心成分是思维，能使学生的理性思维和整个精神世界获得实质性的发展。教师应该尽可能地关注学生对实验过程的探索，碰到问题及时引导、指导，充分发挥实验的认识论功能。[①]

2. 化学实验能为学生认识化学科学知识提供化学实验事实

化学中很多概念和理论的形成一般都是从认识具体物质的性质入手的，化学实验提供了让学生感知实验事实的机会。例如，学生对"化学变化"的概念的认识，可以通过若干化学实验、物理实验的对比形成；学生对催化剂的认识，可以通过观察各种物质的催化作用而形成。

3. 化学实验能为学生检验化学理论、验证化学假说提供化学实验事实

化学教学中的化学知识一般都是人类已知的实验事实，但是对于学生而言，又具有一定的未知性。而且由于条件限制，学生对化学知识的认识只是在个别实验事实的基础上获得的。这些化学理论是否适用于其他情况，是否具有普遍性，还需要经过化学实验的检验。例如，学生可以利用家庭实验"温度对加酶洗衣粉去污效果的影响"来进一步认识"温度是影响化学反应速率的一个重要因素"。此外，教师还可根据教学需要，启发学生设计教材上没有的实验，进一步验证相关化学知识。例如，CO_2气体与SO_2气体水溶性比较实验设计、硫在水和酒精中的溶解度对比实验设计就可以很好地启发学生思维。学生通过实验对化学知识可以有更形象的认识。

---

① 吴焕云、董巧云、王青：《新课程理念下挖掘实验教学多重功能的探索》，载《化学教学》，2004(4)。

> 🖇 | **理论书签** |
>
> ### 假说方法①
>
> 假说就是根据一定的科学事实和科学理论，对未知的自然事物及其规律所作的推断和解释。
>
> 假说的形成一般要经过提出假说和验证假说两个阶段。
>
> 假说的提出通常包括两个环节：一是根据为数不多的科学事实和科学理论提出科学假设，二是在科学假设的基础上进行推理和判断。
>
> 假说的验证包括实验验证和理论验证，其中，实验验证是最直接、最可靠、最有力的方式。

（四）化学实验的方法论功能

化学实验不仅是学习化学知识的重要方法，也是学习科学方法和掌握科学探究技能的重要途径。科学方法是人们在认识和改造客观世界的实践活动中总结出来的正确的思维方法和行为方式。② 化学实验过程中经常运用到的科学方法有：①收集、选择、整理信息资料；②分析、设计研究方案，进行实验操作；③观察、测量、记录、处理实验数据；④分析、表达实验结果；⑤对结果进行评价和判断。例如，化学中判别微粒形态的离子检出法、分离物质的提纯方法、探究元素组成与结构关系的物质结构测定法等都是常用的科学方法。

在科学实验中，这些方法对分析和鉴别事物的组成关系、整体与部分的关系及定性与定量的关系起着直接的作用，同时也对培养学生运用实验分析、解决实际问题的能力有重要的价值。

技能是指那些通过练习巩固下来的，自动化、完美化了的动作系统。③ 新化学课程涉及的、在中学阶段需要学生学习的实验探究技能主要包括以

---

① 陈耀亭：《中学化学教学中的德育》，99页，长春，长春出版社，1991。
② 王后雄：《化学方法论》，2页，长沙，中南大学出版社，2003。
③ 曹日昌：《普通心理学（下册）》，102页，北京，人民教育出版社，1980。

下四类：

①收集和处理信息的技能，主要包括提出问题、探究并明确问题所在、查阅并收集资料、分析研究资料；

②探究实验过程的技能，主要包括建立假设、制订实验计划、设计实验过程等；

③实验操作的技能，主要包括使用仪器、制作和安装装置、优化调控实验条件、观察测量、记录数据；

④表达和交流的技能，主要包括提问、讨论、解释数据、制作图表、下定义及描述、交流、推测等。

新课程还特别强调进一步发展学生写实验报告和做记录的技能，使他们能够清楚地表达自己的想法，独立地或在小组内协同工作，通过选择和使用参考资料，从一些信息源中收集、组织并内化信息资料，以发展科学探究的能力。因而新课程特别要求要把实验融入化学教学的过程，学生通过实验学化学，在实验（或实践）的过程中认识和理解化学。

案例 2-3-3

课题"常温下 1 mol 氢气体积的测定"[①]

①记录实验室的温度和压强。

②装配好气体摩尔体积测定装置，检查气密性。

③称取已除去氧化镁的镁条 0.120～0.140 g。

④将称好的镁条放置于气体发生器的底部，并用橡皮塞塞紧。

⑤用针筒吸取 10 mL 2 mol·L^{-1} 稀硫酸，将针头扎进橡皮塞，将硫酸注入气体发生器后迅速拔出针头，并仔细观察现象。

⑥当镁条完全反应后，读出量瓶中液体的体积。

重复上述操作一次。

———————

① 徐永初：《例谈中学化学实验教学功能的开发》，载《化学教学》，2005(6)。

【课题报告】

项目	详情
实验目的	
实验用具	
实验步骤	
实验记录	
实验误差	
误差分析	
实验小结	

【案例分析】

本实验是一个较为综合的定量实验探究活动，体现了科学方法的训练。①测量的项目：室温、大气压强、水的体积、硫酸溶液的体积、镁条的质量等。②实验条件的控制：实验过程中镁条与酸反应放出热量，怎样让每次实验中的温度都接近室温？怎样准确测量水的体积？如果控制不当，对实验结果有何影响？③记录：温度、压强、镁条的质量、气体体积。④数据处理：理论值的计算、误差的计算。⑤误差分析：得出实验结果，若与理论值偏差较大，必须分析产生误差的各种原因，学生对自己的实验过程进行反思，从方案设计、仪器装置、药品纯度、条件控制、操作规范等方面去寻找原因。

本实验对学生体验科学过程、掌握科学研究方法、形成科学探究能力具有良好的引导作用，能在很大程度上发挥实验教学的教育功能。

以实验为基础的化学学科应充分挖掘实验的方法论功能，把实验作为提出问题、探究问题的重要途径和手段，课堂教学尽可能用实验来展开，并使学生亲自参与实验，引导学生根据实验事实或实验史实，运用实验方法论来探究物质的本质及其变化规律，以强化学生获得新知的体验。

（五）化学实验的教学论功能

化学实验作为化学教学的主要内容和主要方法，具有重要的教学论功能，而这些功能只有在化学教学活动中才能得到更好的体现。

1. 化学实验能激发学生的化学学习兴趣

兴趣是主动学习的前提。化学实验能生动、直观地展示化学现象，以特殊的魅力引起学生的好奇心和求知欲。化学实验的这种激发兴趣的功能在化学教学中对学生学习化学知识起到了积极的作用。在新课程理念下，这种激发兴趣的功能应由激发学生积极地接受学习转变为激发学生主动地探索学习，由学会知识到会学知识和求异创新。

化学学习兴趣可分成感知兴趣、操作兴趣、探究兴趣和创造兴趣四种。感知兴趣是指学生通过感知教师演示实验的现象和观察各种实验仪器、装置而产生的一种兴趣。这种兴趣使很多学生对化学学习有较高的积极性，尤其是在学生刚开始学习化学时。这种兴趣属于直接兴趣，在化学教学中不够稳定和持久。教师应注意将学生的注意力从他们感兴趣的变化和现象引导到明确学习目的，逐步深入地观察、分析变化产生的内在原因，掌握相关的基本概念、理论和元素化合物等知识上，使直接兴趣逐步向间接兴趣转化。操作兴趣是指学生通过亲自动手操作来获得化学实验现象所产生的一种兴趣。它比感知兴趣的水平高了一级，学生不再仅仅满足于观察实验现象，还希望亲自动手操作，即使是简单的试管实验，也会表现出较高的积极性。这种兴趣还属于直接兴趣，只要把给定的实验做出来，他们的兴趣就会得到满足。探究兴趣是指学生通过探究物质及其变化产生的原因和规律而形成的一种兴趣。处于这种兴趣水平的学生不再满足于做一做，而是要探究引起某种变化的原因，或对日常生活、现实社会中的实际问题进行科学的解释和说明。这种兴趣不但是学习化学的重要动机，而且是学生形成和发展科学探究能力的重要影响因素。它比前两种兴趣的水平更高，属于间接兴趣，具有稳定、持久的特点，是促进学生形成较高科学素养的最基本的动力之一。创造兴趣是指学生在运用所学知识、技能和方法进行一些创造活动时所形成的一种兴趣。这种兴趣是化学学习兴趣的最高水平，是推动学生形成较高科学素养的强劲动力。四种水平的学习兴趣逐级上升，它们之间是互为基础与发展的关系。教师在激发学生的感知兴趣和操作兴趣的同时，还要积极培养和提高学生的探究兴趣和创造兴趣。

✎ | **案例 2-3-4** |

原电池实验教学与学习兴趣激发

【演示】教师用稀硫酸、铜片、锌片、电流计（或小灯泡、音乐贺卡）等材料演示原电池的实验。

【启发】①电流计偏转（或灯泡发亮、音乐响起）说明什么？②在这个装置中，可能失去电子的是哪些物质？实验现象与你的思考一致吗？为什么？③结合实验装置分析实验现象，改进实验，设计实验装置，探讨原电池的原理及形成条件。

【情感激发】①电池的历史与发展。②随意丢弃废旧电池的危害。

【启发】①随意丢弃废旧电池的危害是电池里什么物质造成的？②请提出防止危害发生的方案。③请利用家中的简单材料，如泡菜水等，设计一款新型环保电池。

上述案例中，在不同学习阶段学生的学习兴趣分别被激发到什么水平？你认为利用化学实验激发兴趣的关键是什么？

为了有效地激发学生的学习兴趣，教师应针对不同的教学内容，善于利用丰富、生动、有趣的实验现象。实验内容的选题既要围绕教学主题，又要不拘一格。与教材内容联系密切的生活、生产、自然界的有关现象都可编拟成实验课题，让"实验本身多讲话"。

2. 创设生动活泼的化学教学情境

知识具有情境性，这是布朗（Brown）等人提出的观点。情境是指能够激起人们情感的景物。所谓化学教学情境是指在化学教学中能够激起学生学习积极性的各种景物。创设化学教学情境的手段有很多，如化学实验、化学问题、小故事、科学史实、新闻报道、实物、图片、影像资料等，化学实验是其中最常用的一种形式。

案例 2-3-5

神奇的饮料瓶

在"氢氧化钠"课堂教学的导入阶段，教师分给两名学生每人一个看似相同的空矿泉水瓶，让他们同时往矿泉水瓶中倒入等量同浓度的氢氧化钠溶液，盖好瓶盖，充分振荡。"奇迹"发生了：其中一个瓶子迅速变瘪，另一个瓶子变化不明显。

【案例分析】

这种利用产生神奇现象的化学实验导入的方式，往往能很快吸引学生的注意力，并使学生产生强烈的探究欲望。

实验作为科学探究最常用、最主要的表现形式之一，对转变学生的学习方式起着举足轻重的作用。所谓实验探究是指通过实验进行的一种探究活动，它是科学探究在化学实验教学中的具体化，是在化学实验教学中发展学生的科学探究能力、培养学生的科学素养的重要途径。

案例 2-3-6

铁及其化合物的氧化性和还原性

在铁单质和铁的化合物中，哪些具有氧化性？哪些具有还原性？哪些既具有氧化性，又具有还原性？我们分别以金属铁、氯化亚铁和氯化铁为例进行探究。

实验试剂：铁粉、稀硫酸、氯化铁溶液、氯化亚铁溶液、氯水、稀硝酸、硫氰化钾溶液、锌片、铜片。

【预测与假设】

①具有氧化性的物质：_____。

②具有还原性的物质：_____。

③既具有氧化性，又具有还原性的物质：_____。

【实验方案】

_____。

【实验记录】

实验内容	实验现象

【实验结论】

_____。

【归纳整理】

请你用图示的方法总结金属铁、氯化亚铁和氯化铁之间的相互转化关系，写出相互转化的化学方程式，并写出每个反应中的氧化剂和还原剂。

（摘自鲁科版《化学必修第一册》，51～52页。）

【案例分析】

该案例就是让学生通过实验探究认识铁及其化合物的氧化性和还原性。从实验结果的预设、方案的设计、现象记录到实验结论的推出，学生完整体验了科学探究的主要过程，有利于学习方式的转变。

3. 化学实验是落实育人目标的重要途径

课程标准要求通过化学课程的学习，使学生体验科学探究的过程，强化科学探究的意识，在整个学习过程中达到人文精神和科学精神的整合，体现教育育人的本质。以实验为基础的化学教学要使学生获得科学探究的体验，必须创造条件，让学生亲自动手做实验，通过实验探究的过程培养学生的科学品质、批判意识、创新意识，促进学生的发展，充分发挥实验的育人功能。

✎ | **案例 2-3-7** |

阿司匹林药物的鉴别实验

【问题提出】

阿司匹林是一种较好的退热药。现有一瓶药片可能是阿司匹林，但又没有标签，请同学们通过实验鉴别这种药物是不是阿司匹林。

【学生分析】

阿司匹林分子结构中的官能团。

【实验设计】

①检验药物分子中有无羧基(—COOH)。②实验药物能否水解，若能水解，则检验水解产物分子中有无酚羟基。③再对有标签的阿司匹林做同样的实验，进行对照分析。

【案例分析】

在解决问题的过程中，学生的好奇心、探索欲望、求实态度、创新意识、实践探索的科学精神得到了发展。学生在与同学、教师的讨论中，学会了自我反思、交流表达。

卤素、硫等元素的单质或化合物的实验会产生污染环境的物质，影响师生健康。学生通过对小动物、植物的毒性实验，感受到保护环境十分重要，应从我做起、从现在做起；通过相互讨论，设计、改进这些实验，使之不产生对环境有害的物质。

教师通过具体的实验事实和相关分析，培养学生爱护环境、关心社会、求实创新的意识，让学生在润物细无声中树立学习科学、献身科学的目标与志向，在实验探究中学会做人，学会合作，学会做事，使实验的育人功能落实在实验教学过程中。

二、实验的主要教学模式

教学模式是沟通教学理论和教学实践的桥梁，是教学理论的具体体现，也是教学实践的概括和总结。教学模式的选择对教学效果将会有直接的影响。新的化学实验教学模式对推进化学实验教学改革有重要的意义。

（一）化学实验的构成

从系统论的观点看，自然界的一切事物都具有系统性。化学实验可以被看作由化学实验者、化学实验对象和化学实验手段(包括仪器、装置、方法)等要素组成的系统。

1. 化学实验者

化学实验者在这里主要是指化学教学中的实验人员，可以是教师也可以是学生，他们是化学实验的认识主体，在各实验环节处于支配地位。化学教学中的演示实验和学生实验就是按实验主体的不同划分的。作为实验主体，化学实验者还具有物质性、社会性和能动性。化学实验者的主观能动性无论对实验活动本身，还是对其认识过程都十分重要。因此，教师要充分调动学生的主观能动性，更好地发挥其主体性作用，不断促进学生的发展。

2. 化学实验对象

化学实验对象是化学实验的认识客体，它和实验主体(化学实验者)都是实验中不可缺少的因素。化学教学中的实验对象，一般来说是早已被认识的客观现象，但对于学生来说仍然具有一定的未知性。因此，它们既可以被看作学生实践的客体，也可以被看作学生认识的客体。它们可以为学生提供最直接的化学现象，使学生获得必要的感性认识，为学生形成有关化学知识打下基础。化学实验对象主要指自然对象，属于物质对象，包括天然对象(如空气、水等)，人工对象(如液态空气等)和人造对象(如塑料、合成纤维等)。

3. 化学实验手段

化学实验手段是沟通实验主体和客体的桥梁，也是主体控制和认识客体的工具。按照其性质的不同，我们一般可以将实验手段分成实物形态手段和观念形态手段两类。实物形态手段主要是实验中用到的工具、仪器、设备等。根据实验的目的和层次，实物形态手段又可以具体分为基本实验手段和现代化实验手段两种类型。基本实验手段中的用具主要是在基础实验中用到的仪器、工具、小型设备等。现代化实验手段所用的仪器一般是大型仪器，如红外光谱仪、核磁共振波谱仪、原子吸收光谱仪、质谱仪等。观念形态手段是指科学地运用实验形态，有效地控制和认识实验对象的工具。它主要包括实验方法论和化学实验方法。实验方法论的内容包括实验方法的发展史，实验方法在科学认识中的性质、地位和作用，实验的构成要素及其结构和功能，实验实施的程序和具体科学方法，实验方法与其他科学方法的辩证关系，等等。化学实验方法是从认识方法论角度来回答如何进行化学实验的问题的。中学化学实验主要包括化学实验基本操作方法、物质分离与提纯的方法、物质的分析方法等方面。物质的分析方法又分为化学分析方法和仪器分析方法。

（二）化学实验过程

从动态的角度看，一个完整的化学实验过程一般包括三个阶段：实验的准备阶段、实验的实施阶段和实验的总结阶段（图 2-3-1）。

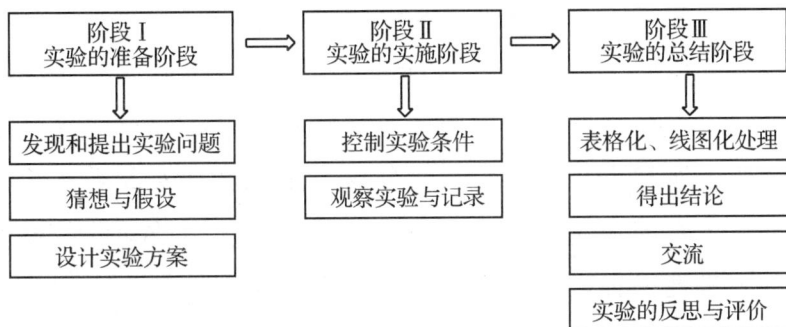

图 2-3-1　化学实验过程

1. 实验的准备阶段

化学实验的准备阶段主要是发现和提出与化学相关的问题，以便明确探究内容，然后根据实验问题设计出实验方案。提出的实验问题如果符合教学目标，具有探究价值，且适合学生的认知水平和学校的硬件条件，将为化学实验的成功构筑良好的开端。化学实验设计是完成实验、取得好的教学效果的关键。一个完整的化学实验设计包括以下几项主要内容：实验题目、实验目的、实验原理、仪器和试剂、实验步骤、操作要点、实验装置图、注意事项、实验观察及结果处理、研究与讨论等。

2. 实验的实施阶段

化学实验的实施阶段主要是将实验设计方案付诸实践，主要包括控制、观察、记录等环节。

化学实验条件是影响物质发生变化的重要因素，主要包括化学试剂的性状、实验仪器的选择和实验操作方式。化学试剂是影响化学实验的首要因素，它的种类、状态、形状、浓度、质量、体积等都可以被看作实验条件。在化学实验中，控制这些条件，可以达到预期的结果。例如，把锌分别放入浓硫酸和稀硫酸中，前者有二氧化硫产生，后者是制备氢气的常用方法。实验仪器的性能差异也能影响实验效果，如酒精灯、酒精喷灯和煤气灯可以提供不同的温度。化学实验操作是化学实验中常用的一些控制手段。加热、点燃、通电、过滤、蒸发、烘干、蒸馏、高温、高压、冷却等这些基本操作方法对实验的结果能产生不同程度的影响。因而，实验要获得预期的结果，必须严格控制实验条件。

通过实验手段的作用显现出来的化学现象及性质，需要通过观察来感知。观察是指人们有目的、有计划地通过感官（或仪器）对观察对象进行感知以获得实验事实的方法。观察一般分为自然观察和实验观察。自然观察是对自然界所发生的现象进行观察，这种观察往往是被动的，观察的对象也有一定的随机性。实验观察的对象是在人的掌握控制之中的，它的现象产生及程度变化往往能够依照人的意愿进行，许多自然界不存在的或很少发生的现象，在人的控制、干预下都能发生。中学化学中的观察基本属于实验观察的范畴，其观察内容主要有观察仪器装置、观察实验操作和观察物质及其变化等方面。

实验记录对最终形成实验结果有重要的参考价值。记录可以采用文字、化学术语、数字、仪器装置图、表格等形式，以保存化学实验中的各种信息。实验记录要完整、实事求是。

3. 实验的总结阶段

为使实验结果简明直观、一目了然，实验人员还须将记录的结果进行恰当、巧妙的处理，一般可采用列表法、图解法和化学用语法进行表述。

（三）化学实验教学模式

化学实验教学模式是指在一定的教育思想和教学理论的指导下，为完成一定的化学教学目标和任务，而建立的一种比较典型和稳定的化学实验教学程序及其实验方法的策略体系。目前，教学实践中比较常用的化学实验教学模式有演示讲授模式、实验归纳模式、实验演绎模式和实验探究模式。

1. 演示讲授模式

演示讲授模式是一种经典的、较为传统的实验教学模式。它的特点是将化学演示实验与教师的讲解、评述有机地结合起来，以达到预期的教学目的。这是中学化学（实验）教学中广泛使用的一种教学模式。它的教学程序大体如图 2-3-2 所示。

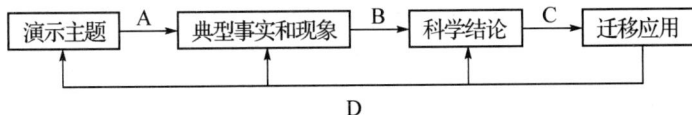

演示主题 →A→ 典型事实和现象 →B→ 科学结论 →C→ 迁移应用
（D 反馈回路）

图 2-3-2　演示讲授模式教学程序

A 指教师的示范操作，用简洁的提示，引导学生观察、思考；B 指教师的启发讲解，师生交流；C 指提供新事实、新情境，让学生练习运用获得的结论；D 指教师（或学生）结合实际评价、调整。

运用这种模式的关键是演示与讲授要密切配合，防止演示离开教师的启发、引导，或教师讲解超前，过多、过细，干扰学生观察和思考。在教学过程中，教师要注意学生学习积极性、主动性的发挥。

2. 实验归纳模式

实验归纳模式是将学生的实验活动与教师的引导提示相结合，通过归纳整理的方法，使学生认识化学概念和化学理论的一种实验教学模式。在中学化学教学中，边讲边实验属于这种模式。它的教学程序大体如图 2-3-3 所示。

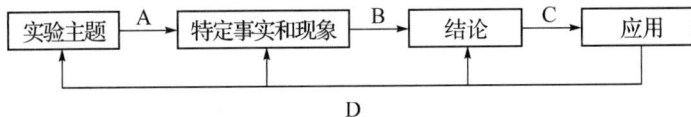

实验主题 →A→ 特定事实和现象 →B→ 结论 →C→ 应用
（D 反馈回路）

图 2-3-3　实验归纳模式教学程序

A 指学生做简易型实验、观察、识记，B 指学生（在教师指导下）进行归纳概括，C 指结合教学要求的练习运用，D 指教学反馈。

实验归纳模式初步显示了探究性教学的功能。学生能够亲自动手完成实验操作，对实验现象的观察更加细腻、精准，实验操作技能能够得到训练。由于受多种因素的制约，因此利用这种模式开展的教学活动还不够普遍，微型实验的引入在一定程度上有可能改变这种局面。

3. 实验演绎模式

实验演绎模式是在学生已有化学知识的基础上，通过新的实验，用演绎的方法深化、拓展相关知识的一种实验教学模式。例如，学生学习了金属活动性顺序，知道排在前面的金属能够把排在后面的金属从它的盐溶液中置换出来。但把金属钠放入硫酸铜溶液，却得不到金属铜，而产生氢氧化铜沉淀。学生通过实验，推理得出结论，这就是实验演绎模式的教学示例。它的教学程序大体如图 2-3-4 所示。

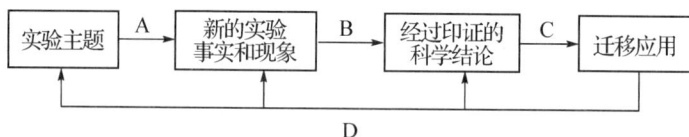

图 2-3-4 实验演绎模式教学程序

A 指学生做实验、观察、识记，B 指学生（在教师指导下）进行演绎推理，C 指结合教学实际进行的练习运用，D 指教学反馈。

实验演绎模式不仅对学生巩固、深化、拓展所学知识有很大作用，而且有利于学生思维能力的发展和提高。

4. 实验探究模式

实验不仅是一种验证性的实践活动，而且是一种探究性的实践活动。早在 18 世纪，法国思想家、教育家卢梭（Rousseau）就提出了探究教学的思想。他主张用探究的方法创造性地学习。在新的化学课程标准中，实验探究被作为化学实验教学新的目标和方式，实验探究模式成为当前化学实验教学的重要模式。

现代科学的含义不仅指科学知识本身，还包括认识科学知识的过程和方法。科学是知识、过程和方法的统一体。现代科学的含义对我们具有重要启示。包括化学教学在内的理科教学，不仅要加强科学基础知识的教学，还要重视对学生进行探究知识的过程和方法的训练。

　　科学研究过程实际上就是以科学实验为基础的探究过程。在中学化学教学的实验探究中，学生处于主体地位。学生只有积极主动地投身研究活动，才能充分发挥探究式教学的功能。在实验探究式教学中，教师的作用同样不能忽视。由于学生自身的特点，他们不可能完全独立地完成所涉及的所有实验探究内容，探究活动在一定程度上还需要教师有目的、有计划地引领，以便减少实验探究的盲目性，提高探究活动的效率。

　　实验探究模式大体分为两种。

　　模式Ⅰ如图 2-3-5 所示。

创设情境 → 明确问题 → 收集事实 → 科学抽象 → 得出结论 → 交流与应用

图 2-3-5　化学实验探究教学模式Ⅰ

　　模式Ⅰ中的科学抽象是指在人的思维中，排除认识对象的非本质属性，而抽取其共同的、本质的属性的一种方法。科学抽象的进行，需要运用比较、分类、归纳和概括等逻辑方法。因此，在教学中教师应尽可能多地选用具体事例作为探究对象，以便进行更充分的比较、分类、归纳和概括，使得出的结论令人信服。很多元素化合物知识及化学概念、定律、原理等，都可以通过此模式来获得。

案例 2-3-8

盐跟某些金属的反应

【创设情境】

　　铜树实验：取一铝制易拉罐，剪去两头，取其铝片。擦去其表面的氧化物，之后将铝片剪成树状，并塞入事先洗净的塑料瓶。取胆矾 25～30 g 加入塑料瓶，

—— $CuSO_4$溶液
—— 树状铝片

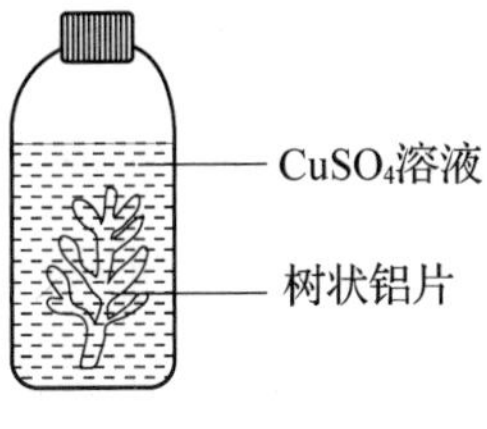

图 2-3-6　实验装置

之后注水，以没过树状铝片为宜，再拧紧瓶塞。实验装置如图 2-3-6 所示。

【明确问题】

　　盐能否跟金属发生化学反应？

【收集事实】

实验1：在两支盛有氯化铜溶液的试管里，分别浸入一段洁净的铁丝和铂丝，过一会儿取出，观察有什么变化。

实验2：将两根铜丝分别浸入盛有硝酸汞溶液和硫酸锌溶液的试管，过一会儿取出，观察有什么变化。

【实验事实】

做好实验记录（表2-3-2）。

表2-3-2　实验记录

标号	反应物		实验事实	化学方程式
	金属	盐		
①	Fe	$CuCl_2$	铁丝表面覆盖一层红色物质	$Fe+CuCl_2 = FeCl_2+Cu$
②	Pt	$CuCl_2$	没变化	—
③	Cu	$Hg(NO_3)_2$	铜丝表面覆盖一层银白色物质	$Cu+Hg(NO_3)_2 =$ $Cu(NO_3)_2+Hg$
④	Cu	$ZnSO_4$	没变化	—

【科学抽象】

通过比较发现，这四组实验可以分为两类：一类发生了化学反应，即①③组；另一类没有发生化学反应，即②④组。

从①③组可以看出，铁比铜活泼，铜比汞活泼，也就是说，活泼性较强的金属能把活泼性较弱的金属从其盐溶液中置换出来。

从②④组可以看出，铂没有铜活泼，铜没有锌活泼，也就是说，活泼性较弱的金属不能把活泼性较强的金属从其盐溶液中置换出来。

【得出结论】

在金属活动性顺序里，只有排在前面的金属才能把排在后面的金属从它们的盐溶液中置换出来。

【交流与应用】

能否用铁筒装硫酸铜溶液？

模式Ⅱ如图 2-3-7 所示。

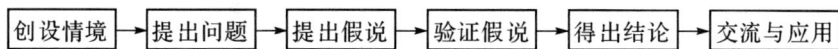

创设情境 → 提出问题 → 提出假说 → 验证假说 → 得出结论 → 交流与应用

图 2-3-7　化学实验探究教学模式Ⅱ

模式Ⅱ中的假说是指根据已知的实验事实和科学理论，对未知的自然现象及其规律所做的一种推理和解释。假说的形成一般要经过提出假说和验证假说两个阶段。假说的提出通常包括两个环节：一是根据为数不多的实验事实和科学理论提出假设，二是在假设的基础上进行推理和判断。假说的验证包括实验验证和理论验证，其中实验验证是最直接、最可靠、最有力的方式。

案例 2-3-9

"苯酚"性质的实验探究[①]

【创设情境】

结构决定性质，性质可以反映结构。我们观察一下苯酚的分子结构

，其特征基团是什么？

【提出问题】

羟基与苯环直接相连的有机物称酚，试推测最简单的酚——苯酚具有哪些化学性质。

【提出假设】

①苯酚有羟基，可能具有醇的某些性质，如与 Na 反应、与 O_2 反应等。

②苯酚有苯环，还可能具有苯的某些性质，如与 H_2 发生加成反应、与卤素单质发生取代反应等。

③苯酚与乙醇具有相同的官能团——羟基，它们却是两类物质，还存在差异。

———————————

[①] 王志丹：《实验教学：从封闭走向开放——"自主、合作、探究"型实验教学模式在高中化学教学中的应用》，载《内蒙古师范大学学报（教育科学版）》，2007(8)。

【实验验证】

实验1：将两支各盛有少量苯酚、乙醇的大试管置于 70 ℃ 左右的热水浴中，然后再分别投入大小相同的金属 Na 小颗粒，观察现象。

实验2：向苯酚乳浊液中滴加 NaOH 溶液，观察现象。

实验3：一组，向所得苯酚钠溶液中滴加酚酞，观察现象；

二组，向苯酚钠溶液中滴加盐酸，观察现象；

三组，向苯酚钠溶液中通入 CO_2，观察现象；

四组，向苯酚浊液中滴加 Na_2CO_3 溶液（注意是否有气泡），观察现象。

【得出结论】

实验1：苯酚与钠反应比乙醇与钠反应剧烈，说明酚羟基比醇羟基活泼。

实验2：苯酚能与 NaOH 反应，说明苯酚具有酸性。

实验3：一组，苯酚钠溶液变红，依据盐类水解规律说明苯酚为弱酸；二组，溶液变浑浊，依据强酸制弱酸原理说明盐酸酸性强于苯酚；三组，溶液变浑浊，依据强酸制弱酸原理，说明碳酸酸性也强于苯酚；四组，无明显现象，说明苯酚酸性不强于碳酸。（同时三、四组进行对比可以得出苯酚钠中通入 CO_2 后产生的是 $NaHCO_3$ 而不是 Na_2CO_3 的结论。）

总结：苯酚具有弱酸性，其酸性比碳酸还弱。

【交流与应用】

①从结构入手如何解释这一结论呢？羟基旁所连的基团不同，对其活性的影响不同，如含羟基的醇、水、酚、无机含氧酸等羟基氢的活性各有不同，这正体现了基团之间的相互影响。

②苯基对羟基的影响使羟基的活性增强体现酸性，那么羟基对苯基的影响又会使苯酚中的苯基具有哪些不同于苯的性质？需要设计怎样的实验来研究这些问题呢？

实验探究教学模式Ⅰ和模式Ⅱ的划分并不是绝对的。同一教学内容既可以按照模式Ⅰ设计，也可以按照模式Ⅱ设计，但二者在培养学生能力方面的作用程度是有区别的。以假说及其验证为主要内容的模式Ⅱ，由于要求学生大胆地进行想象和推测，发表自己的见解，因而更有利于培养学生的创造能力。中学生在不同学习阶段思维的特点不同，在高年级更善于推理和判断、主动思考问题、发表独立见解。因此，教师可根据教学内容和学生的实际情况，灵活运用不同的教学模式，以达到教学最优化的目的。

> **实践操练**
>
> 请结合本讲所学内容，选择自己所教学段的特定教学内容，设计一份化学实验教学方案，并尝试实施，在实施的基础上进一步修改、优化。

▶ 第八讲
跨学科项目化学习的设计与实施

案例 2-4-1[①]

项目名称：设计和制作净水器
教学背景分析
1. 课程标准的内容要求 　　《义务教育化学课程标准（2022 年版）》围绕核心素养的要求，强调要"注重开展项目式学习活动和跨学科实践活动"[②]，并设置了 10 个跨学科实践活动供选择使用，主张跨学科实践活动的开展应与"物质的性质与应用"等学习主题中的核心知识、学生必做实验的教学密切结合，给学生提供更多的活动机会，让学生经历完整的问题解决过程，实现做中学、用中学、创中学。

---

① 李情义、何彩霞：《以"设计"为核心的项目教学实践》，载《化学教学》，2018(9)。
② 中华人民共和国教育部：《义务教育化学课程标准（2022 年版）》，45 页，北京，北京师范大学出版社，2022。

续表

2. 教学内容分析

"设计和制作净水器"项目是作品制作类跨学科实践活动，体现"科学探究与化学实验""物质的性质与应用"学习主题的大概念及核心知识，如利用物质性质进行物质分离、检验等实验探究活动的一般思路和方法、水的净化与检测；涉及"化学与社会·跨学科实践"学习主题中化学与环境、化学与材料的相关内容。新课标主张以"化学与可持续发展"为统领，在解决实际问题时，需要形成"化学、技术、工程融合解决跨学科问题的思路和方法"。

3. 学生情况分析

学生在小学阶段已经知道水中混合可溶物或难溶物时选择不同的混合物分离方法，即溶解、过滤、蒸发。初中阶段学生进一步了解蒸馏、吸附、过滤等水的净化方法。学生在实验方面已经掌握了过滤、蒸发等实验原理与操作，在生活经验方面知道活性炭能够通过吸附作用去除水或者空气中的杂质，但在面对生活实际问题时，缺乏综合应用化学、技术、工程等多学科知识解决真实的跨学科问题的思路和方法。

教学目标

(1)根据生活污水成分的性质不同，选择合适的"水的净化"物质分离方法，认识物质的性质与应用的关系。

(2)通过在真实问题情境中，基于净水材料的结构与用途，分析和评价材料的实际应用，形成合理利用物质的意识。

(3)通过经历从化学视角分析，运用技术与工程的方法解决开放性问题的过程，初步形成化学、技术、工程融合解决跨学科问题的思路与方法。

(4)在项目任务驱动下，勇于判断、质疑并发表自己的观点，发展创新思维能力。

(5)通过用亲手创造的作品解决生活实际问题，初步形成节约水资源、保护环境的态度和健康的生活方式。

教学重点和难点

教学重点：根据污水成分选择合适的水的净化方法；运用化学、技术、工程解决真实问题的思路与方法。

教学难点：运用化学、技术、工程解决真实问题的思路与方法。

教学方法、教学资源

教学方法：基于挑战的学习(CBL)和工程设计过程(EDP)教学方法。

教学资源：介绍地球水资源紧缺与生活污水排放量的数据、图片，作品制作材料及工具、浊度仪、水质检测笔、项目任务单。

续表

教学思路与主线流程图

内容主线	问题设计	活动主线	学生认知发展
定义问题	从实际需求分析产品应用场景和使用对象。	角色扮演；检测水样	认识水的组成及检测；知道产品设计需要定义问题。
初步设计	制作的净水器是怎样的结构？	阅读资料；实验观察，讨论、画草图	从物质的性质及应用角度分析污水杂质，选择合适的净水材料。从"结构与功能"角度选择材料。
确定设计方案	设计方案是否符合预期？推测的依据是什么？	组间交流；画设计图	依据目标评估方案；用画图的方法呈现想法。
制作模型	按照设计图制作模型时发现哪些问题？	制作模型	建立和使用模型分析解决问题。
测试与改进	从"结构与功能"角度寻找改进策略。	测试效果并改进	基于实验数据分析和改进方案。
展示与交流	作品是否符合预期？是如何改进的？成功的关键是什么？	展示作品；评价	科学与工程技术融合解决实际问题；认识团队协作的力量。

教学过程

项目任务	学生活动	教师支持	设计意图
任务1：定义问题（明确作品应用场景、使用对象、作品目标）	角色扮演：清洗瓜果蔬菜收集污水；需求调查；检测身边的水。	介绍地球水资源紧缺与生活污水排放量情况；提供待洗蔬菜水果、水桶等用品；讲解水质检测指标及意义，演示浊度仪、水质检测笔的使用方法。	从物质组成角度提升对水的认知；了解水质检测内容及方法；发现生活中真实问题，建立科学知识、科学思维与实际问题解决之间的联系；践行节约资源、保护环境。

续表

项目任务	学生活动	教师支持	设计意图
任务2：初步设计（初步形成方案，画草图）	阅读资料；借助于光学仪器观察材料结构，进行材料分析；小组讨论并形成方案，画草图。	鼓励学生提出问题；提供阅读材料并组织拼图式阅读；提供净水材料；问题驱动。	经历综合应用科学知识和技术规划问题解决方案的过程；小组分工协作，提升沟通交流能力；从"结构与功能"角度认识和合理选择净水材料。
任务3：确定设计方案（方案论证、修改与确定，画设计图）	小组间交流设计方案；小组内讨论并完善设计；画设计图。	以"画廊漫步"形式组织小组间交流，明确规则和任务；参与小组间讨论，启发学生思考。	依据目标评估问题解决方案，对不同观点辩证分析并给出合理建议；提升在真实问题解决过程中的质疑能力、批判能力，增强创新意识；通过规范绘制图纸，体验应用工程设计解决实际问题的过程和方法。
任务4：制作模型（按照设计图制作净水器模型）	按照设计方案制作模型；记录发现的问题并进行组内讨论。	提供制作工具，并告知使用注意事项；参与小组讨论，启发学生思考。	经历设计图和模型制作过程，在制作中激发新的设计灵感，感受做中学、学中研的过程；锻炼动手操作能力、小组协作能力。
任务5：测试与改进（测试净水效果和效率，调整方案、优化模型）	设计测试实验方案；测试净水效果与效率，记录并分析数据；改进方案、优化作品。	引导学生合理规划测试方案；参与小组讨论，鼓励学生从大概念角度分析原因、寻找改进策略。	提升实验方案设计与实施能力；提升基于实验数据分析、改进、建构模型的能力；初步形成严谨求实的科学态度。
任务6：展示与交流	以小组为单位汇报交流；用测试数据展示作品效果。	以问题驱动小组间交流，组织小组间互评。	提升应用模型分析问题和解决问题的能力；锻炼应用实验数据和科学语言表达想法和实践过程的能力。
板书设计	略		

问题聚焦

问题 1：什么是跨学科项目化学习?

问题 2：跨学科项目化学习如何设计与实施?

一、什么是跨学科项目化学习

（一）跨学科课程与跨学科项目化学习

跨学科课程，即选择一个对学生有意义的现实问题或学科主题，将问题转化为探究主题，学生运用两种或两种以上学科的观念、知识与方法对主题展开持续探究，形成观念物化的产品，由此发展跨学科理解及核心素养。[①]

跨学科项目化学习，即为了解决一个真实而复杂的问题，学生学习并创造性地整合不同学科的核心知识和能力，以形成整合性的项目成果和新理解。[②]

（二）跨学科项目化学习的特点

有明确的统整目的：以加深学生对世界的理解，可以是解决一个问题、创造一件作品、建构一种解释等。学科有机整合：不同学科之间通过问题、概念、成果联系在一起。项目学习基于各个学科的核心知识：要以对不同学科本质的理解为基础。[③]

（三）化学跨学科项目化学习

化学跨学科教学是化学教学与跨学科教学的融合，是在化学教育目标下，以化学学科为中心，选取问题并运用不同学科的知识解决问题的有意识的教学活动。[④] 教学活动以项目式学习开展，即为化学跨学科项目化学习。

---

① 张紫屏：《跨学科课程的内涵、设计与实施》，载《课程·教材·教法》，2023(1)。

② 夏雪梅：《跨学科项目化学习：内涵、设计逻辑与实践原型》，载《课程·教材·教法》，2022(10)。

③ 夏雪梅：《项目化学习设计：学习素养视角下的国际与本土实践》，11 页，北京，教育科学出版社，2018。

④ 陈佳阳：《中学化学跨学科教学研究评述》，载《化学教学》，2016(3)。

以化学学科为中心的跨学科项目化学习，体现学科融合，同时可进一步体现跨学科概念的融入。跨学科概念指系统（或体系）、物质、能量、结构与功能、稳定与变化等。[①]

二、如何设计与实施跨学科项目化学习

（一）提出真实跨学科问题

化学课程以核心素养培养为总目标，核心素养理念的提出源于真实问题解决的需要。核心素养关注知识掌握，指向的是如何、为何及何时运用知识等方面的能力。[②] 因此，基于学生核心素养培养的跨学科项目化学习，问题情境和目标均指向真实问题解决。真实问题的综合性、复杂性强，仅具有单一学科知识，或者不同学科知识之间相对独立，都无法解决现实生活中的真实问题。因此，化学学科开展跨学科项目化学习，建立学科知识理解与真实问题解决之间的桥梁，在化学与可持续发展、化学与能源、化学与材料、化学与社会等领域挖掘真实问题情境，让学生体验化学与其他学科、生活实际之间的融合。

案例 2-4-1"设计和制作净水器"项目让学生经历真实项目任务，在定义问题阶段，学生通过了解生活污水排放量真实数据，以角色扮演的方式体验生活污水产生的过程，开展社会调查、解读水费收据等活动，自主发现生活污水大量排放造成水资源浪费和环境污染的真实问题，进而确定通过设计和制作净水器来解决这一实际问题。在这样的真实情境中，真实需求调查和现实存在的限制条件决定了净水器的设计目标，围绕这一目标，学生经历阅读资料、分析和选择净水材料、画草图等活动完成初步设计，以"画廊漫步"的形式进行小组间讨论、辩证、客观地评价不同小组的设计方案，听取他人合理建议，反思、改进和确定本小组方案。制作模型并测试，测试结果对标满足实际需求的作品目标，从"结构与功能"角度调整至最优方案，得到解决实际问题的作品。在项目任务驱动下，学生经历和体验工

---

① 王维臻、黄鸣春：《跨学科概念融入化学教科书：价值与实现路径》，载《课程·教材·教法》，2023(1)。
② 张良、靳玉乐：《知识运用与素养生成——探讨素养发展的知识路径》，载《教育学报》，2019(5)。

程设计过程及系列活动，在实践中不断思考和探究，提升解决真实问题的能力。

（二）明确问题解决指向不同学科的知识和能力

跨学科项目化学习需要对选取的真实问题所包含的学科知识和能力进行分析，主要包括以下几个层次：①真实问题包含哪些学科，这些学科在问题解决中的地位和关系是怎样的；②问题解决过程中，这些学科的核心知识和能力有哪些；③这些知识和能力如何统整应用于跨学科问题解决过程。[1] 梳理清楚这些问题，与课程标准素养目标对应，制定清晰的学习和评估目标。

案例 2-4-1"设计和制作净水器"项目从实际需求出发，确定作品应用场景和使用对象，进而确定作品要求和限制条件作为净水器设计的主要目标和依据。经历定义问题、建立和使用模型等工程实践过程[2]，应用设计思维模型，形成净水器设计和制作的思路与方法。应用混合物分离原理、"结构与功能"大概念完成"水的净化"这一核心任务，整个过程体现大概念统摄下的化学、技术、工程等学科融合解决真实跨学科问题的思路与方法（图 2-4-1）。

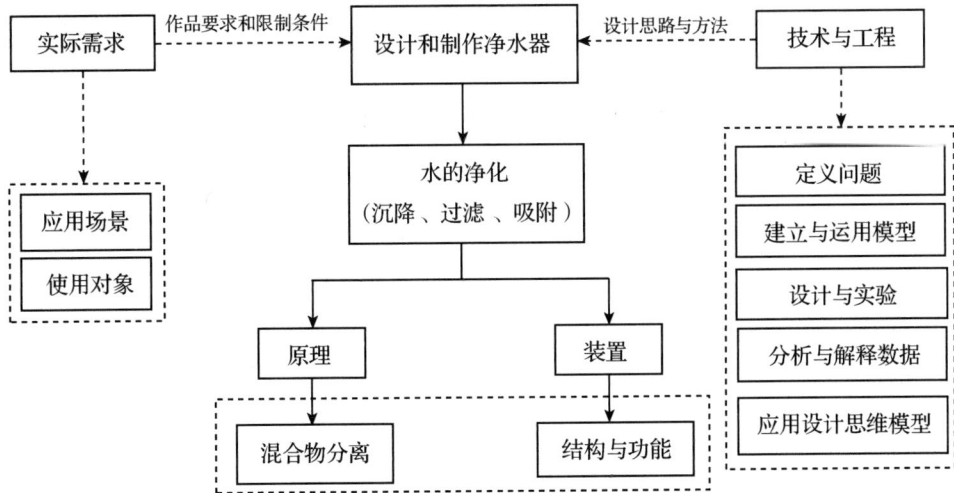

图 2-4-1 设计和制作净水器项目内容框架[3]

① 夏雪梅：《跨学科项目化学习：内涵、设计逻辑与实践原型》，载《课程·教材·教法》，2022(10)。
② 美国科学教育标准制定委员会：《新一代科学教育标准》，叶兆宁、杨元魁、周建中译，86~87 页，北京，中国科学技术出版社，2020。
③ 李情义、何彩霞：《以"设计"为核心的项目教学实践》，化学教学，2018(9)。

（三）以大概念统领，体现跨学科整合

跨学科项目是学生运用两种或两种以上学科的观念、知识与方法探究一个现实问题，学科之间是互相作用、融合的关系。[①] 在项目学习中，学生将真实问题拆解成一系列任务或者探究问题，应用多学科核心知识及学科思维持续地探究，同时应用学科知识的上位概念，即跨学科概念，增强学科与学科之间的联系，同时建立具体学科知识与真实问题解决之间的桥梁。

案例 2-4-1"设计和制作净水器"项目为了体现大概念统摄下，化学、技术、工程等学科融合解决跨学科问题，开展一系列学生实践活动环节（图 2-4-2）。通过水质检测、生活污水成分分析，学生从化学的视角，应用化学方法分析实际问题，并根据生活污水成分性质的不同，选择合适的净水材料，感受物质的性质与应用的关系。在选择净水材料的过程中，通过观察材料显微结构，学生从"结构与功能"大概念角度去分析材料的属性和用途，并在净水器设计与改进过程中应用结构、性质、功能之间的关系分析和解决问题。例如，通过观察活性炭的多孔隙结构，学生发现其孔隙结构决定它具有吸附性，进而实现其吸附可溶性有机物杂质而实现净水的功能。学生更容易理解为什么净水器内部结构规划时活性炭上层要充分过滤污水中的难溶物以保障活性炭的吸附作用。为了帮助学生形成化学、技术、工程等学科融合解决跨学科问题的思路和方法，依据设计思维模型，即构建设计目标、根据目标建立问题解决框架、寻找方案、方案凸显[②]，将项目拆解为 5 个核心任务，即定义问题、初步设计、确定设计方案、制作模型、测试与改进。

---

① 张紫屏：《跨学科课程的内涵、设计与实施》，载《课程·教材·教法》，2023(1)。

② Dorst，K.，Cross，N.，"Creativity in the Design Process：Co-evolution of Problem-Solution," *Design Studies*，2001(5)，pp. 425-437.

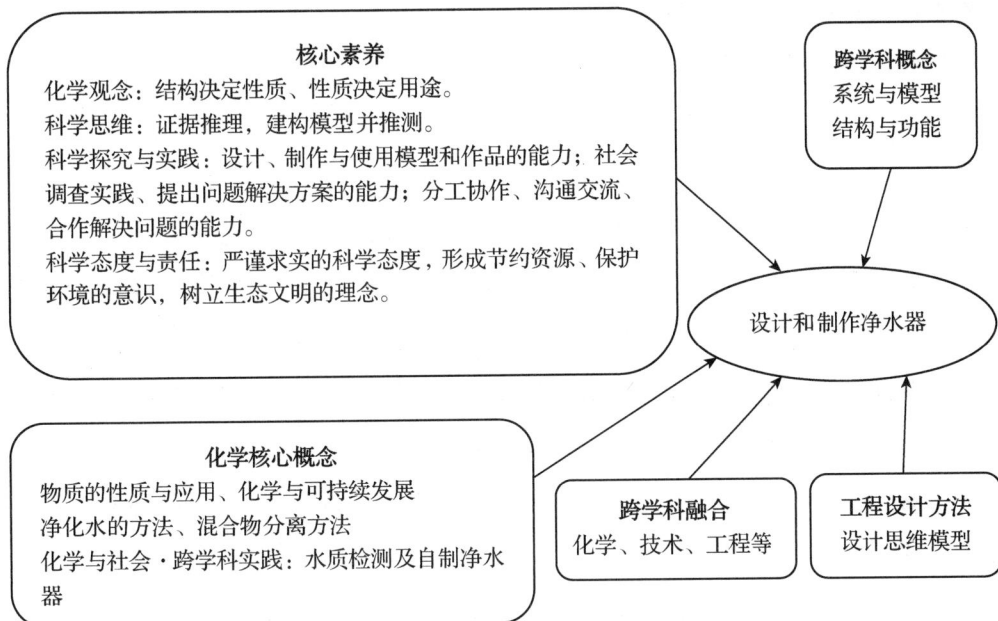

图 2-4-2 "设计和制作净水器"项目育人价值

（四）形成项目成果

跨学科项目化学习要形成能体现新理解的项目作品，项目作品的形成要超越单独列出的学科知识，发现学科间的共识，或是重新解读互相矛盾的学科视角，或是整合学科中互补的部分，并将这种新理解用创造性的方式聚合与可视化。[①] 例如，"设计和制作净水器"项目，最终形成的净水器，体现的不仅是混合物分离原理、结构与功能等概念，还进一步反映化学、技术、工程等多学科融合解决真实问题的思路与方法。

🔗 | 实践操练 |

请结合本讲所学内容，选择自己所教学段的特定教学内容，设计一个跨学科项目教学方案，并尝试实施，在教学反思的基础上进一步修改、优化。

---

① 夏雪梅：《跨学科项目化学习：内涵、设计逻辑与实践原型》，载《课程·教材·教法》，2022(10)。

■ 单元小结 ……▶

　　教学实施是化学教学的执行环节，是教与学实际发生的环节，该环节直接影响学生学习生成。本单元从课堂管理与调控、教学内容组织与呈现、化学实验教学设计与开展、跨学科项目化学习的设计与实施四个方面引导新手教师如何更好地进行教学实施。第五讲从课堂教学氛围的营造、组织互动、课堂倾听和课堂观察、课堂调控四个具体方面帮助新手教师更好地管理与调控课堂。第六讲从规范语言与清晰讲解、有效提问与恰当理答、概括与总结提升、恰当使用信息技术四个方面帮助新手教师更好地组织和呈现化学教学内容。第七讲从化学实验教学基本理论和化学实验的主要教学模式两个方面帮助新手教师更好地开展化学实验教学。第八讲从什么是跨学科项目化学习、如何设计与实施跨学科项目化学习两个方面帮助新手教师更好地开展跨学科项目化学习。

■ 单元练习 ……▶

　　请结合本单元所学内容，对自己化学教学实施中的课堂管理与调控、教学内容的组织与呈现中存在的问题进行诊断，并有针对性地完成一份教学实施优化方案（可以以某一课时的教学实施过程为例）。

■ 阅读推荐 ……▶

　　1. 陈月茹．课堂教学组织与管理［M］．济南：山东人民出版社，2010.

　　2. 杨文斌．化学教学互动理论与运用［M］．上海：上海教育出版社，2017.

　　3. 李高峰，刘杨．互动教学能力实训［M］．北京：高等教育出版社，2019.

　　4. 李政涛．倾听着的教育［M］．上海：华东师范大学出版社，2017.

　　5. 柳青．教师课堂倾听的内涵及意义［J］．大连教育学院学报，2014（3）：50-52.

　　6. 李涛．教师常用教学技能训练［M］．北京：中国轻工业出版社，2014.

7. 朱志平．教学预设与生成关系论［M］．北京：教育科学出版社，2013.

8. 苏·考利．学生课堂行为管理(第3版)［M］.2版．范玮，译．北京：教育科学出版社，2013.

9. 迟毓凯．学生管理的心理学智慧［M］.2版．上海：华东师范大学出版社，2016.

10. 王春．中学化学创新实验设计与案例研究［M］.北京：北京教育出版社，2020.

11. 周玉芝．核心素养导向的中学化学教学——基于学科大概念与实践［M］.北京：北京教育出版社，2019.

12. 王春，李刚．大概念统摄下的中学化学单元整体教学设计［M］.北京：北京教育出版社，2021.

13. 王春．学科大概念统摄下的化学微项目教学设计［M］.济南：山东科学技术出版社，2023.

第三单元　教学评价

1. 理解化学学科核心素养所倡导的教学评价理念。

2. 基于教学目标、内容特点、学生情况合理选择教学评价的方法及策略，并灵活应用。

3. 掌握教学评价设计的基本原则，依据不同的课型、环境和学习阶段，设计有效的教学评价。

4. 基于案例的分析，理解教学评价对教学的价值和意义，反思和完善自我的教学评价方案。

单元导读 ……▶

对学生的学习情况进行评价是化学教学评价的重要方面，不仅能使教师借助于必要的反馈信息对教学目标的完成情况进行准确判定，还能让学生通过评估标准了解自己的学习进程和学习效果，思考并选择自己的学习方案等，对学生的学习具有一定的激励和引导作用。

评价目的的多样性决定了评价方法的多样性。按照评价时机分类，评价方法可分为前测性评价、过程性评价和课后评价；按照评价功能分类，评价方法可分为诊断性评价、形成性评价和终结性评价；按照评价机制分类，评价方法可分为口头评价、书面评价和作品评价；按照评价形式分类，评价方法可分为自评、互评和他评。[①] 本单元主要阐述新手教师如何从教学实际出发，在教学的不同阶段综合应用评价方法，提高评价实效性。

---

① 游建波等：《信息技术课程的教学策略与案例》，175 页，福州，福建教育出版社，2016。

单元导航 ......▶

```
                                    ┌─ 设计课堂学习评价
                        课堂学习评价 ├─ 组织课堂学习评价
                                    └─ 反馈课堂学习评价结果

                                       ┌─ 选择和设计课后作业
教学评价 ─┬─ 课后作业的选择与布置 ├─ 布置课后作业
                                       └─ 批改和讲评课后作业

                                    ┌─ 理解阶段测试的形式与作用
                        阶段测试     ├─ 进行阶段测试分析
                                    └─ 进行阶段测试的讲评
```

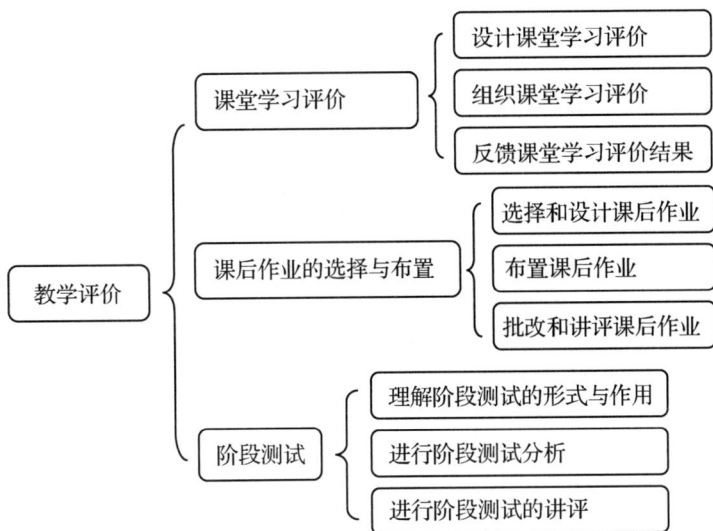

　　我从来没有凭学生在一节课上的回答（甚至所提的问题为两三个或者更多）就给学生打分数。我给的评分总要包括学生在某一时期内的劳动，并且包含对好几种劳动的评定——包括学生的回答（也可能是好几次回答）、对同学的回答的补充、书面作业（不太长的作业）、课外阅读以及实际作业……也许读者中会有人提出疑问：难道教师能把这一切都记在头脑里吗？也许，有些人会感到，要把有关学生脑力劳动的一切情况都记住有困难，但是我总觉得记住这些是一件最重要的事。难道把值得注意的事也忘记了，还能够对学生在教育中进行教学、在教学中进行教育吗？

——苏霍姆林斯基[1]

---

[1]　［苏联］苏霍姆林斯基：《给教师的建议》，杜殿坤编译，38页，北京，教育科学出版社，1984。

评价是教学系统不可或缺的重要组成部分，主要功能是诊断学习效果，改进教学，促进课程目标的落实。[①] 化学学习评价是指有计划、有目的地收集有关学生在学习化学新知识、运用化学的能力和对化学的情感态度与价值观等方面的证据，并根据这些证据对学生的化学学习状况或某个课程或教学计划做出判断的过程。化学学习评价的基本功能是诊断与甄别、促进与发展、调整与管理，核心是依据并服务于课程标准和目标。可见，评价目标与课程目标具有很强的对应性。课程目标的多元化决定了评价目标的多元化。再者，突出评价的发展性功能是化学新课程评价改革的核心。化学教学评价注重突出过程性评价，实现评价目标多元化、评价手段多样化，强调形成性评价与终结性评价相结合、定性评价与定量评价相结合、反思性评价与激励性评价相结合。[②]

化学教学评价按评价对象、评价内容、评价目的、评价实施时间、评价标准和方法不同可分为不同的类型。[③]

按评价对象分类，化学教学评价可分为：①对学生化学学业成绩的评价；②对教师化学教学质量的评价。（本单元中的教学评价主要指对学生化学学业成绩的评价。）

按评价内容分类，化学教学评价可分为：①对学生化学知识学习成绩的评价；②对学生化学动作技能的评价；③对学生情感领域达到情况的评价。

按评价目的分类，化学教学评价可分为：①诊断性评价，目的是确定学生学习化学新知识所具备的基础知识水平；②形成性评价，目的是了解教学过程中存在的问题；③总结性评价，目的是评定某一阶段学生的化学学业成绩。

按评价实施时间分类，化学教学评价可分为：①单元教学评价；②学期教学评价；③学年教学评价。

按评价标准和方法分类，化学教学评价可分为：①相对评价；②绝对

① 中华人民共和国教育部：《义务教育化学课程标准（2022年版）》，45页，北京，北京师范大学出版社，2022。

② 王后雄、李佳：《化学教育测量与评价》，34～35页，北京，北京大学出版社，2013。

③ 马宏佳：《化学教学论》，214页，南京，南京师范大学出版社，2007。

评价。

在化学教学中，教师要树立科学的评价观，坚持核心素养导向的评价，加强过程性评价，改进终结性评价，深化综合评价和探索增值评价，促进学生全面而富有个性地发展。[1]

▶第九讲
课堂学习评价

📎 | 案例 3-1-1[2] |

课堂小测验——考查学生基本知识的掌握情况和对宏观现象的解释角度。

教师：我们先来一道"开胃小菜"，每位同学桌上有一张小测验，请你们完成这张小测验。

（学生完成小测验。）

载人航天器工作舱中的空气要与地球上的空气基本一致。用微观示意图表示工作舱中空气的主要成分，下图中最合理的是_____（填序号）。

○氧原子
●氮原子

A   B   C   D

资料：在同温同压下，气体的体积比等于分子个数比。

教师：小测验中的这道题你选的是什么？理由是什么？

---

[1] 中华人民共和国教育部：《义务教育化学课程标准（2022年版）》，45页，北京，北京师范大学出版社，2022。

[2] 黄冬芳等：《基于学生发展核心素养的学业标准·初中化学》，89～90页，北京，北京师范大学出版社，2020。

学生1：我选的是 D，因为我觉得这里面氮分子和氧分子的个数比很接近 4∶1。

教师：他关注到了分子个数比，为什么找分子个数比为 4∶1 的图呢？

学生1：因为我们学过，氮气约占空气的 4/5，氧气约占空气的 1/5。题中给了信息"在同温同压下，气体的体积比等于分子个数比"。

教师：如果单纯要找到氮气和氧气的分子个数比为 4∶1 的图，还有其他的答案吗？

学生2：我选的是 A，因为 A 中分子个数比正好是 4∶1。

部分学生：选 C，因为 C 中氮气和氧气的分子个数比也是 4∶1。

教师：A 和 C 这两幅图有什么差异？哪幅图更接近空气中微粒的实际排布？

学生2：一个是混乱的排布，一个是整齐的排布。空气中微粒的实际排布应该是 C 或 D 的样子。

教师：A 的上面有很大的空隙，把空气装到一个容器中，会有这样的空隙吗？

学生：不会，应该会充满整个容器。

教师：那 C 和 D 应该选哪个呢？我们再来看一下分子个数比。

学生：应该选 C，因为氮气和氧气分子个数比正好是 4∶1，并且分子排布比较均匀。

教师：我们刚才在选择的时候，关注到了分子的个数和气体的性质。

问题聚焦

问题1：什么是化学课堂学习评价？

问题2：如何设计和组织化学课堂学习评价？

问题3：如何反馈化学课堂学习评价结果？

化学课堂学习评价指发生在化学课堂教学中的评价。具体来讲，化学课堂学习评价是指基于学生在化学课堂学习中的证据，对学生的学习状况做出价值判断。现代教育评价理论认为，评价的一个主要目的是促进学生发展。促进学生发展的课堂学习评价是激励性评价、形成性评价、定性与定量相结合的评价。那么，如何设计和组织课堂学习评价？如何对评价结果进行反馈？本讲将对这些问题展开讨论。

一、设计课堂学习评价

（一）确立与学习目标一致的评价目标

课堂学习评价不是教师根据个人的兴趣随意设计的，不是为了提问而提问，也不是为了评价而组织评价活动，而是为了给教学提供及时的反馈，因此教师设计的课堂学习评价目标要与学习目标有一致性，这样教师才能将课堂评价要检查的项目与具体的学习目标进行对比。

（二）设计明确的评价标准

任何评价都应该有对应的标准。在课堂上，教师设计的学习评价不仅要明确评价什么内容，而且要明确学生需要达到的评价等级有哪些，只有这样，课堂上的学习评价才能实现其效果。假设课堂上教师对学生采用提问的方式进行学习评价，那设计问题时就需要对学生的回答进行预设，并对各预设回答的反馈提前进行思考。假设课堂上教师对学生采用的是实践操作或小组活动评价等表现性评价，那就需要提前设计好清晰的评价量表。

（三）评价要关注不同学生的需求

教师面对的学生一定是有差异的。针对不同类型的学生的需求，教师要设计不同的课堂学习评价，只有这样才能提高不同学生的学习积极性。分层评价是关注不同学生需求的评价。例如，教师可以按照学生现有的学习水平和能力，将评价分为不同的层次、不同的等级，每个层次或等级采用不同的评价形式。分层评价是针对学生的个体差异，让不同层次的学生在增强自身竞争力的基础上提高竞争意识，循序渐进地进行突破，以实现目标。分层评价能够充分保护学生的学习积极性，及时地对那些尽最大努力的学生给予鼓励，避免因评价任务难而导致学生"掉队"、因评价任务简单而导致学生"吃不饱"的情况产生。

二、组织课堂学习评价

课堂学习评价是指在课堂教学过程中，教师对学生在课堂上的学习态度、方法、过程、效果等方面的具体表现进行即时的表扬或批评。教师对学生在课堂上的表现进行即时评价，可以帮助学生了解自己的学习状况，对学生的课堂学习情绪进行调控；也可以让教师了解自己的教学方法是否恰当，及时发现和纠正学生在学习中的错误认识；鼓励性的评价可激励学生的学习热情，促进学生积极参与学习活动，从而提高课堂教学的实效，提高教学质量。课堂学习评价一般是在课堂教学中进行的，可以是教师针对某个学生在学习的某个环节中的表现的评价，也可以是教师对全班学生参与学习活动的总体评价；可以是学生自评，也可以是一名学生对另一名学生参与活动、回答问题等情况的评价。教师评价要以肯定鼓励为主，将方法的点拨融入其中，为学生的学习指明方向。[①]

（一）了解课堂学习评价的方式

课堂学习评价是教学过程中的评价，最常见的是课堂学习即时性评价。课堂学习评价既要有教师对学生的评价，又要重视学生之间的互评和学生的自评。课堂评价可以是个人评价，也可以是以小组形式开展的评价。课堂学习评价根据教学方式的不同可分为课堂提问交流评价、课堂练习评价、课堂小组活动评价和课堂实践操作评价。[②]

1. 课堂提问交流评价

目前课堂主流教学方法为讲授法和谈话法（又称回答法），即通过教师的讲授和师生的交谈来传播知识的教学方法。在这两种教学方法中，教师通过提问，评价学生的知识建构情况，这对于实现有效教学是非常必要的。由于在讲授过程中教师无法了解自己讲授的内容学生是否完成了建构，因此，在讲授完一定内容以后，教师通过提问交流了解学生知识的建构情况，

---

① 宁夏教育厅教学研究室：《义务教育学科教学指导 化学》，181～182 页，银川，宁夏人民教育出版社，2013。

② 中公教育教师资格考试研究院：《化学学科知识与教学能力 初级中学》，290～291 页，北京，世界图书出版公司，2012。

及时调节教学进度和教学内容的难度，进行拓展或补缺，是非常必要的。提问交流对肯定学生听课的效果、激发学生听课的兴趣、增进学生对所学内容的理解尤为重要。

以下策略有助于提升提问的质量：第一，简洁明了地陈述问题；第二，问题与教学目标相匹配；第三，问题面向全体学生；第四，提问之后给予学生充足的等候时间；第五，对学生的回答给予合适的回应；第六，避免用"是"或"不是"的方式回应学生的回答；第七，运用探问扩展最初的回答；第八，避免推测性和引导性的问题；第九，避免问学生已经知道了什么；第十，以适当的顺序提出若干问题。[①] 为了更多地了解一些需要特别帮助的学生的学习情况，教师还可以进行一些简短的个别访谈和追问。需要注意的是，教师要采用启发式的问话方式，并延迟评价。例如，"我觉得你这个想法挺有意思的，可以再详细解释一下吗?""很好，我认为你现在已经理解了，不过我还想知道，如果……你知道怎样解决吗?"

提问交流评价流程可以用图 3-1-1 表示。

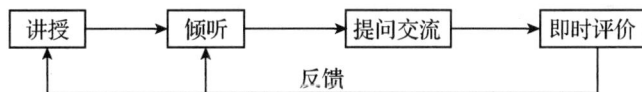

图 3-1-1　提问交流评价流程

课堂提问交流评价的重点在于评价学生建构知识的过程，以弥补讲授法教学无法了解学生知识建构过程的缺点。教师通过学生的回答，评估学生对于讲授内容是否已经理解，从而决定自己是否需要再次补讲教学内容。

2. 课堂练习评价

练习法是在教师指导下学生通过习题练习巩固知识和培养各种学习技能的教学方法。课堂练习常用的方法有：让学生直接写在黑板上；让学生将练习内容写在纸上，然后用投影仪投射在屏幕上。教师使用练习法教学

---

① 转引自郑东辉：《教师需要怎样的课堂评价技能：对美国经典教材的考察》，载《教育发展研究》，2014(2)。

时，采用即时评价能收到很好的效果。对于那些难度比较大的练习和规范要求比较高的练习，当堂即时评价显得尤为重要。这种评价采用的手段是口头评价，课堂练习评价流程可以用图 3-1-2 表示。

讲解 → 练习 → 观察分析 → 即时评价
反馈

图 3-1-2 课堂练习评价流程

习题练习的评价对引导学生掌握解决问题的思想方法是非常必要的。评价时，教师要将化学的基本观念等运用到评价学生的解题思路上，同时还要对学生能否运用化学常用的一些解题方法（如类比、迁移、比较、分析等）进行评价，通过评价引导学生提高问题解决能力。

3. 课堂小组活动评价

课堂小组活动评价是一种更加综合的评价方式，是以学生为主体的评价方式，对于提高学生学科核心素养具有重要意义。因为化学学科具有较多观念性（如人地协调观、可持续发展观等）或思维性（综合思维）的内容，教师通过课堂提问或练习是无法直接对学生进行评价的，需要通过小组完成一定的活动任务来进行表现性评价。通过小组活动及学生间的交流，教师就可以了解到学生是如何思考问题、关联问题并解决问题的。这是一个综合的评价过程，需要教师去观察，同时也需要教师进行适当指导。

4. 课堂实践操作评价

实践操作教学是化学教学的重要内容。在以实践内容为主的课型中，教师一般采用把示范性的化学实践演示给学生，然后让学生观察，或者直接由学生经过预习后模拟或重现实践的过程。在这一过程中，教师的即时评价非常重要。评价的主要作用是帮助学生提高观察能力，纠正学生错误的操作方法，开阔学生的视野。在学生实践的同时，教师需要通过及时评价，给予指导和鼓励，使学生勇于动手操作。

（二）课堂学习评价的注意事项

1. 提问评价要关注不同学生群体

课堂上经常会出现这样的情况：教师提出问题后，总是那几名学生主动回答问题，其他学生都沉默不语。教师在使用提问评价时要关注不同的学生群体。对于学业水平已经高于课堂内容的学生，教师可以设置一些可能只有他们才能回答出的问题，另外可以让这类学生以"提问题"的方式进行回答，这样他们就会兴致很高地参与到课堂中，同时教师对他们的回答进行评价，为其他学生打开思路。教师需要从水平较高的学生的问题入手，对解决问题的方法进行讲解，从而使不同层次的学生都能够感受到课上所讲内容对他们学习的作用。对于学习困难、容易与课堂脱离的学生，教师的课堂评价要从帮助他们建立信心以及改变习惯入手，如专门设计较为简单的提问，并主动提问，学生回答后，一定要捕捉他们的优点并给予评价。

2. 明确告知学生评价标准

教师在组织课堂评价时，要明确告知学生评价标准，即学生必须知道对他们进行评价的标准是什么。明确的评价标准不仅可以让学生了解关键性信息，还可以为学生确立奋斗的目标。

3. 评价要及时反馈

课堂评价的目的之一是使学生及时发现问题并调整学习策略。教师如果在完成课堂评价后，不进行反馈或不及时进行反馈，那么会使课堂学习评价的效果大打折扣。一方面，不及时给予反馈会打击学生参与的积极性，学生积极参与课堂评价，是怀有"比赛"的心态的，如果教师不能给出评价结果与评价标准的对比，会让学生一直揣摩自己的表现到底如何，不利于集中学生的课堂注意力；另一方面，不及时给予反馈，学生对自己学习程度的认识只停留在自己认为的阶段，并不知道与评价标准的差距，进而不能发现问题，也不能得到提升。

三、反馈课堂学习评价结果

把评价结果及时、有效地反馈给学生，是评价不可或缺的方面。反馈的目的在于缩短学生此刻的起点与他们要去的终点之间的距离。教师越能清晰地将这一变化的情况展示给学生，就越能帮助学生从当前到达预期的成就点，从而享受反馈所带来的成果。教师进行课堂教学评价的反馈需要明确一定的原则和途径，以使反馈发挥应有的功能。

（一）评价反馈的类型

评价反馈有其重要的教育功能，但并不是所有形式的反馈都能促进学生学习，甚至有些反馈可能会阻碍学生学习。例如，有的教师只是泛泛表扬，缺乏针对性，没有具体的评价内容，或者仅向学生提供分数，而不是将学生表现与评价标准进行比较并判断最切合学生表现的等级，向学生提供能力等级的反馈。更为严重的是，有的教师过分关注学生与学生之间分数的比较，很少考虑分数与自己课堂教学之间的联系，使学生独自承受来自分数的压力。

此外，评价反馈也有不同的类型，有研究者对此进行了研究。表 3-1-1 呈现了相应的结论，可以帮助我们理解什么是有效的课堂教学反馈。

表 3-1-1　不同反馈类型的效果[①]

课堂评价的反馈特点	效应规模	学生成绩得失百分点位
正/误	−0.08	−3
提供正确答案	0.22	8.5
学生理解和不理解的标准	0.41	16
解释	0.53	20
重复到正确为止	0.53	20
用图表展示结果	0.70	26
用规则评价（阐释）	0.91	32

（二）评价反馈的原则

有些教师的课堂评价反馈是单维度的、判断性的，而不是多维度的、

---

① ［美］罗伯特·J.马扎诺：《有效的课堂评价手册》，邓妍妍、彭春艳译，5 页，北京，教育科学出版社，2009。

具体的。单维度的、判断性的反馈是对学生在具体任务中的表现进行总结性评估，往往以字母等级、数字以及诸如"好""对""错"之类的评论来呈现，仅让学生知道自己是否需要改进，缺乏足够的信息帮助学生改进。多维度的、具体的反馈是向学生提供有助于其理解如何改进学习的具体信息，这样的反馈才是后续学习真正需要的，可以帮助学生将学习的过程和结果与学习目标进行比较。

基于学生的表现，教师可以做出判断和形成评价结论，在此基础上有针对性地提出针对学生的学习建议。有效的测评要求在对学生进行反馈时强调学生的优点及有待改进的地方。为达到最佳效果，反馈必须符合以下要求。

（1）反馈应及时，越是及时的反馈越能对学生的学习产生积极的、快速的影响。

（2）反馈应基于目标：有效的反馈信息本质上就是学生当前表现与目标要求相比较的结果。

（3）反馈应详细、易懂，应针对需要改正的错误，提出具体的建议。反馈信息越具体、清晰，对学生的可利用性就越强。

（4）反馈应以鼓励性为主，重点强调学生的优点，当然也要指出需改正的错误，并对学生提出期待。

（5）反馈应积极地指导学生客观地分析自己的学习效果，提高自我评价能力。

（三）针对不同课堂学习评价的反馈策略

1. 提问交流式评价的反馈要关注学生的学习情况

提问交流式评价一般用时较少，所以在课堂中经常被采用。对提问交流式评价的反馈，教师不可只关注问题的答案，而要关注学生的学习情况，即关注学生对知识或问题的理解，关注学生的学习状态，关注学生是否在积极思考。在此基础上，反馈语言一方面要以鼓励为主，这可以较好地维持学生学习的生成；另一方面要有恰当的总结和提升，这可以有效发挥评价对知识的巩固作用和对下一步学习的指导作用。

2. 练习式评价的反馈可利用对比法

这里的对比法，首先是学生之间评价结果的对比。在评价过程中，教师可以随时观察学生的状态，并分类选择部分典型的学生评价结果进行集中点评、反馈、分析。采用学生的结果，学生会更加关注和感兴趣，一方面希望看到教师对自己的评价分析，另一方面希望看到其他学生的平均结果和学习过程中的思路。其次是与评价标准的对比。将对学生的评价结果和评价标准进行对比，可以让学生清晰地了解自己学习中存在的问题，并找到正确的修改方法。

3. 小组活动式或实践操作式评价的反馈可采用展示互评法

教师利用小组活动式或实践操作式评价进行评价活动时，一定要进行总结与反馈。教师应挑选部分活动开展得较好的小组进行汇报，必要时，还可以把学生的表现拍摄下来。在回放给全班学生看时，教师应加以点评，指出学生讨论时的优缺点，尽量以表扬、激励为主。

学生除了关心教师对自己的评价外，还会关心自己在同学中的印象，因此，将同学互评应用到课堂上也有利于提高课堂效率。在这种互评压力下，学生想要给同学留下好印象，就会很认真地完成任务。而评价的学生，因为需要进行点评，在认真倾听别人发言的过程中，不仅需要做好记录，还需要将自己的成果与同伴的成果进行对比，最后才能依据标准说出评价的观点，这样可以促进学生深度思考，相互学习。

🔗 | 实践操练 |

请你选择一节课的教学内容，设计一个表现性评价任务，制定相应的评价标准，并基于该评价标准，采用课堂观察和作品分析相结合的方式，对学生的具体表现进行评价。

▶ 第十讲
课后作业的选择与布置

案例 3-2-1[①]

连线题

冰雪融化

火药爆炸　　　物理变化

干冰升华

金属生锈

酒精挥发　　　化学变化

光合作用

海水晒盐

问题聚焦

问题 1：化学课后作业有哪些类型？

问题 2：如何布置化学课后作业？

　　课后作业作为课堂教学的延伸，是学生复习、巩固新知识，运用新知识解决新问题的重要途径，也是教师教学反馈的重要手段，其根本目的是促进学生发展，希望学生通过完成作业形成良好的学习习惯，发展独立性和责任心，提高发现问题、分析问题和解决问题的能力。课后作业也是把教师的教和学生的学紧密联系起来的一条纽带。化学作业的合理选择、恰当布置、有效讲评，不仅有助于课堂教学目标的落实，还能够帮助教师判断教学是否有效。教师只有经过认真思考设计作业，才能提高作业的实效性，从而减轻学生的作业负担。那么如何设计课后作业呢？下面结合案例进行具体分析。

---

① 张芸蕾：《"减负增效"的初中化学课后作业整合设计》，载《化学教与学》，2022(4)。

一、选择和设计课后作业

一份合理的、有价值的作业能够正面影响学生的学业水平，对学生的化学能力产生潜移默化的作用，这样的作业应该是教师精心设计的、科学的、富有创新性的。教师在设计作业时要充分尊重学生的选择，包括难易的选择、完成时间的选择、作业数量的选择等。

（一）课后作业选择的类型

在选择作业内容时，首先，应该立足教学内容，并且紧紧围绕新课程标准要求；其次，要以学生发展为本，兼顾基础知识的巩固与能力的提升，正确处理全面发展与因材施教的关系；再次，设计的题目要考虑学生是否需要，学生是否可能完成，学生是否乐意接受等因素；最后，作业内容选材可以是多方面的，可以是教材、各类练习册等，但是不管从哪里选材，都要以学生为中心，注意培养学生的个性及创新能力。

1. 知识技能型

知识技能型作业主要是指围绕某一具体教学内容设计编排一种同类型、同结构的练习，其目的是使学生掌握重点知识，巩固新知，达到真正理解和掌握的程度。它是新授课的补充和延续。

2. 反思总结型

反思总结型作业是指学生学完某一单元某一章的知识后及时对所学知识、题型、方法进行总结、归纳的作业；也可以是学生根据自己的理解，把课上所学的重点、难点加以梳理，并将自己学习中的困惑以及对教学的意见和建议写到化学日记中。这类作业让学生积极地去做、去思考，将自己学习过程中的经验感受进行交流和分享，实现对化学知识的深层次思考。学生在反思过程中，有自己对该题的认识，既有成功的经验也有失败的教训。让学生写下来，不但可以让学生加深印象，而且可以让教师从中看出今后教学应该注意改正的方面。当然，反思日记不可能天天写，解题反思也不可能每题都写，要有所选择。例如，教师可以在某次考试之后，让学生写一写反思日记。

化学日记不但可用于评价学生对知识的理解，而且可用于评价学生的思维方式。教师可以通过化学日记进一步了解学生，学生也可以在教师的评语中了解教师对自己的评价，进一步肯定或改进自己的学习方法。

3. 实践操作型

实践操作型作业是指充分利用学校、家庭、社区等教育资源，以学生亲身参与、实践操作、积极探究为主要形式，以体验生活、培养能力、促进学生全面发展为目的而设计的一种作业。学生通过动手操作、调查访问、资料查阅等实践活动，用小论文、调查报告、实验报告等方式来证实、表达自己的观点。实践性作业对学生增长见识、开阔视野、提高能力作用明显，学生情绪体验更强烈。这种类型的作业并不是每天都有，要依据授课的内容进行设计，由教师给出相应的问题，学生结成小组，以自己的方式去完成，完成的时间一般是 2～3 周，然后，学生写出调查报告并在课上作汇报交流，师生共同对每个小组完成作业的情况进行评价。

（二）课后作业选择的策略

作业设计要切合各类学生的实际，面向全体学生，使不同层次的学生在化学学习上有不同的发展，让所有的学生在化学学习上都能有成功的体验。

(1)知识技能型作业。要根据学生智力、学习表现等因素设计三种类型的作业：A 类为基本题，紧扣当天所学的内容，主要目的是巩固新知；B 类是基础题，这是针对一部分基础薄弱的学生布置的，浅显易懂，有利于他们获得成功的快乐，增强学习的自信心；C 类是提高题，这种题目要有一定的难度，主要是针对基础好的学生设计的，有利于培养学生思维的灵活性和深刻性。A 类题为必做题，B 类与 C 类为选做题。

(2)反思总结型作业。在设计时不要贪图多，可以在一周的学习结束后，让学生在周末将本周所学知识、题型、方法进行总结。

"学而不思则罔"，解题是具体的学习过程，但一味地解题，而不勤于反思，学生的解题能力和化学思维很难得到升华。在不增加学生负担的前提下，要求学生做完作业之后尽量写反思，对能力提高题提出更高的要求，每道题完成之后要写出解题反思，总结方法，每组题完成之后再写解题反思，归纳总结解题思路和方法，总结规律。

学生写解题反思要循序渐进。首先，要注意把握所接收的信息群中主要的、基本的成分；其次，对于那些必须把握的信息点，应努力了解和掌握它们之间的联系，回顾思维过程和关键点；最后，注意有关知识在应用过程中的反馈。一道习题或一组习题解出来以后，学生至少应反思以下几个问题。

第一，解题的思路是怎样的？关键之处何在？

第二，自己的解法是不是最佳选择？是否还有其他解法？

第三，通过这道题目，我有什么收获（在知识上、技巧上、思维策略上……）？有什么教训？

第四，题组中的几道题在解题思路上有无共性？这种共性意味着什么？

（3）实践操作型作业，强调的是写实情境，是"综合与实践"的重要载体。学生在解决"综合与实践"问题的过程中，积累了活动经验，体验了如何发现问题；如何选择适合自己完成的问题；如何把实际问题变成化学问题；如何设计解决问题的方案；如何选择合作的伙伴；如何有效地呈现实践的成果，让别人体会自己成果的价值；等等。这种类型的作业要结合教学实际和学生的实际情况进行设计，不可设置得过多，每学期不宜超过两次。例如，案例 3-2-2 就是实践操作型作业。

📎 | 案例 3-2-2[①] |

"快乐"溶解度

"溶解度"对于大多数学生而言是比较抽象和难理解的。如果能引导学生主动到生活中去探究有关问题，进而把成果用多种形式展示给大家，那

---

① 人民教育出版社课程教材研究所化学课程教材研究开发中心：《初中化学学业评价标准（实验稿）》，44～45 页，北京，人民教育出版社，2012。

么"溶解度"的学习将会变得轻松些，评价的视角也会更宽广。

1. 背景介绍

从学习溶解性开始，教师就让学生尝试在家中用糖、食盐、碳酸饮料等做探究实验，使学生对操作方法和用量有大致了解，并建议学生从网上和书籍中查找资料辅助自己学习。

2. 活动过程

①将学生分成小组，每组 2～3 人。

②进行一些家庭小实验。

③利用每年一度的才艺展示活动，让每组学生将得到的结论用自己喜欢的形式展示出来（如展板、故事、相声等）。在这个过程中，为了获得较好的效果，每组先要确保材料的准确性。教师和书籍成了他们最好的助手，学好"溶解度"及溶液中的相关概念成了师生共同的目标。

④汇报展出（如卡通画、讲故事、对口相声以及知识点总结等）。

3. 使用说明

①适用范围：九年级化学课程。

②相关评价内容细目：略。

③评价等级及说明：教师评价、学生互评相结合。教师主要从内容上打分（满分 6 分），学生主要从形式上打分（满分 4 分），共计 10 分（见表 3-2-1 和表 3-2-2）。

表 3-2-1　教师评价

6 分	5 分	4 分	3 分
①内容无科学性错误；②涉及知识点在 3 个或 3 个以上；③深入浅出；④有独到见解或特色	①内容无科学性错误；②涉及知识点在 3 个或 3 个以上；③深入浅出	①内容无科学性错误；②涉及知识点在 3 个或 3 个以上	内容无科学性错误

表 3-2-2　学生互评

4分	3分	2分
①形式为原创；②有创新意识；③有较强的吸引力	①形式为原创；②有创新意识	形式为原创

二、布置课后作业

化学作业与其他学科的作业一样，是学生学习成果的个性化展示，反映了学生对相关化学知识的阶段性认知、理解及应用的水平或程度。

为什么有的学生上课时对所学内容掌握得很好，但做题时漏洞百出呢？关键在于课后的巩固练习。巩固练习的重要性在于使学生通过反复的练习，将知识点掌握得更牢固、更持久。艾宾浩斯遗忘曲线告诉我们，所学知识会被遗忘，且遗忘速度先快后慢，如果不巩固练习，它会伴随着时间的推移而被逐渐忘记。练习就在于减缓这种遗忘速度，使学生在反复练习中一次次加深记忆。课后作业是对课堂教学的有效延伸，是对知识的巩固和深化，所以说课后作业非常有必要。它不仅是学生展示自我能力、构建知识网络、探索与发现化学的奥妙或规律、进行知识创新的舞台，还是教师了解学情、了解课堂教学得失、为后继教学调控进程、改进教学方法与策略的依据，是化学课堂教学的补充或延续。

（一）课后作业布置的原则

布置课后作业应因人而异。因为每个学生的学习方式本质上都有它特殊性的一面，这就意味着教师要尊重每个学生的独特个性。特殊性也意味着差异性，学生间的差异客观存在。不同的学生在学习同一内容时，实际具备的认知基础和情感准备以及学习能力倾向不同，这就决定了不同的学生学习同样的内容的速度和所需要的帮助不同。所以教师要布置有弹性的作业。

对班级中的优秀学生，教师可布置一些在理解概念的基础上需要独立思考的习题和发散求异的习题；对中等生要抓住夯实基础知识、加强基本训练这一环，注重读题能力、观察分析能力的培养，布置一些叙述性、辨析性习题以及程度适中的习题让他们做，逐步提高他们的解题水平；对平时做作业有困难，经常要在别人帮助下才能完成的学生，可布置一些通过翻书就能找到答案的习题让他们做，以便他们熟悉基本的知识。

（二）课后作业布置的策略

教师在布置作业时，要考虑作业的内容是否有针对性，是否适合不同层次的学生，最好不要规定统一的作业内容。因为从表面上看，同一个班级的学生，学习内容相同，年龄相当，布置相同的作业似乎很合理，但仔细想一想，弊端的确不少。教师所留作业的内容一般都是针对中等生，同样的作业对某些学生来说是适当的，对待优生来说可能就比较吃力，对优秀学生来说没有意义；再者，统一的作业内容针对性不强，无法针对不同的学习基础安排不同的练习。那么，怎样布置作业才能使作业更具有实效性呢？

第一，教师可以让每个学生根据自己的实际情况制定一个阶段发展目标，并制定出完成学习任务的可行规则。制定这个发展目标及规则的目的，是让学生有明确的学习方向，从而更好地发展自己，向着目标努力。学生有了发展目标和规则的约束，会更加认真仔细地完成作业。

第二，任务作业变为自选作业，同类作业实行难度选择制，照顾学生的个体差异。教师可以将新授课后的作业分成两部分，基础巩固题和能力提高题。基础巩固题每次课后均布置，以学生完成时间不超过 20 分钟为基准，布置 3～5 道题；能力提高题以题组的形式按周布置，每周布置 3～5 道题，不集中发给学生，采用纸条的方式由学生自主领取，即每完成一道题，批阅正确后才可以领取下一道题。学生可以根据自己的实际情况，自己设定作业完成的数量、完成的时间、完成的进度。

第三，布置奖励性作业。奖励的缘由可以多样化，如学生达到了自己制定的阶段目标、课堂小测全对、课上表现好等。奖励的方式可以是当天没有作业、减少假期作业等，目的是从多方面激励学生，提高学生的学习积极性。

第四，布置作业的同时下发答案。这种布置的方式比较适用于假期作业。放假时间长，教师无法做到及时批改，让学生自主核对，做出不同的标记，完全不会的题目做好标记并梳理出来，返校后统一解决。把答案发给学生，不仅能够促进学生完成作业后及时自我反馈，还表示教师信任学生，同时避免学生通过其他途径寻找答案或者抄袭作业。

以案例 3-2-1"物质的变化"作业整合设计为例，展示如何将具有相同知识内容的题目进行整合。整合前的作业其实是四道选择题，其选项大同小异，甚至有些选项是重复出现的，如果稍加整合，四道题目就可以合而为一（目前呈现的连线题）。题目变少了，但思维过程一点也没减少，既达到了巩固知识的效果，学生也不会因为重复训练而产生视觉疲劳、心理厌烦，从而失去对化学学习的兴趣。这样的作业整合设计不但减轻了学生的负担，而且可以对所学知识点起到整理归纳的作用。

为了落实当堂课的学习目标，巩固所教授的知识点，教师常常会布置大量的课后习题。通过对这些题目的整理分析，我们发现多数题目基本上是简单重复的题目，学生在这种不断重复的机械操练中被动接受，直到把自己训练成"熟练工"。这种以大量时间、重复训练为代价换来的熟练，不但让学生产生了厌烦情绪，而且严重抑制了学生探究性思维和创新性思维的发展。知识点的确需要熟练掌握，但学生完成作业的时效也必须考虑到位，如果能够将一些简单重复的题目做一些有效整合，那么既能起到巩固知识点的效果，又能帮助学生形成具有整体性的知识体系，用较少的时间取得最优化的效果，把减负增效的目标落到实处。

（三）课后作业的分析与改错

学生的作业总会出现这样或那样的错误，有的是题目抄错，有的是审题错误，有的是计算错误，等等。一些学生反复出错，学生自己可能会用"马虎""粗心"来解释，但教师不能被表面现象蒙蔽，要透过现象看本质，分析、思考学生到底是知识点没有掌握，还是存在别的因素干扰着学生对知识的理解和掌握。对于学生作业中常见的错误，教师要反思并制定防错策略，通过不同的方式进行作业错例的分析，并落实改错。

对于作业中出现的错题，学生不要将原题擦除，要在原题旁边用红笔先做错因分析，错因找对了，方可改。学生必须认真研读自己的错题，读出解题过程中到底是哪里出错了，错因找得不对，改错不能过关。这一做法能够促使学生认真阅读错题，查找错因，督促学生进行反思。

作业改错不等于订正错误，不仅要看结果，还要注重过程。作业改错的根本目的是通过改错获得正确的知识和解决问题的正确方法。密切关注学生的作业订正情况，不仅会使教师付出的劳动物有所值，还能帮助学生有效地进行错因分析。

三、批改和讲评课后作业

（一）课后作业批改和讲评的原则

课后作业批改和讲评需要注意以下原则。[①]

1. 可行性原则

根据中学生的生理、心理特征，对作业评价方法的使用应结合实际，切实可行，注意情感层面的素质，不宜硬性地用量化标准或记等级，可以质性评定为主，并与量化评价相结合。对于作业评价标准的制定和评价结果的运用，教师还可与家长、学生进行沟通和协商，推敲其可行性，尽可能用通俗的、学生易于接受的形式客观地呈现出来，以帮助学生自我分析、自我调节。

2. 激励性原则

教师在评价作业时要善于发现并挖掘学生的优势，给学生创设自我展示的舞台和机会，鼓励学生展示自己的努力和成绩，使其在完成作业的过程中获得自信与成功的体验，从而激励他们在今后的学习中加倍努力，不断进步。

---

① 参见马丽娟：《初中教学评价——地理》，北京，光明日报出版社，2006。

3. 发展性原则

发展性原则指的是评价不仅要关注学生的现实表现，还要重视学生的未来发展，重视学生在自己已有水平上的发展。发展性评价要设法让学生发挥他们的长处，表现出自己最佳的水平。为此，教师应该与学生协商制定发展目标，不以评价结果为奖惩依据，在轻松和谐的环境中，给学生以弹性化、人性化的发展空间，通过这种评价促进学生自觉、主动地发展。

4. 差异性原则

由于各方面的因素，学生对学习内容存在很大的认知差异。教师在作业评价中要承认学生的差异，关注学生的个体处境和需要，保护学生的自尊心和自信心，不能用同一个标准去评价和衡量所有学生。

（二）课后作业批改讲评的方式[①]

及时批改、认真讲评，能使学生及时了解、审视自己的学习情况，也能起到督促学生学习的作用，是教师检查教学效果的手段之一，能使教师及时发现教学中的疏漏，从而进行纠正弥补，保证教学质量。

1. 作业的批改

作业的批改有多种方式，可根据教材内容、作业性质及学生作业完成情况灵活选用。

(1)教师批学生改，即教师批阅所有作业，指出正误或对改正的思路、要求稍加提示，由学生改正。这种方式应与讲评相结合。否则，对于那些普遍存在的问题，难度大、错误多的问题，学生仍旧找不到正确的答案。

(2)教师全批全改，即教师既批阅又修正错误。这种方法适合个别学生存在的小错误。

(3)教师抽查批改，即教师抽查不同水平学生的作业，以便了解整体教学情况，也能起到督促学生学习的作用。

---

① 陈文涛、刘霄：《教育实习指导》，111～112页，郑州，河南大学出版社，2015。

(4)学生自批或互批，即当作业难度不大，又有标准答案时，组织学生互批或自批，可调动学生的积极性，使学生理解教师的劳动。

(5)面批面改，即教师对某些特殊学生的作业当面批改并讲评。

2. 作业的讲评

作业讲评的方式有以下几种。

(1)综合讲评，即对全部学生的作业做比较全面的评析。

(2)专题讲评，即对普遍存在的、有明显特征的一两个问题进行深入剖析。

(3)比较讲评，即对好、差作业进行对比式的举例分析讲评。

(4)典型讲评，即找出独到的、深刻的、生动的例子进行讲评。

教师可灵活选用批改作业的方式和讲评方式。对新教师来说，批改作业和讲评应做到以下几点。一是全批全改，全面掌握学生的作业情况，及时获得教学反馈信息。二是讲评准确，揭示主要问题；保护学生的创造性，讲评以鼓励为主；对一些主观性的答案一般不全盘否定。三是批改符号应规范、美观，注意保护学生的自尊心。例如，对的画"√"，错的画"○"。有些教师习惯正确的不作记号，错误的画一个"×"，这不仅不规范，还是对学生心理的伤害。有些教师批阅符号或过大，或过小，或连笔过多，这些都是不美观的。四是可写适当而精练的作业批语。批语应具有鼓励性、启发性，即使是完成不认真的学生，也切忌讽刺、挖苦，而应理智地指出问题。对学习有困难的学生，当其作业有所进步时，鼓励和赞赏的批语能起到好的教育效果。五是作业评定要合理、客观。作业成绩评定一般采用百分制或等级制，评分标准应客观、公正，不能不顾学生作业的实际情况。六是批阅后应作适当记录和分析研究。教师可以按人记录，也可以按类记录。记录经分析、归纳、综合后可作为讲评和改进教学的依据，也是学生学习情况的集中反映。

▶第十一讲
阶段测试

案例 3-3-1

1.(2016年高考北京卷第6题)我国科技创新成果斐然，下列成果中获得诺贝尔奖的是(   )。

A. 徐光宪建立稀土串级萃取理论 B. 屠呦呦发现抗疟新药青蒿素

C. 闵恩泽研发重油裂解催化剂 D. 侯德榜联合制碱法

【答案】B

【解析】本试题列举了我国多位科学家在化学、生物领域所作的杰出贡献：诺贝尔奖获得者屠呦呦发现青蒿素，科学家在海洋技术开发、人类健康与重大疾病防治等多个重要科技领域取得了辉煌成就等。这些科技背景经过命题者的深入挖掘，能够引导考生站在学科之上，具有面向社会、面向国家、面向时代的视野，培养学生社会责任感和勇于担当的精神。

2.(2015高考年新课标Ⅰ卷第11题)微生物电池是指在微生物的作用下将化学能转化为电能的装置，其工作原理如图3-3-1所示。

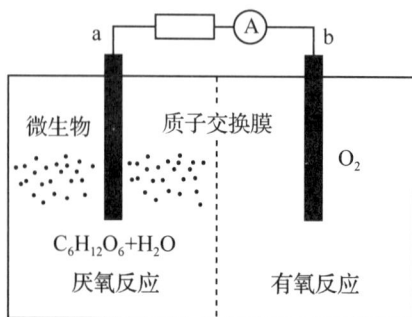

图 3-3-1 工作原理

下列有关微生物电池的说法错误的是(   )。

A. 正极反应中有 CO_2 生成

B. 微生物促进了反应中电子的转移

C. 质子通过交换膜从负极区移向正极区

D. 电池总反应为 $C_6H_{12}O_6 + 6O_2 \xrightarrow{\hspace{1cm}} 6CO_2 + 6H_2O$

【答案】C

【解析】本题以"微生物电池"为载体，以"燃料电池工作图"的形式呈现给学生，考查的具体内容涉及氧化还原反应的本质、燃料电池的工作原理、正极与负极的判断、电极反应和电池反应书写正确性的辨析、微生物在电池中作用的机理、质子交换膜的作用、质子的概念以及质子的移动方向等，要求学生能对中学化学的相关知识融会贯通，有正确再现和辨认的能力。本题从化学电源的新型电池出发，从粒子转移到原电池形成，从正负极反应发生到形成稳定回路，考查了学生的理解能力、综合分析能力。

问题聚焦

问题1：化学阶段测试有什么重要作用？

问题2：如何进行化学阶段测试的分析和讲评？

教学评价是教学活动的重要组成部分，评价以测量为基础，测量为评价提供了依据，是评价信息的主要来源。在日常教学过程中，阶段测试是测量的一种主要形式。

从测试内容来看，阶段测试属于过程性评价；从测试功能来看，阶段测试属于形成性评价。那么，对于阶段测试该如何理解？对于阶段测试的结果该如何分析与讲评呢？本讲围绕这些问题展开论述。

一、理解阶段测试的形式与作用

（一）阶段测试的内容设计

阶段测试是测量学生在化学学习某一阶段中学习目标完成的情况，一般以"单元"为阶段进行测试。测试目标以本阶段教学目标为依据，测试题目紧扣本阶段教学内容。正如《普通高中化学课程标准（2017 年版 2020 年修订）》指出的，"单元与模块考试应以学生化学学科核心素养的达成情况为考核重点，试题命制应以学业质量标准的要求为依据，题目应具有一定的情境性和综合性，为学生解决真实情境下不同复杂程度化学问题提供素养表现的机会"[1]。因此，对于单元测试，整套试卷要从核心知识评价要求、思想方法评价要求和关键能力评价要求等维度进行设计，同时关注问题情境的呈现方式。

案例 3-3-2[2]

阶段测试题目举例

【试题】从补铁说起。

铁在人体中起着重要的作用。如果人体缺铁，就会出现贫血症状。轻度缺铁性贫血可用饮食疗法治疗。某兴趣小组为探究黑木耳中铁的存在形式，进行了如图 3-3-2 所示的实验。

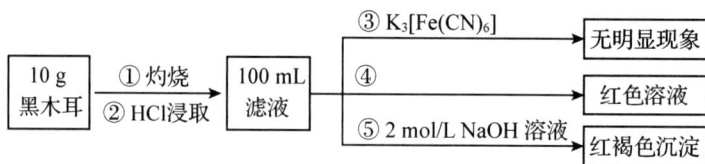

图 3-3-2 实验流程

已知：①黑木耳富含蛋白质、糖类、铁等。②Fe^{2+} 与 $K_3[Fe(CN)_6]$ 溶液反应生成蓝色沉淀。

问题 1. 上文中"铁"指的是＿＿＿＿＿（填字母）。

A. 铁单质　　B. 铁元素　　C. Fe_2O_3　　D. Fe^{3+}

问题 2. 步骤①灼烧的目的是＿＿＿＿＿＿＿＿＿＿＿＿＿＿＿＿＿＿＿
＿＿＿＿＿＿；步骤②得到滤液的操作是＿＿＿＿＿＿＿。

问题 3. 步骤④检验 Fe^{3+} 所用试剂是＿＿＿＿＿溶液。

问题 4. 下列有关上述实验得出的结论正确的是＿＿＿＿＿（填字母）。

A. 滤液中一定含 Fe^{3+}，可能含 Fe^{2+}

———————————

① 中华人民共和国教育部：《普通高中化学课程（2017 年版 2020 年修订）》，75～76 页，北京，人民教育出版社，2020。

② 张莉娜、贺新：《高中生化学核心素养的学习评价》，148～153 页，北京，北京教育出版社，2021。

B. 滤液中只含有 Fe^{3+}

C. 红褐色沉淀一定含有 $Fe(OH)_3$

D. 黑木耳中一定含 Fe^{2+} 和 Fe^{3+}

【参考答案】

问题 1. B

问题 2. 使黑木耳灰化或使黑木耳中的有机物灼烧分解，将铁元素转化为可溶水的形式　　过滤

问题 3. KSCN

问题 4. BC

【关于本试题的点评】

本试题的测试对象为高中一年级的学生，这部分学生在完成九年级化学学习的基础上，继续学习高中化学必修第一册。测试时学生已经完成鲁科版普通高中化学必修第一册前两章的学习，正在进行第三章第一节"铁的多样性（亚铁盐和铁盐）"的学习。

本试题测试的主要是"宏观辨识与微观探析""证据推理与模型认知"的化学学科核心素养，要求学生从原子、分子水平认识物质的组成、结构、变化，从宏观和微观相结合的视角分析与解决实际问题；具有证据意识，能基于证据对物质组成、结构及其变化提出可能的假设，通过分析推理加以证实或证伪；建立观点、结论和证据之间的逻辑关系，并能运用模型解释化学现象。

问题 1 要求学生从元素和原子、分子水平认识物质的组成与结构，以此测试学生的核心素养"宏观辨识与微观探析"水平 3 的达到情况。

问题 2 依据流程图进行提问，通过对实验流程和实验操作的分析，宏观和微观相结合，要求学生从物质的组成、性质和变化上，理解物质转化方法和途径，解决分离提纯的实际问题，测试学生的核心素养"证据推理与模型认知"水平 1 和水平 2 的达到情况，即能从物质及其变化的事实中提取证据，结合宏观和微观角度收集证据，依据证据从不同视角分析问题，推出合理的结论。灼烧的目的是实现有机物分解，将铁元素转化为可溶于水的形式。

问题 3 的设置测试学生的核心素养"证据推理与模型认知"水平 3 的情况，即能结合宏观和微观角度收集证据，利用宏观现象指导微观辨析，依据证据分析问题，推出合理的结论。该问题需要学生灵活运用化学知识与方法，根据物质的组成、微粒的结构等预测物质的性质，基于现象进行分析推理，得出合理的结论。

问题 4 综合性增强，需要学生从宏观和微观相结合的角度收集证据，依据证据从不同视角分析问题，推出合理的结论。问题 4 测试学生的核心素养"证据推理与模型认知"水平 4 和"宏观辨识与微观探析"水平 4 的达到情况，即能解释证据与结论之间的关系；能在物质及其变化的情境中，依据需要选择不同的方法，从不同角度对物质及其变化进行分析和推断。

试题的"情境"和"知识"同时服务于"问题"的提出与解决。"情境、问题、知识"三者紧密相连（图 3-3-3），情境的设计、知识的运用、问题的提出与解决均有利于实现对学生核心素养的测试。

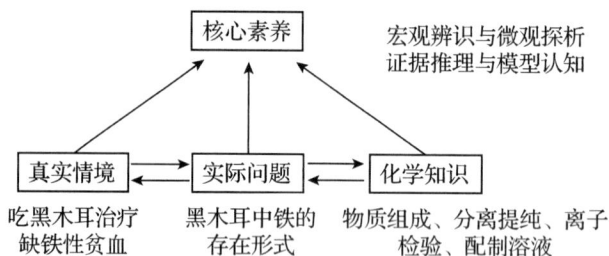

图 3-3-3 试题"从补铁说起"中真实情境、实际问题、化学知识与核心素养的关系

本试题从生活中的实际问题入手，以流程图、文字叙述的形式将物质组成与转化、分离提纯、离子检验、实验探究等相关知识整合起来，创设了真实的、有价值的、有较高思维要求的问题情境，不仅引导学生关注健康问题，而且考查了学生对化学基础知识和理论的理解及利用所学知识分析和解决真实问题的迁移应用能力。该试题能有效地评价学生在陌生情境中能否将知识融会贯通，能否基于"证据推理与模型认知"和"宏观辨识与微观探析"推理得出黑木耳中铁的存在形式。

（本题作者：冯姝，中国人民大学附属中学）

（二）阶段测试的具体形式

对于化学学科来说，阶段测试主要的形式是书面闭卷测试，教师根据教学安排，要求学生在规定时间内独立完成。实践证明，这种形式对于知识技能、能力等方面的考查是十分有效的。测试题型主要有选择题，填空题，解答题（包括计算题、操作实验题等），其中解答题需要书写解答过程。这些题型分别承担特定的考查功能。

根据具体学习内容，阶段测试还可以采用开卷测试、口头测试、开放式活动、课内外作业等形式。例如，可以交研究报告或小论文。无论是研究报告还是小论文，都以汇报答辩的形式进行测试。

一个人形成的思维品质和关键能力通常会表现在许多方面，因此多种形式的测试才能全面反映学生化学核心素养的养成状况。在测试过程中，教师不仅要关注学生对知识技能掌握的程度，还要关注学生的思维过程，判断学生是否会用化学的眼光观察世界，是否会用化学的思维思考世界，是否会用化学的语言描述世界。

（三）阶段测试的作用

阶段测试是对本阶段学生学习内容比较全面、具体的检测，既能考查学生学习的成效，也能考查教师教学的成效，具有分析诊断、督促改进、调控发展的作用。

1. 阶段测试对学生的作用

阶段测试对于学生来说，既能检查本阶段学习的情况，也能督促其反思学习过程。通过阶段测试，学生可以了解自己最近的学习状态，以及学习中的主要问题；及时反思自己的学习过程，总结经验，对前面学习中暴露的问题予以解决；做好查漏补缺工作，为后续的学习奠定良好的基础。另外，阶段测试也是对学生心理状态的磨炼，测试前会督促学生做好复习，测试后会督促学生做好反思。通过多次阶段测试的历练，学生会养成自觉复习和自觉反思的学习习惯，提升学习能力。

2. 阶段测试对教师的作用

教师基于学生的测试情况，一方面了解学生情况，另一方面反思教学工作。根据全班的测试结果，教师可以比较全面、准确地了解全班学生的学习情况，分析全班学生评价结果随时间变化的趋势；根据每名学生的答题情况，教师可以了解每名学生对具体知识的掌握情况，学生的思维过程和能力达到的水平，结合日常教学情况，还可以进一步分析学生的学习态度、学习习惯、学习动机等，以适当的方式，将学生的一些积极变化及时反馈给学生。教师可以及时了解自己教学存在的问题，从而认真反思教学过程，总结教育教学经验，提出改进思路，寻求改进教学的对策，在今后的教学中及时调整，不断提高教育教学质量。

综上，教师通过阶段测试，可以诊断学生学习过程中的优势与问题，并诊断自己教学过程中的优势与问题，进而帮助学生改进学习行为，同时改进自己的教学行为。

二、进行阶段测试分析

（一）对数据进行分析

对于阶段测试，教师首先要分析学生的成绩。目前常用经典测量理论（Classic Test Theory，CTT）对测试成绩进行分析。常用的测量指标主要有平均分、标准差、难度、区分度等。

设一组分数分别用 x_1，x_2，$\cdots$，x_n 表示，则这组分数的平均分 $\bar{x} = \frac{1}{n}\sum_{i=1}^{n}x_i$，标准差 $s = \sqrt{\frac{1}{n}\sum_{i=1}^{n}(x_i - \bar{x})^2}$。平均分反映的是分数集中的位置，标准差反映的是全体学生分数之间的离散程度和差异情况。难度是全体学生该题的平均分与该题满分的比值，是反映试题难易程度的数量化指标。

有些阶段测试的目的是区分不同水平的学生，此时需要分析试题区分度。区分度是指试题对被试的实际水平的区分程度。具有良好区分度的试题，实际水平高的学生应该能够得到较高的分数，实际水平低的学生得到的分数较低。可以利用内部一致性系数、极端分组法等方法计算区分度，一般要求试题的区分度为 0.3 以上。区分度大于 0.4 时，说明该试题能起到很好的区分作用；区分度小于 0.2 时，说明该试题区分度很差。区分度与难度密切相关，一般情况下，试卷难度越接近 0.5，试卷区分度越高。

🔖 | 理论书签 |

经典测量理论

经典测量理论以真分数理论为核心理论假设。真分数是测量中不存在测量误差时的真值或客观值，由于真值无法直接获得，所以操作定义是无数次测量的平均值，通常用 T 表示，CTT 的数学模型是：

$$X = T + E$$

公式中，X 为观测值，T 为真分数，E 为测量误差。CTT 理论主要包括项目分析（难度、区分度）、信度、效度、常模、标准化等基本概念和理论，并提供了简便易行的难度、区分度、信度、效度等计算方法。

（二）对解答过程进行分析

教师在分析测试成绩的基础上，要关注每名学生每道题目的具体解答过程，分析学生的思考过程，判断学生的思维水平。

目前对具体问题解答过程的分析，应用比较广泛的是澳大利亚的教育心理学教授 J. B. 比格斯(J. B. Biggs)提出的 SOLO 分类理论，即可观察的学习成果结构(structure of the observed learning outcome，SOLO)。SOLO 分类理论可以评价学生在具体学习活动中的一系列表现，根据学生在回答具体问题时，答案所呈现的结构复杂性和层次的变化特点，来判断学生所处的五种不同的思维层次，即 SOLO 的五个结构水平：前结构水平(prestructural)、单点结构水平(unistructural)、多点结构水平(multistructural)、关联结构水平(relational)、抽象拓展结构水平(extended abstract)。

理论书签

SOLO 分类理论的五个结构水平如表 3-3-1 所示。

表 3-3-1　SOLO 分类理论的五个结构水平

结构水平	描述
前结构水平	完全错误或不相关的答案。学生没有所面对问题的相关知识，或没有真正理解问题，所以他的回答是完全错误的，或与所问的问题完全不相关，或使用了与问题要求相比过于简单的方式回答问题。
单点结构水平	对所给问题涉及的某一条相关信息的使用。学生只抓住或使用了回答问题所需要的几个方面的信息之一，就直接跳回了问题；或仅仅是靠记忆进行回答，不存在理解。
多点结构水平	对所给问题涉及的多条信息的连续使用。学生抓住或使用了回答问题所需要的所有方面或其中几个方面的信息，甚至能够在其中建立起两两之间的相互联系，但是对于这些方面的使用仍然是孤立的，没有形成所有方面的有机联系。
关联结构水平	对所给问题的全部相关信息进行综合，并形成唯一的结论。学生能够抓住并使用回答问题所需要的所有方面的信息，并且能够将这些方面的信息进行综合和概括，形成一个统一的整体。其表现为学生能回答或解决较为复杂的具体问题，但学生在回答问题中使用的信息仍然是与问题直接相关的，不会使用到问题没有直接涉及但与问题本身有联系的其他信息，不会将问题置于更一般的情境中进行考虑或对问题提出疑问。
抽象拓展结构水平	对各种相互影响系统的综合使用，以形成对问题的回应。学生能够在关联的基础上，联系与问题相关的所有影响系统（包括问题中没有直接提到，但是有影响的系统），将问题置于一种更为广阔的情境中，对问题进行全面的思考以及更高水平的概括和归纳。这种水平的反应最终可能形成一般的假设、开放性的答案或形成新的主题或领域，这一层次的学生表现出更强的钻研和创造意识。但是，并不是每个人在每个领域都可以达到这种水平。

案例 3-3-3[①]

试题结构水平层次分析范例

1. 单点结构水平(U)

【例1】(2020年高考海南卷第2题)古籍《天工开物》收录了井盐的生产过程。其中"汲水而上,入于釜中煎炼,顷刻结盐,色成至白"的描述涉及的物质分离操作为(D)。

A. 趁热过滤　　B. 萃取分液　　C. 常压蒸馏　　D. 浓缩结晶

分析:本题以古籍文献收录井盐生产过程为素材情境,考查的知识内容为中学化学实验中常见的物质分离及提纯基本操作。考生可根据文中描述"将海水倒在锅中加热煮沸,看见白色的固体出现,这种白色的固体为盐",推断涉及的溶液浓缩结晶的过程。试题考查内容及能力为单一知识结构,因此可划分为SOLO结构水平层次中的单点结构水平。

2. 多点结构水平(M)

【例2】(2020年高考天津卷第12题)已知$[Co(H_2O)_6]^{2+}$呈粉红色,$[CoCl_4]^{2-}$呈蓝色,$[ZnCl_4]^{2-}$为无色。现将$CoCl_2$溶于水,加入浓盐酸后,溶液由粉红色变为蓝色,存在以下平衡:

$$[Co(H_2O)_6]^{2+} + 4Cl^- \rightleftharpoons [CoCl_4]^{2-} + 6H_2O \quad \Delta H$$

用该溶液做实验,溶液的颜色变化如图3-3-4所示。

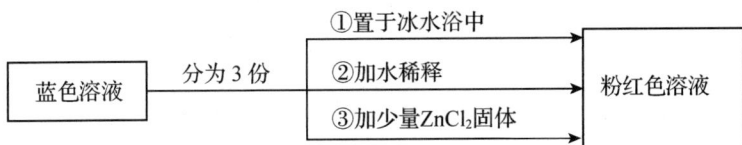

图 3-3-4　溶液的颜色变化

以下结论和解释正确的是(D)。

A. 等物质的量的$[Co(H_2O)_6]^{2+}$和$[CoCl_4]^{2-}$中σ键数之比为$3:2$

---

① 王春、江合佩:《基于SOLO分类理论的普通高中学业水平等级考试试题能力结构研究——以2020年北京、天津、山东、海南四省市化学试题为例》,载《教育测量与评价》,2021(1)。

B. 由实验①可推知 $\Delta H < 0$

C. 实验②是由于 $c(H_2O)$ 增大，导致平衡逆向移动

D. 由实验③可知配离子的稳定性：$[ZnCl_4]^{2-} > [CoCl_4]^{2-}$

分析：本题以化学实验为载体，考查的知识内容涉及典型配合物中 σ 键数目的判断、根据实验现象推断反应的热效应、判断平衡移动的方向、判断配离子的稳定性等。试题考查的能力涉及新情境素材的分析能力、基于实验现象及结果对相关知识进行归纳推理的能力等，需要考生将试题中包含的实验信息和解题思路有机地结合起来，并运用所学知识综合分析问题。试题考查的学科知识内容及能力多元化，因此可划分为 SOLO 结构水平层次中的多点结构水平。

3. 关联结构水平(R)

【例 3】(2020 年高考山东卷第 9 题)以菱镁矿(主要成分为 $MgCO_3$，含少量 SiO_2、Fe_2O_3 和 Al_2O_3)为原料制备高纯镁砂的工艺流程如图 3-3-5 所示。

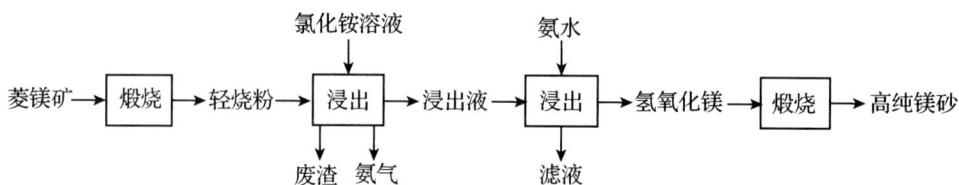

图 3-3-5 以菱镁矿为原料制备高纯镁砂的工艺流程

已知浸出时产生的废渣中有 SiO_2、$Fe(OH)_3$ 和 $Al(OH)_3$。下列说法错误的是(B)。

A. 浸出镁的反应为 $MgO + 2NH_4Cl \xlongequal{} MgCl_2 + 2NH_3\uparrow + H_2O$

B. 浸出和沉镁的操作均应在较高温度下进行

C. 流程中可循环使用的物质有 NH_3、NH_4Cl

D. 分离 Mg^{2+} 与 Al^{3+}、Fe^{3+} 是利用了它们氢氧化物 K_{sp} 的不同

分析：本题考查的知识内容涉及新情境中化学方程式的书写、反应条件的调控、工艺流程循环路径的分析、混合物中离子的分离等。对本题进行正确作答，首先需要考生弄清工艺流程中如何将菱镁矿进行一系列操作

处理最终得到高纯镁砂。菱镁矿煅烧后得到轻烧粉，即 $MgCO_3$ 转化为 MgO，加入氯化铵溶液浸取，浸出的废渣有 SiO_2、$Fe(OH)_3$、$Al(OH)_3$，同时产生氨气，此时浸出液中主要含有 Mg^{2+}，加入氨水得到 $Mg(OH)_2$ 沉淀，煅烧得到高纯镁砂。其次需要考生将工艺流程中的有效线索与解决问题的相关素材进行有机整合，综合分析菱镁矿制备高纯镁砂的实验操作流程和处理方法。试题考查的学科知识内容及能力要求呈现相互关联性，因此，可划分为 SOLO 结构水平层次中的关联结构水平。

4. 抽象拓展结构水平(E)

【例 4】(2020 年高考北京卷第 18 题)(略)

分析：本题考查的知识内容涉及化学反应速率影响因素、陌生情境中氧化还原反应方程式及电极反应式的书写、物质的分离及提纯、产品纯度定量计算等。解答本题涉及的知识点虽然不多，但该题对学生处理图表信息的能力、推理计算能力、综合应用知识解决实际问题的能力提出了较高的要求，要求考生在解决问题时能够将问题与生活或学习中的知识联系起来，并进行拓展思考。试题考查的学科知识内容及能力要求需要考生具备较强的思维发散和创新能力，因此，可划分为 SOLO 结构水平层次中的拓展抽象结构水平。

教师需要将每名学生的作答情况进行汇总，得到全班学生对于某内容总体掌握的情况，并由此判断学生本阶段学习的情况，总结提炼学生取得的进步，分析存在的问题，再反思教学的成功经验和不足之处，探索改进思路。

三、进行阶段测试的讲评

（一）阶段测试讲评的原则

1. 讲评学生出现问题较多的题目

教师利用分析阶段测试的方法，先通过数据筛选出有一定难度的题目，再根据标准差、区分度等信息进行分析。例如，题目比较难且标准差大，说明学生存在两极分化；题目比较难且标准差小，说明学生整体上有问题。

接下来按照SOLO分类理论分析学生具体作答情况，找到学生出现问题的关键点。若某道题目难度系数较高或者特别低，根据实际情况，教师在讲评课上可以不讲，可在课后通过个别指导的形式解决问题。

2. 讲评体现知识结构体系的关键题目

阶段测试的目的是诊断学习情况，阶段测试讲评也是巩固提高的机会。教师要充分利用考查核心概念、体现知识结构体系的关键题目，以这些关键题目为切入点，"借题发挥"，串联化学的核心知识，梳理结构体系，使学生能进一步体会这些知识间的联系，对所学的化学内容有一个整体的认识，进而帮助学生提高分析问题和解决问题的能力。教师通过讲评这些关键题目，"以点带面"，引导学生复习巩固相关内容，尤其是单元测试，可以复习单元的核心知识、思想方法和结构体系等内容。

3. 讲评体现一题多解的典型题目

做到一题多解，首先需要熟练掌握常见问题的常规解决方法，其次需要充分利用化学思想方法，调动活动经验，从多个角度思考问题，进而得到解决问题的新方法。从多个角度思考一个问题，能够将其与更广泛的知识或者方法联系起来，使化学思维的范围不断扩大，思维的层次不断深入。学生通过对问题的深入思考，能够超越原有的思维水平，产生新的方法、新的结论，培养思维的灵活性、联系性、独创性。

（二）阶段测试讲评的方法

阶段测试讲评可以通过课前、课中、课后三个阶段完成。

1. 课前

在讲评课之前，教师将试卷发给学生，要求学生独立反思。学生针对试卷中的问题，先复习相关内容再进行修改，对于存在的疑问做好记录。

2. 课中

教师先简单介绍全班测试的情况，要肯定学生取得的进步，也要客观公正地指出存在的主要问题，切忌把分数作为唯一的衡量标准。对于测试成绩不理想的学生，教师要以鼓励为主，绝不能讽刺挖苦，打击学生学习的积极性。

接下来教师可以通过多种教学方式进行讲解。①以教师为主进行讲解。教师通过典型错误分析原因，通过备选题目讲解审题和解题思路，同时可以适当增加新的题目，及时巩固。②以学生为主进行讲解，有小组讨论、学生间互相批改讲解等多种形式。很多教师正在积极探索的"说题教学"模式也是以学生讲解为主，让学生通过"说题"展示审题、思考、探究及解决问题的过程。对于"听"的学生，"听"的过程是同伴之间相互学习的过程；对"说题"的学生，"说"的过程也是自我反思的过程。

3. 课后

请学生对做错的试题再次进行修正，并要求学生对错题进行整理归类；对于比较重要的阶段测试也可以要求学生写反思。同时，教师根据学生的实际情况，对学生进行个性化指导和帮助。

实践操练

请按照本讲阶段测试评价的方法，对任教班级本学期第一次阶段测试评价进行设计、分析和讲评，并说明阶段测试评价过程中都运用了本讲内容中的哪些理论和策略。在完成上述任务的过程中，请同步思考问题：在中学化学课堂教学中，如何让教师、学生更好地利用阶段测试？

单元小结 ⋯⋯▶

教学评价是教学的重要环节，评价也是教师教与学生学的一个部分。本单元根据教学的不同阶段——课堂学习评价、课后作业、阶段测试，来阐述新手教师如何从教学实际出发更好地进行教学评价。第九讲从设计化学课堂学习评价、组织化学课堂学习评价、反馈课堂学习评价结果三个方面帮助新手教师更好地开展化学课堂学习评价。第十讲从选择和设计化学课后作业、布置化学课后作业、批改和讲评化学课后作业三个方面帮助新手教师更好地利用化学课后作业促进化学教学。第十一讲首先希望新手教师理解阶段测试的形式与作用，其次从阶段测试分析、进行阶段测试讲评两个方面指导新手教师通过阶段测试提高化学教学的有效性。

单元练习 ·····▶

请结合本单元所学内容，选择中学化学某一单元的教学内容，完成一份包含课堂学习评价、课后作业评价、阶段测试评价的化学教学评价报告。教学评价的每个环节都力求至少体现所学的一条设计原则或一次设计策略。

阅读推荐 ·····▶

1. 罗伯特·M.桑代克，特雷西·桑代克-克莱斯特.教育评价：教育和心理学中的测量与评估(第八版)[M].方群，吴瑞芬，陈志新，译.北京：商务印书馆，2018.

2. 杨向东，崔允漷.课堂评价：促进学生的学习和发展[M].上海：华东师范大学出版社，2012.

3. 韦伯.怎样评价学生才有效：促进学习的多元化评价策略[M].陶志琼，译.北京：中国轻工业出版社，2016.

4. 特雷西·K.希尔.设计与运用表现性任务——促进学生学习与评估[M].杜丹丹，杭秀，译.福州：福建教育出版社，2019.

5. 黄冬芳，等.基于学生发展核心素养的学业标准·初中化学[M].北京：北京师范大学出版社，2020.

6. 冯彦国，赵长宏，李莹，等.高考命题改革背景下，化学教学中的关键问题[M].北京：中国青年出版社，2020.

7. 刘凯钊.基于素养培养的高中化学命题研究[M].长春：东北师范大学出版社，2019.

8. 张莉娜，贺新.高中生化学核心素养的学习评价[M].北京：北京教育出版社，2021.

第四单元 教学反思与教师专业发展

单元学习目标 ……▶

1. 明确教学反思的概念、结构与基本方法，能结合具体问题撰写一份案例式教学反思。

2. 掌握说课、观课、议课的一般方法，能基于某特定的观察点进行专业的听评课。

单元导读 ……▶

反思与发展是教师专业能力的组成部分，是促进教师专业成长的重要动力。好的教师需要具备教学反思能力，能够反思教学过程中的所得与所失，针对教育教学工作中的问题进行探索，从而改进教育教学工作；能够通过说课、观课、议课的形式与同行展示交流、共同研究，从而助力个人的专业成长。本单元将讲述教师需要具备的反思与发展能力，期望助力新教师的专业成长。

单元导航 ⋯⋯▶

```
                                        ┌─ 聚焦案例
                                        │
                            教学反思 ────┤─ 提出问题
                                        │
                                        │─ 分析解释
                                        │
                                        └─ 教学改进
教学反思与教师 ────┤─── 说课
专业发展
                                        ┌─ 观察点的选择
                                        │
                                        │─ 观察工具的开发与使用
                                        │
                            观课、议课 ──┤─ 观察信息的记录
                                        │
                                        │─ 对观察信息的意义的解释
                                        │
                                        └─ 议课的注意事项
```

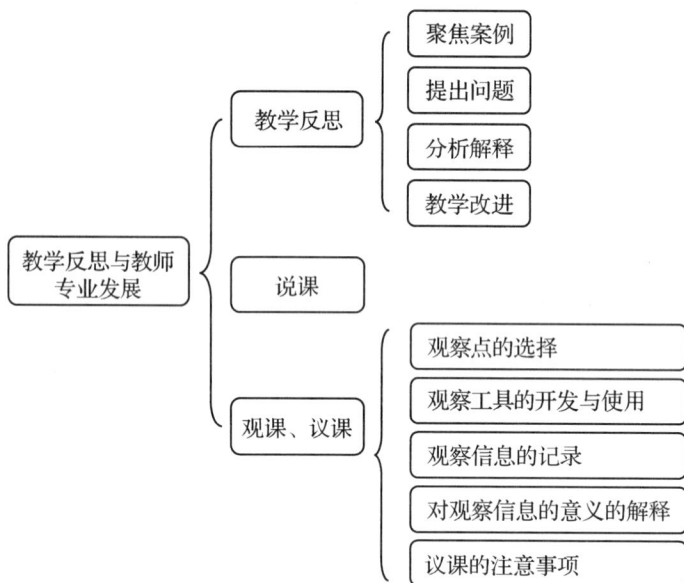

经验＋反思＝成长

——波斯纳（美国心理学家）

▶ 第十二讲
教学反思

教学反思是指教师对教育教学实践进行再认识、再思考，并以此来总结经验教训，进一步提高教育教学水平。教学反思一直以来都是教师提高个人业务水平的一种有效手段，教育上有成就的大家一直非常重视教学反思。现在很多教师会从自己的教育实践中反观自己的得失，通过教育案例、教育故事或教育心得等来提高教学反思的质量。

一般来说，教学反思的内容有反思教学的成功之处、反思教学中的不足、反思教学中的机智和应变能力、反思教学实践与原教学设计的差异、反思如何改进和如何重新设计这样一节课。

在教学中，教师也要及时反思与调整，这就要求教师全身心地投入教学活动，调动各种感官捕捉反馈信息，快速、灵活地做出调整和反应。教师可运用录音和录像技术，结合观察手段一起为教学反思提供信息。

教学反思围绕教学内容、教学过程、教学策略等进行。

一、聚焦案例

下面以初中化学"水的净化"为例谈谈如何进行教学反思。

✑ | 案例 4-1-1 |

"水的净化"教学设计①

（一）指导思想与理论依据

本节课的教学设计以促进学生认识发展为基本原则，以实现学生掌握化学知识、领悟学习方法、体会学科思想、建立哲学观点、渗透德育内容为根本目标，以学生为中心建立自主、合作、探究的学习模式，挖掘学生

① 案例来源：北京市第六十六中学周妍。有删改。

的内在潜力，这是学生主动建构知识、发展能力的过程。

学生以原有知识为生长点，在教师创设的真实情境中，利用有内在逻辑关系的学习材料，不断形成和完善认识思路。学生在应用所学知识解决实际问题的过程中，激发自身强烈的求知欲，保持较高的学习兴趣。学生在自主、合作、探究的学习过程中，建构学科知识，领悟学习方法，体会化学思想，建立哲学观点。学生在认识发展的过程中，逐步意识到化学的学科价值和社会价值，形成热爱化学的情感。

学生对生活中常见的净水方法已有一定认识，尤其对过滤方法和用品有较多了解，但对其他净水方法和原理以及每种方法所除去的杂质类型和除杂效果并没有明确的认知，而且学生对所学的多种净水方法没有形成系统的设计观念，认知结构中还未形成净水的一般步骤。因此，学生的认知发展点在于形成从混合物中逐步分离和提纯，最后得到纯净物的一般思路。

设计本节课时，无论是素材的选取、实验的安排，还是核心问题的创立和学生活动的设计，都以学生已有的认知为基础，然后沿着学生的认知发展点，逐步引导学生明确在净水过程中，要根据不同杂质的性质来选择合适的净化方法，帮助学生完善知识内容，建构新的认知结构，并将这种方法应用于从混合物中分离纯净物的一般过程中，最终在学生头脑中形成分离和提纯的一般思路，为后期教学中物质的检验与鉴别、分离与提纯以及高中学习中研究更复杂的混合物体系奠定坚实的基础。

（二）教学背景分析

1. 本课时教学内容为发展学生核心素养的功能与价值分析

教材从纯净水、自然界的水以及自来水的不同之处引入水的净化问题，以自来水厂的净水过程为例，将沉淀、过滤、吸附和蒸馏等净水方法有序地联系起来，并将认识水的角度从社会转入化学学科。从内容上看，本课题主要是介绍分离混合物的一些化学实验操作方法。从编排上看，教材从纯净水与自然界的水在视觉上的差别引出沉淀、过滤、吸附等除杂方法；以视觉上无差异的水为例，说明澄清透明的水中仍可能含有杂质，进而介绍含可溶性杂质的净化方法——蒸馏。

本节课的教学设计以生活中的废茶水为素材，使学生在净化废茶水这个贯穿始终的实验活动中，认识过滤、吸附和蒸馏等净水方法及原理，建构混合物分离和提纯的一般思路，体会化学服务于生活的功能和价值。在教学中，本节课打破了学生以往只从表象认识几种净水方法的局限性和单一性。学生通过亲身体验从混合物到纯净物的转化，收获了化学知识，形成了化学方法，建立了化学思想，为以后应用这些知识和方法解决实际问题奠定了基础。因此，本节课有着承上启下的重要作用。

2. 学生核心素养发展情况分析

学生已有的知识与认知：

①知道天然水是混合物，水中有不溶性杂质和细菌等。

②对于饮用水的来源有一定了解，知道生活用水来自自来水厂。

③知道过滤一词，生活中也接触过过滤，知道一些生活中常见的可以起到过滤作用的用品。

学生已有的能力：

①初步具备学习化学概念的基础，能够应用观察、比较、分析、归纳、概括等方法学习知识。

②初步掌握一些简单的化学实验基本操作技能。

学生存在的问题：

①对不溶性和可溶性杂质不太明确，对吸附和蒸馏的原理并不了解。

②在净水方法上，大多数学生并不清楚过滤能除去的杂质类型，对从混合物到纯净物的一般过程也没有系统的知识体系。

(三)基于核心素养发展的教学目标及教学重、难点

教学目标：

①了解纯净水与自然水的区别，认识过滤、吸附和蒸馏等净水方法及原理。

②通过分析废茶水的组成和杂质的性质，感受对比法和分类法在学习中的重要性。

③通过过滤和吸附废茶水的实验活动，建构要依据实际目的和杂质性

质选择合适的净水方法的净化思路。

④通过亲身体验，感悟净化水的过程就是混合物分离的过程，进而得到混合物分离和提纯的一般思路。

⑤体会化学和生活的密切联系，深刻意识到化学的学科价值和社会价值，感受化学源于生活且服务于生活的事实，并增强爱护水资源的意识。

⑥在应用化学知识和学科方法解决实际问题的过程中，感受化学实验的魅力，提高学习化学的兴趣。

教学重点：

认识过滤、吸附和蒸馏等净水方法及原理。

教学难点：

①建构要依据实际目的和杂质性质选择合适的净水方法的净化思路。

②形成混合物分离和提纯的一般思路。

③树立应用化学知识和学科方法解决实际问题的意识。

（四）核心素养导向的教学过程与教学资源设计

教学环节	主要教学活动		设计意图
	教师活动	学生活动	
环节一引入新课	引入：老师遇到一个问题，想寻求同学们的帮助。展示：视频。	帮老师想出解决问题的办法：净化废茶水、水的再利用。	课程以生活中的废茶水"拉开帷幕"，引导学生关注生活中与化学有关的现象，体会化学和生活的密切联系，并初步建立爱护水资源的意识。
环节二认识废茶水的组成	提出问题：如何把废茶水净化为澄清、无色、无味的水？展示：废茶水和澄清、无色、无味的水。	活动1：对比观察实验盒中的两种水，思考它们的不同之处，找出废茶水中的杂质，并思考杂质各自的特点。	学生认识到确定净水方法前，要先分析废茶水的组成和杂质的性质，并感受对比法和分类法在学习中的重要性。

续表

教学环节	主要教学活动		设计意图
	教师活动	学生活动	
环节三 认识一些 净水方法	提出问题：如何除去废茶水中的茶叶、花瓣、颗粒？ 展示：废茶水。	活动2：分组操作，使用生活中常见的工具，如漏勺、茶网、纱布来过滤废茶水。	学生用生活经验解决问题，在根据杂质性质思考净化方法和寻找过滤工具的过程中，体会这些杂质的相同点是不溶于水的，并感受过滤方法的原理。
	提出问题：各小组的实验现象都有什么？ 展示：各小组净化后的液体。	活动3：汇报实验现象，并对比净化后的液体，总结实验现象的相同点和不同点。	学生通过对比净化效果，感受虽然过滤工具不同，但净化原理相同，并发现不同孔径的工具能除去颗粒大小不同的杂质。
	提出问题：达到完全除去不溶性杂质的目的了吗？ 展示：用身边能找到的孔径最小的纱布过滤后的液体。	思考解决办法，用孔径更小的工具除去颗粒更小的不溶于水的固体。	学生在应用所学知识解决问题的过程中，深入体会要根据目的和杂质的不同，也就是颗粒大小的不同，来选择孔径合适的工具。
	演示实验：使用实验室中孔径更小的工具，如用滤纸除去不溶性的、更小的颗粒。	观察操作过程，描述净化效果和净化速度。	学生通过再次对比净化效果，发现工具的孔径不同还导致过滤速度不同，体会并非孔径越小效果越好，适合目的的工具才是最好的。
	提出问题：同学们对过滤都有哪些认识？要使用过滤这种净水方法，都需要考虑哪些问题？ 展示：用滤纸过滤后的液体。	小组讨论，总结得出要根据实际目的和杂质性质选择合适的方法，根据实际目的和杂质大小选择孔径合适的工具。	学生在应用知识解决问题的过程中，以生活经验为生长点，收获新知识，形成新方法，并体验化学实验与生活实验的联系与区别。

续表

教学环节	主要教学活动		设计意图
	教师活动	学生活动	
环节三认识一些净水方法	提出问题：达到净化为澄清、无色、无味的水的目的了吗？展示：过滤后的废茶水和澄清、无色、无味的水。	活动4：再次对比观察这两种水，思考它们的不同之处，找出这时废茶水中还存在的杂质。	学生巩固选择净水方法的净化思路：先根据实际目的，分析物质的组成，找到杂质；然后分析杂质的性质，并根据这些选择合适的净水方法。
	提出问题：如何除去某些可溶的、有颜色和气味的物质？展示：过滤后的废茶水。	活动5：演示实验，使用生活中的活性炭来吸附并过滤废茶水。	学生用生活经验和所学知识解决问题，体会要根据实际目的和杂质性质选择合适的净水方法，并感受吸附方法的原理。
	介绍：活性炭的吸附原理。展示：活性炭在生产和生活中应用的图片、实物。	倾听、思考。	学生深刻感悟吸附方法的原理与过滤的不同，并体会化学与生活的密切联系，发现化学的学科价值和社会价值。
	提出问题：同学们对吸附都有哪些认识？要使用吸附这种净水方法，需要考虑哪些问题？展示：用活性炭吸附并过滤后的液体。	小组讨论，认识到影响净水方法选择的诸多因素，如净化目的、杂质性质、实验用品及操作等，建构出如何选择合适的净水方法的净化思路。	在过滤和吸附废茶水的实验活动中，学生的思考不断深入，认知角度不断丰富，继续深化要依据实际目的和杂质性质选择合适的净水方法的净化思路。
	提出问题：过滤和吸附后的水中还有杂质吗？展示：生活中纯净水的水质检测标准。	阅读和分析，感悟出有些杂质无法用感官观察，要使用仪器检测。	学生充分感受查阅资料在探究过程中的重要性，从资料中整合和提取有效信息，并初步建立定性观察与定量测定相结合的意识。

续表

教学环节	主要教学活动		设计意图
	教师活动	学生活动	
环节三 认识一些 净水方法	提出问题：如何得知这种水是否达到生活中纯净水的水质检测标准？	活动 6：分组实验，使用水质测试笔定量测定。	学生亲自动手操作，初步感受利用微粒的特点进行测量，以及从微观角度认识物质的组成的方法。
	提出问题：这时水中的杂质有什么性质？如何继续净化？ 展示：过滤和吸附后的水。	明确这种杂质是可溶且微小的，并提出沿用过滤和吸附的原理，使用孔径更小的过滤或吸附工具继续除杂。	学生在认识此时水的组成和杂质性质的基础上，根据生活经验和所学知识解决问题，感受实验目的的指导性和重要性，不断提升学习兴趣。
	视频实验：膜分离技术。 介绍：膜及其分类。 展示：反渗透膜实物、净水模拟装置图片。	观察净化效果和净化速度，感受选择净水方法的其他影响因素，如操作、速率、成本等。	学生扩展对净水方法的认识，初步建立针对不同问题采用不同技术的思想，深入体会膜分离这种净化方法的原理与过滤相同。
	提出问题：还有其他净化思路吗？	根据蒸馒头时锅盖上有水滴的生活经验，提出先蒸发后冷凝的思路。	学生用生活经验解决问题，初步感受蒸馏的原理与过滤和吸附的不同，为后面了解蒸馏原理及装置做好铺垫。
环节四 总结提升	提出问题：过滤、吸附和蒸馏这三种净化废茶水的方法涵盖了净化的两个角度，分别是什么？	总结得出两个角度：过滤和吸附这两种方法都是在把废茶水中的杂质除去，而蒸馏则是从废茶水中直接提取水。	学生以生活经验为生长点，从生活中走进化学实验室，应用归纳总结的学习方法逐步完善认知结构，多角度认识物质。
	提出问题：在实际的净化过程中，可以选择哪些方法，每种方法都需要考虑哪些问题？	总结出很多需要考虑的问题：实际目的、杂质性质、仪器用品、价格成本等，有时需要综合使用多种净化方法。	学生回顾这三种净水方法，总结影响方法选择的因素，在应用化学知识解决问题的过程中再次感受和体会化学的学科价值和社会价值。

续表

教学环节	主要教学活动		设计意图
	教师活动	学生活动	
环节四 总结提升	提升：净化水的过程就是混合物分离的过程，所以净化水的思路也是混合物分离和提纯的思路。	倾听、感悟、思考，通过净化废茶水，认识混合物分离和提纯的一般思路。	学生在净化废茶水的过程中，通过亲自进行实验操作，主动参与、思考和体验，提升了获得知识和形成一般思路的能力。
环节五 实际应用	练习：这些净水方法都存在于大自然中，请结合自然界水循环过程，举例说明这个过程所用到的净水方法。	发现这个过程用到了过滤、吸附和蒸馏三种净水方法。	学生了解自然界中水的循环，惊叹于大自然的"魔力"，激发热爱化学、热爱生活的情感，感受化学的社会价值。
	结尾：请你谈谈本节课的收获与体会。布置作业。	思考，简单谈谈收获与体会。	学生在愉悦中获得知识、形成方法、提升情感。

（五）学习效果评价设计

评价标准	学业水平	评价工具
认识过滤、吸附和蒸馏三种净水方法及原理，并亲自动手操作，体会化学的学科价值和社会价值。	优秀	自制简易净水器。取一个空塑料瓶，剪去底部，瓶口用带导管的单孔橡胶塞塞紧，将瓶子倒置，瓶内由下向上分层放置洗净的蓬松绵、纱布、活性炭等，就能得到一个简易净水器。试验它的净化效果。
知道过滤、吸附和蒸馏三种净水方法及原理，并完成相关题目，感受化学源于生活且服务于生活。	良好	请结合自然界水循环过程示意图，举例说明整个过程所用到的净水方法。

续表

评价标准	学业水平	评价工具
了解过滤、吸附和蒸馏三种净水方法及原理，并发表观点，感受化学与生活的密切联系。	合格	请从卫生、健康的角度，谈谈如何正确选择饮用水。

二、提出问题

针对"水的净化"一节的教学设计与实践，可以进行如下问题的反思。

(1)教学内容方面的反思。

①确定的教学目标是否合适？是否需要调整？

②为实现教学目标，所采用的教学策略是否适应学生的发展？

③学生在学习过程中，是否有效发展了化学学科核心素养？

(2)教学过程方面的反思。

①教学目标是否完成？是否获得了预期的教学效果？

②教学中是否给予了学生充分的思考与交流研讨的空间和时间？

③对于设计的主要内容，学生能否通过教师设计的活动顺利完成？

④教学中所举的例子是否合适？学生是否可以通过分析、比较、归纳，总结出核心内容。

⑤学生在探究活动中是否主动？研讨是否热烈？研究是否有效？分析是否合理？结论是否科学？

⑥学生遇到的困难和疑惑是否都已解决？对于学生出现的问题教师是否在教学设计中已经预料到？

⑦教学中教师是否给予了学生恰到好处的帮助？是否给予了学生及时有效的评价与鼓励？

⑧本节课哪些环节的设计有误？可以如何调整？

⑨整节课的实践与原教学设计有哪些出入？改变原设计的方法是否有效？采用别的活动和方法是否更有效？原教学设计如何修改？

…………

（3）教学策略方面的反思。

①感知环节：教师要意识到教学中存在的问题与自己密切相关。

②理解环节：教师要对自己的教学活动、倡导的理论、行为结果与期望进行比较，明确问题根源。

③重组环节：教师要重审教学思想，寻求新策略。

④验证环节：教师要检验新思想、新策略、新方案是否更有效，形成新感知，发现新问题，开始新循环。

三、分析解释

以下为授课教师针对"水的净化"一节课进行的教学反思，基本上将教学后提出的问题都做出了分析与解释，对后续教学是非常有利的。

教师反思：

化学是一门研究物质且以实验为基础的自然科学。"水的净化"是一节充分体现化学与生产和生活紧密相连的课，是九年级学生体会化学的学科价值和社会价值的好契机。为了突出知识、方法和情感的形成过程，我在教学中贯穿以学生的已有知识为生长点，通过实验等教学手段激发学生的兴趣和求知欲，使学生在自主、合作、探究的过程中收获化学知识、掌握学习方法、建立学科思想，继而建构新的认知结构的教学思路。

在以往的教学中，首先，教师虽然注重净水方法的内容和操作，但只是传授知识，学生并没有深刻理解这几种方法的原理，如过滤的原理就是根据杂质的大小来选择合适的工具，也没有把它们应用于解决实际问题，所以当研究对象不是天然水或换一种混合物时，学生就不知道如何处理了。其次，教师虽然注重净水方法之间的联系，但是只是级别高低上的，学生并没有明确认识这几种方法的相似和不同之处，如过滤是利用工具的孔径来分离杂质，其实膜分离技术便是这种方法的深入和延续，而吸附是利用物质的多孔来吸收杂质，也没有把它们提升到混合物分离和提纯的一般思路，所以当面对其他真实素材或情境时，学生就不知道如何应对了。这样不利于学生知识的积累、方法的掌握和学科素养的形成。

据此，我设计了以下五个教学环节：环节一，引入新课；环节二，认识废茶水的组成；环节三，认识一些净水方法；环节四，总结提升；环节五，实际应用。五个教学环节的设计意图分别如下：环节一，创设情境，引导学生关注生活中与化学有关的现象；环节二，明确实验对象和目的，引导学生用对比和分类的方法分析物质的组成和性质；环节三，设置问题，引导学生应用所学知识解决问题，在解决问题的过程中认识过滤、吸附和蒸馏三种净水方法及原理；环节四，学生在不断体验和感悟的过程中，将净化水的思路提升为混合物分离和提纯的一般思路；环节五，学生在实际应用的过程中，不断建立从化学的视角去认识生活中的现象的意识，并体会化学的学科价值和社会价值。

1. 环节一：引入新课

首先，我以视频展示生活中的废茶水"拉开帷幕"，学生建议净化后再利用。此环节引导学生关注生活中与化学有关的现象，体会化学和生活的密切联系，并初步树立爱护水资源的意识。

2. 环节二：认识废茶水的组成

为了使学生明确实验对象和目的，我提出问题：如何把废茶水净化为澄清、无色、无味的水？学生用对比法找到杂质，并根据杂质的溶解性进行分类。此环节引导学生明确以处理废茶水为例的净水的实验任务，感受对比法和分类法在学习中的重要性，并认识到确定净水方法前，要分析物质的组成和杂质的性质。

3. 环节三：认识一些净水方法

为了使学生从实际目的、杂质性质、仪器操作、净化效果及用途等角度进行全面分析，认识过滤、吸附和蒸馏三种净水方法及原理，我创设了以下四个情境。

(1)学习除去不溶性杂质的方法——过滤。

首先，学生根据生活经验，思考把茶叶、花瓣、颗粒这些不溶于水的杂质分离出来的方法，并使用生活中常见的工具(如漏勺、茶网、纱布)分组进行实验操作，感受过滤方法的原理。

其次，学生展示生活中的工具和净化后的液体并汇报实验现象，通过对比使用不同工具的净化效果，分析原因，体会净化原理——过滤工具都能除去不溶性杂质，但工具孔径不同会导致过滤效果不同。

再次，学生发现用以上工具还没达到完全除去不溶性杂质的目的，并应用所学知识解决问题，使用实验室中孔径更小的工具除去不溶性的、更小的颗粒。学生通过观察我展示的实验室过滤装置和演示的用滤纸及漏斗进行过滤的过程，再次对比净化效果，发现工具孔径不同还会导致过滤速度不同。

最后，我引导学生从净化目的、杂质性质、药品、仪器、实验操作、净化效果及净化后液体的用途等几个方面，通过列表法进行分析和小结，全面认识过滤这种净水方法。

在过滤废茶水的实验活动中，学生以生活经验为生长点，收获新知识和新方法，体验化学实验与生活实验的区别和联系。学生在应用所学知识过滤废茶水的过程中，感受到要依据实际目的和杂质性质来选择合适的过滤工具，为应用过滤原理解决实际问题奠定了坚实的基础。

（2）学习除去某些可溶性杂质的方法——吸附。

首先，为了使学生逐渐感受到选择净水方法要依据实际目的和杂质性质，我提出问题：达到净化为澄清、无色、无味的水的目的了吗？学生再次用对比法，发现以上过滤方法不能除去某些可溶性物质。

其次，学生再次根据生活经验，思考把某些可溶于水的、有气味的物质分离出来的方法，并使用生活中的活性炭来吸附废茶水，感受吸附方法的原理。之后，学生应用所学知识解决实际问题，使用实验室过滤装置将不溶于水的活性炭粉末除去，并发现活性炭还能除去某些可溶于水的、有颜色的物质。

再次，我介绍活性炭的吸附原理，展示其在生产和生活中应用的图片、实例等，学生深刻感悟到吸附方法的原理与过滤的不同，并体会化学与生活的紧密联系。

最后，我再次引导学生从净化目的、杂质性质、药品、仪器、实验操作、净化效果及净化后的液体的用途等几个方面，通过列表法进行分析和小结，全面认识吸附这种净水方法，并与过滤方法进行对比。

在过滤和吸附废茶水这两组层层递进的实验活动中，学生的思考不断深入，认知角度不断丰富，感受到了选择净水方法的诸多影响因素，如净化目的、杂质性质、药品、仪器及实验操作等，建构出了要依据实际目的和杂质性质选择合适的净水方法的净化思路。

（3）学习除去可溶性微小粒子的方法——膜处理法。

首先，为了使学生巩固这一净化思路，在学生对净化后的水能否饮用充满疑问时，我提出问题：水中还有杂质吗？学生出现争议，我适时地提供生活中纯净水的水质检测标准。学生阅读和分析后，感悟到通过目视、鼻闻等方法观察吸附后的液体，液体是澄清、无色、无味的，但并不能说明其符合水质检测标准。

其次，学生根据资料，探究杂质是否存在的方法，并使用水质测试笔进行分组实验操作，检测过滤和吸附后的废茶水的电导率，发现水中仍然存在可溶于水的、极其微小的杂质，感悟到有些杂质无法定性地用感官观察，需要根据其特点使用仪器定量检测，初步建立了定性观察与定量测定相结合以及从微观角度认识物质组成的意识。

再次，学生在认识此时水的组成和杂质性质的基础上，继续思考其他的净化方法。学生根据生活经验和所学知识提出两条思路。第一条思路是继续除杂，沿用过滤和吸附的原理，使用孔径更小的过滤或吸附工具。于是我介绍膜，学生体会到虽然不同种类的膜孔径不同，会使净化效果不同，但是净化原理相同。然后我展示反渗透膜实物以及蔡老师设计并制作的膜和净水模拟装置，使学生扩展对净水方法的认识。

最后，我以视频实验的形式展示膜分离技术以及净化前后的水质检测数据，学生发现膜经常用于生产和生活中的净水设备，并开始关注使用膜处理时的注意事项，再次体会化学与生活的密切联系，同时也感受到了影响净水方法选择的其他因素，如操作、速率、成本等，初步建立了不同问题采用不同技术的思想。

（4）学习净化程度较高且通过直接提取水来净化的方法——蒸馏。

学生提出的第二条思路是直接提取水。学生根据蒸馒头时锅盖上有水滴的生活经验，提出先蒸发后冷凝的思路，初步感受蒸馏的原理与过滤和吸附的不同，为后面了解蒸馏原理及装置做了铺垫。

此环节引导学生在净化生活中的废茶水这个实验活动中，认识过滤、吸附和蒸馏三种净水方法及原理，建构出要依据实际目的和杂质性质来选择合适的净水方法的净化思路，体会化学服务于生活的功能和价值。

4. 环节四：总结提升

为了使学生将净化水的思路总结提升为混合物分离和提纯的一般思路，我创设了两个问题。

首先，我提出问题：过滤、吸附和蒸馏这三种净水方法分别涵盖了净化的哪两个角度？学生总结得出两个角度分别为除去杂质和直接提取水。学生从生活中走进化学实验室，运用归纳总结的学习方法逐步完善认知结构，感受从多个角度认识物质。

其次，我又提出问题：在实际的净化过程中，选择每种方法都需要考虑哪些问题？学生总结出很多需要考虑的问题，如实际目的、杂质性质、仪器用品等，而且发现在实际的净化过程中有时需要多种净化方法综合使用。学生应用化学知识解决问题，巩固选择净水方法的思路，并再次感受和体会化学的学科价值和社会价值。

最后，学生感悟出净化水的过程就是混合物分离的过程，所以净化水的思路也是混合物分离的思路，进而得到混合物分离和提纯的一般思路。学生主动参与、思考和体验，建构出了新的认知结构。

此环节引导学生掌握化学方法，建立学科思想，丰富生活情感，激发学习兴趣，启迪科学思维，发展解决问题的能力。

5. 环节五：实际应用

通过课堂练习，学生巩固本节课所获得的知识，应用本节课建构的学科思想和方法解决实际问题。通过实际应用——结合自然界水循环过程示意图，举例说明所用到的净水方法，学生分析自然界的净水方法和原理，保持和增强自身的学习兴趣和求知欲，并建立化学、生产、生活和自然的有机联系。对学生来说，至此就完成了自主建构认知结构的过程，学生的认识思路得到了发展和提升。

在整个教学过程中，我紧紧围绕三维目标设计了五个教学环节，无论是认识过滤、吸附和蒸馏三种净水方法，还是建立混合物分离和提纯的一般思路，都以促进学生的认知发展为基本原则，以实现学生掌握化学知识、领悟学习方法、体会学科思想、建立哲学观点为根本目标，以学生为中心建立自主、合作、探究的学习模式，挖掘学生的内在潜力，这是学生主动建构知识、发展能力的过程。我也立足引导学生用化学方法解决实际问题，并力求在设计中逐级设立任务，引导学生一步步深入探究，显示知识和方法的形成过程。

本节课以水的净化为内容，以实验教学为手段，有教材实验、补充实验、改进实验、新增实验、研发实验等多种类型。有的实验源于生产生活，有的来自实验室，有学生分组、教师演示、学生演示等多种形式。有的实验起验证作用，有的实验起探究作用，还有的实验起基本实验操作的示范作用。学生在亲自动手操作的过程中，不断形成和完善认识思路，内化后便可应用这些知识和方法解决实际问题。学生在认识发展的过程中，也能更加深入地意识到化学的学科价值和社会价值，唤醒自身强烈的求知欲，激发学习化学的兴趣，并体会人类对事物的认识是在不断总结和实践中逐步形成、发展和完善的。

原本教学设计的最后环节是由学生谈本节课的收获和体会，这样既能让学生再次回顾所获得的化学知识、学习方法和学科思想，又能让教师及时了解学生掌握知识、建立思想和意识的情况，以便反思教学设计、调整教学方法和教学策略，但由于时间仓促未实施，深表遗憾。

四、教学改进

教师教学反思的过程是教师借助于行动研究，不断探讨与解决教学目的、教学工具和自身方面的问题，不断提升教学实践的合理性，不断提高教学效益和教科研能力，促进自身专业化的过程；也是教师直接探究和解

决教学中的实际问题，不断追求教学实践合理性的过程。

案例 4-1-1 的教学就是在以往常规教学的基础上，进行了长期的思考和分析，才有了这样具有创造性的设计。在以往的教学过程中，在"水的净化"这节课上，教师往往将重点放在过滤的操作上，强调的是在过滤过程中的操作要点。因为这些操作要点才是考试常考的知识点，所以教师重点指导学生如何分析实验操作、如何进行实验操作，以及后续跟上一些相关的练习，学生在实验技能的学习上是能够完成学习任务的，但是缺乏对过滤的思考和理解。本节课恰好利用了如何将茶叶和水进行分离这一生活中的常见的现象，将其作为一个教学载体，分析不同的过滤方法对过滤的效果是不一样的，从而引发学生对过滤装置的选择，引出被过滤的物质与过滤装置的孔径大小之间的关系。应该说，这个过程很好地引导学生认识并理解了过滤，通过寻找合适的过滤方法，揭示了过滤的本质，完成了教学目标。

在日常教学过程中，我们要设计一节课，首先要寻找与这节教学内容相关的、以往做过的一些研究，通过把这些研究进行分类、总结和归纳，梳理出这些研究过程中的共同特点，对以往课例中的思维角度、研究方法、呈现形式、实验探究等进行分析、补充、调整、修改、增补、改进，这样才能在以往教学的基础上对同一内容有新的理解。每次教学设计的创新都集中了众多教师对这节课的理解和智慧，在这个基础上进行再设计、再创造。改革的目的就是使我们的课堂教学更能体现学生学习的主动性，体现学生的思考与探索，体现知识获取的过程，体现化学的学科价值，体现有利于学生的发展，体现化学研究的最终目的——研究物质及其转化，为人类造福。

实践操练

请结合本讲内容的学习，针对自己教学过程中的某一关键事件，撰写包括教学反思过程等环节在内的案例式教学反思。

▶第十三讲
说　课

　　说课是指教师在备课或上课的基础上，以教育理论和教材为依据，口头或书面向同行、专家等分析教材与学生、陈述教学目标、讲述教学设想和教学实施的教研活动。说课是考查教师教学基本功的有效方法，对提高教师的专业水平和教学质量有重要意义。

📎 | **理论书签** |

说课的类型[①]

　　按照不同的划分标准可以将说课分为不同的类型。

　　按照说课的时间来划分，说课可以分为课前说课和课后说课。课前说课主要是指教师在完成教学设计的基础之上，通过说课来进行集体备课，借助于集体的智慧来预测课堂教学的实际效果，达到改进和优化教学设计的目的。课后说课是指教师按照既定的教学设计上课，并且在上课之后的集体研讨交流活动中向所有听课的教师同行阐述自己的教学得失，通过课后说课来对教学设计进行反思和研讨，对教学过程中的成败形成清晰的认识，为改进和优化教学提供可能。

　　按照说课的目的不同，说课可以分为说—研型（集体备课）、说—评型（竞赛）、说—评—研型（观摩教学研讨）、示范型等几种形式。说—研型说课常用于日常集体备课研讨，探讨教学中的问题，研讨解决和改进策略。说—评型说课是将说课作为教师教学业务评比的形式，用于教学竞赛评比中，来评价教师的基本功和对教育教学的理解。

---

　　① 郑金洲：《说课的变革》，5～6页，北京，教育科学出版社，2007。

说—评—研型说课常用在观摩教学研讨中，通过同行观摩教学的形式来就某个主题进行集体研讨。示范型说课是请优秀教师来展示教学设计和教学实施过程，供同行进行交流。根据说课目的不同，相应的说课内容也会有变化。

案例 4-2-1 以北京市广渠门中学刘臣老师的"'转'起来的铁　源源不断的氢——以 Fe(Ⅱ)、Fe(Ⅲ)间转化的利用为例"说课为例，展示了说课的基本流程规范、要素间的逻辑、重难点突破策略以及背后的设计意图。

案例 4-2-1

说课环节	说课 PPT、说课内容及评析
展示说课首页、目录	

说课环节	说课PPT、说课内容及评析
展示说课首页、目录	【说课内容】尊敬的各位评委、老师，大家好，我是广渠门中学的刘臣，今天我说课的题目是："转"起来的铁　源源不断的氢——以Fe(Ⅱ)、Fe(Ⅲ)间转化的利用为例。我将从六个方面进行说课。 【评析】首先要明确本节课的课题。课题可以是教材上的课题，也可以是凸显本节课教学思考和核心思想的自己命制的课题，知识承载可以用副标题来呈现。 说课时要明确这次说课的基本内容。说课内容一般包括教学指导思想、教学内容分析、学生情况分析、教学目标、教学重点和难点、教学过程设计、教学效果及反思。
说教学指导思想	 【说课内容】教育部颁布的《普通高中化学课程标准(2017年版2020年修订)》提出基于学科素养发展导向的教学，在课程目标上，更加突出体现学科核心素养和学科大概念统领，使学科素养具体化、结构化，并使其具有可迁移性。

续表

说课环节	说课 PPT、说课内容及评析
说教学 指导思想	【评析】教学指导思想一般来说是具有宏观特点的，强调理论性的支撑。比如，像高中化学教学的指导思想，要根据《普通高中化学课程标准（2017 年版 2020 年修订）》中的一些要求，强调化学学科核心素养对本节课教学设计的理论性支撑和理论性指导。 当然教学指导思想也可以有一些教学理论的简要呈现，需要注意的是，不要罗列太多的理论，而要强调教育教学理论对本节课相关内容或教学方法的指导。教育教学理论在教学过程中要有所呈现，能够在教学实践中有所体现。切忌空话、套话或者呈现的理论在后面教学过程中没有体现或关联性不强。
说教学 内容分析	 【说课内容】课程标准对课程内容和学业水平提出了明确要求。从教学内容的本体看，氧化还原反应的应用、元素及其化合物是高中化学学科的重要核心知识。在开展科学探究时，学生不仅要了解科学探究过程的核心要素，还要能够基于证据进行分析和推理。

续表

说课环节	说课PPT、说课内容及评析
说教学 内容分析	【评析】教师依据《普通高中化学课程标准(2017年版2020年修订)》相关主题的内容要求和学业要求，以及结合教材实际的知识脉络进行设计，明确核心知识和化学学科核心素养，强调具体的化学学科核心素养的发展。 一般来说，教学内容分析应基于学科课程标准的相关要求，结合某版本教材的特点，依据学生化学认识发展规律论述本节课的教学内容在整个课程中的价值，本节课的教学内容对应的课程标准中的主题内容具体要求是什么，以及这节课学生在学习过程中有了哪些提升。 在进行教学内容分析时，教师要特别重视分析这部分教材内容与前后知识的联系，重视分析新学习内容和学生已学过的内容之间的联系及在以后的学习中有哪些运用情况和发展，这样做可使新知识的学习建立在已有的知识基础之上，使知识的学习循序渐进，层次分明，此外对于化学研究方法的培养也要做一些考虑。
说学生学习 情况分析	

说课环节	说课PPT、说课内容及评析
说学生学习 情况分析	【说课内容】学生在前面已经学习了物质的分类、离子反应、氧化还原反应等化学核心概念，具备了依据化学反应中元素守恒，根据物质的酸碱性、氧化还原性进行物质转化的核心观念，但部分学生对知识功能的认识不足，缺乏分析问题的角度与路径，没有掌握研究物质性质和思路的一般方法。本节课要发展学生基于元素认识物质性质的核心观念和关键能力，全面提升学生解决实际问题的能力，使学生感受知识的应用价值，在学习过程中有获得感。 【评析】学生情况分析对学生已有的相关知识了解得比较清晰、全面，对学生学习能力的分析和评价也比较准确。本节课因为涉及比较多的氧化还原，以及二价铁和三价铁性质的相关知识，学生掌握这些知识以及发挥探究能力是实现本节课目标的关键和前提，进行全面和准确的分析是教学过程得以顺利实施的保证。 一般来说学生情况分析可以采用调查问卷法、访谈法和前测法等，学情分析的目的就是为这节课的教学目标的制定、教学过程中的知识应用、学生活动顺利实施而服务的。 学情分析既要关注课程标准的要求和教材内容，又要关注教学班级学生的实际情况。学情分析要立足课程标准、教材，立足学生实际，立足学生发展。
说教学目标 及重难点	

续表

说课环节	说课PPT、说课内容及评析
说教学目标及重难点	**教学目标及重难点** **教学目标**　　　　　　　　**教学重点**　　　　　　　　**教学难点** 1.通过创设真实问题情境，应用离子反应、氧化还原反应等化学核心概念，完成Fe^{2+}、Fe^{3+}间相互转化的探究活动设计。 2.在探究活动中，能依据物质的性质对物质发生的化学反应进行宏观预测，能够设计较为科学、严谨的实验方案进行实证。 3.应用含Fe^{2+}、Fe^{3+}物质的相关化学性质，设计从水中获取氢气的工艺流程；感受应用所学知识解决实际问题的重要意义，以及化学对当今社会发展和进步所做出的重大贡献。 **教学重点：** 设计Fe^{2+}、Fe^{3+}相互转化的实验方案，落实实验方案设计的一般思路与方法。 **教学难点：** 体会学科知识在解决真实问题中的应用价值，全面提升解决实际问题的能力。 【说课内容】基于以上分析，我将教学目标及教学重难点确定如下。 【评析】本节课教师确定的目标关注了化学学科的核心概念，强调学生的探究设计活动，在活动中渗透实证意识，让学生感受和经历解决问题的过程，特别提出实验方案的设计是本节课的核心，同时也是教学重点和难点。 　　教学目标是学生学习的预期结果。所以学生在学习新知识和技能之前，已有的知识和技能即学生已有的基础，是确定教学目标的依据之一。学生的已有基础是学习新知识的必要条件，在很大程度上决定教学的成效。在制定目标之前，教师必须了解学生已经知道了什么，特别是要找出学生头脑中存在的错误的生活概念，在此基础上，找出知识生长点，明确教学难点，寻找突破方案，通过一系列的教学具体活动帮助学生建立起科学的概念。 　　教学目标要能体现化学教育从知识本位向以人为本的理念的转变，突出教学不仅要关注学生学习什么，还要关注学习经历什么样的"过程"，使学生在过程和体验中形成一定的学习方法和学科思想方法，产生积极的情感，形成正确的价值观。 　　此外教学目标的表述也要明确，具有可操作性、可观察性和可测量性，以利于教师对目标的把握与测量。

说课环节	说课 PPT、说课内容及评析
说教学 过程设计	
说课堂 引入

【说课内容】课堂引入首先确立实际问题，即用现代文明社会的四大支柱引出能源话题，随之引导学生分析近 200 年间世界能源形态的变迁过程——不难得出，未来使用清洁的气态燃料将是大势所趋，具有清洁、高热值、可再生等特点的氢能将成为人们探寻的一种"永恒"的能源。至此，完成了实际问题的确立，引导学生关注新能源的开发与利用问题也最大限度地承载了中学生社会责任的教育价值。 |

续表

说课环节	说课PPT、说课内容及评析
说环节	**1. 环节一** （教学设计过程——环节一：利用化学反应，选择途径，制取氢气） 【说课内容】随即开始本课的学习（进入环节一）。教师围绕如何利用化学方法制取氢气，提出两个问题。学生依据已有的知识基础，从化学反应元素守恒的视角，很容易想到利用水或稀酸(H^+)制取 H_2。此时教师以水为原料制取氢气，引导学生深入分析：从 H_2O 到 H_2，从化合价变化看，水中 $+1$ 价的 H 变为 0 价，发生了氧化还原反应；从电子转移方向看，1 mol 水参与反应，得到 2 mol 电子(e^-)。因此，我们选取的物质应该是反应中能够提供电子的物质。常见的物质中哪些可以失去电子呢？据此写出生成氢气的化学方程式。 $$2H_2O \xrightarrow{通电} 2H_2\uparrow + O_2\uparrow$$ $$Zn + H_2SO_4 = ZnSO_4 + H_2\uparrow$$ $$C + H_2O(g) \xrightarrow{高温} CO + H_2$$ $$3Fe + 4H_2O(g) \xrightarrow{\triangle} Fe_3O_4 + 4H_2$$ 【说课内容】依据学生写出的方程式，教师继续与学生展开对话："假如你是一位化工制造企业的工程师，在工业生产中你最看重的是什么？"学生不约而同地回答是生产效益，还有学生补充到要保护周围的环境。以此启发学生若将理论层面的研究从实验室应用到真实工业生产中时，必须综合考虑多方面因素——如能耗、反应调控、产品纯度、三废处理等问题，促使学生深刻感悟理想与现实的冲突，以及在真实情况下化学反应的复杂性。

续表

说课环节	说课 PPT、说课内容及评析
说环节	**教学设计过程——环节一：利用化学反应，选择途径，制取氢气** ● 依据元素守恒、氧化还原反应理论，利用化学方法制取氢气 [问题2.1]利用化学反应，可选取哪些原料作为反应物大量制取H_2？ [问题2.2]对于选取的途径，制取H_2的过程中发生了哪种类型的化学反应？ ● 理想与现实的冲突，感受真实情况下化学反应的复杂性 [问题2.3]制取H_2的最理想原料是什么？在工业生产中，依据实际情况选择化学反应和原理，应考虑哪些因素和原则？ 金属与酸制氢气——成本高 ● 激发探究兴趣，抓住反应中电子转移的实质，寻找制取氢气的新途径 水煤气制氢气——产品不纯　$3Fe+4H_2O(g) \rightleftharpoons Fe_3O_4+4H_2$ 电解水制氢气——耗能高 **【说课内容】**随后学生通过讨论教师进一步给出的相关背景资料后，得出工业上并不用电解水和水煤气等方法大量制取氢气。学生依据刚刚学过的金属的化学性质，联想到工业生产中能否使用铁和水蒸气制氢气。 **教学设计过程——环节一：利用化学反应，选择途径，制取氢气** ● 依据元素守恒、氧化还原反应理论，利用化学学方法制取氢气 [问题2.1]利用化学反应，可选取哪些原料作为反应物大量制取H_2？ [问题2.2]对于选取的途径，制取H_2的过程中发生了哪种类型的化学反应？ ● 理想与现实的冲突，感受真实情况下化学反应的复杂性 [问题2.3]制取H_2的最理想原料是什么？在工业生产中，依据实际情况选择化学反应和原理，应考虑哪些因素和原则？ ● 激发探究兴趣，抓住反应中电子转移的实质，寻找制取氢气的新途径 $H_2O(g)$ → Fe → H_2　　$H_2O(g)$ Fe{Ⅱ}化合物 → H_2 CO_2 ← Fe_3O_4 ← CO　　Fe{Ⅲ}化合物 **【说课内容】**问题的提出激发了学生的探究兴趣和欲望，很多学生产生了疑惑。此时有小组依据前面学过的炼铁反应，提出了利用铁和水蒸气循环制氢气的设想；与此同时，有学生认为单质铁本身就是由碳经过一系列还原过程得到的，因此考虑生产成本问题，工业上并不选取这种方法大量制取氢气。那么问题来了，能否选用铁的化合物和水蒸气反应循环制氢气呢？教师引导学生进行思考：若能实现，我们要首先解决Fe^{2+}、Fe^{3+}相互转化的问题。

说课环节	说课 PPT、说课内容及评析
说环节	2. 环节二 【说课内容】随即进入环节二，教师首先提出引导性问题：[问题 2.1]反应物以 $FeSO_4$ 为例，欲转化成 $Fe_2(SO_4)_3$，需要加入哪类试剂？试剂选择的理论依据是什么？[问题 2.2]加入试剂后，预期产生什么现象？依据何种证据，证实反应确实发生了？随后学生分小组进行实验方案设计，从氧化还原反应的视角，实现物质的转化。部分学生在寻找生成 Fe^{3+} 的证据中，认为加入氯水后，只要通过观察溶液的颜色即可证明反应发生了。此时教师启发学生将氯水和 Fe^{3+} 的颜色进行比较，引导学生思考证据是否可信，强化学生的证据意识，在学生有需求时，适时给学生提供用灵敏试剂 KSCN 检验 Fe^{3+} 的方法。问题驱动式的教学关注学生的课堂需求和实际获得。此外，教师和学生共同探讨、交流，并优化学生的实验方案，发展并提升学生的科学探究能力，从而使学生充分体验化学学科的核心知识，培养学生的学科核心素养。请看一段教学实录。 【说课内容】在分组探究活动中，学生依据物质的性质，选择不同的氧化剂和还原剂，设计了多种方案实现了 Fe^{2+}、Fe^{3+} 的相互转化。在本环节中，教师也潜移默化地教给了学生设计实验方案的一般思路与方法——先理性分析，明确实验目的，再设计方案，进行实证，得出结论。

说课环节	说课PPT、说课内容及评析
说环节	**3. 环节三** **教学设计过程——环节三：设计利用铁的氧化物循环制取氢气** [问题3.1]设计利用FeO、Fe_2O_3的相互转化关系源源不断制取H_2，在设计中尽量减少尾气排放对环境的影响，尝试利用化学方法将尾气循环利用。 [问题3.2]画出流程图并整理反应过程，写出涉及的反应方程式及总反应方程式，思考获取氢气的"驱动力"是什么。 **【说课内容】**随即进入环节三，设计利用铁的氧化物循环制取H_2，完成对实际问题的解决。首先启发学生利用FeO和Fe_3O_4的相互转化关系源源不断地制取H_2。在设计中尽量减少尾气排放对环境造成的影响。学生分小组展开了热烈的讨论。以Fe^{2+}、Fe^{3+}的相互转化为基础，经过师生间的有效互动和多次修改，学生设计出了一种利用FeO/Fe_3O_4的相互转化循环制取H_2的工艺流程，同时为减少污染，也实现了碳元素的循环再利用。对于总反应方程式的书写，教师引导学生识图，从工艺流程图中找出反应物与生成物，提升学生的识图、识表能力。不难发现，在总反应中并未看到FeO和Fe_3O_4两种物质，学生经过仔细分析后得出，铁的氧化物在FeO和Fe_3O_4间不断循环转化，起到了类似化学反应中"催化剂"的作用，而反应的驱动力(实质)是电子在+2价和+3价铁元素间的转移，实现了源源不断地产生H_2。本环节在设计中也帮助学生植入了绿色化学的思想，强化了学生的社会责任意识。 **4. 环节四**

续表

说课环节	说课PPT、说课内容及评析
说环节	【说课内容】至此，进行课堂小结，先由学生自行整理收获与感悟，教师给予适当评析和补充，同时提升了课堂小结的起点。本节课仅仅抓住氧化还原反应的实质——电子的转移，依据电子在+2价、+3价铁元素间不断的转移过程，完成物质循环，解决从水中获取氢能的问题。课堂教学的过程就是实际问题解决的过程，整体教学思路从实际问题的确立到实际问题的拆解，到实际问题的分析，再到实际问题的解决，一脉相承，最终完成了教学目标。在课堂结尾给学生展示"我国自主研发的氢燃料电池有轨电车于2017年年底实现首次商业化运营，标志着我国在新能源轨道交通领域实现了重大突破"。学生的自豪感和成就感油然而生。 【评析】本节课教师一共设计了四个教学环节，分别是：利用化学反应，选择途径，制取氢气；探究活动设计 $Fe^{2+} \rightleftharpoons Fe^{3+}$；设计利用铁的氧化物循环制取氢气；课堂小结。各环节之间联系紧密，逐步深入，层层递进。教师采取了分步研究—建立联系—实现目标的教学策略，将有关铁及其化合物的性质与制取氢气的路径相联系，较好地利用了氧化还原反应中的电子转移，实现了利用铁的氧化物源源不断制取氢的研究目标，完成了学习任务。 本节课的引入也是很有亮点的，以现代社会遇到的能源问题为研究对象，强调社会的发展进步亟须清洁、高热值、可再生的氢能，从而引导学生带着任务进入本节课的学习，体现了任务驱动、化学学科价值以及"绿色化学"的理念。引入自然，贴近社会发展，紧密连接化学知识。接下来有步骤、有程序的研究活动都是紧紧围绕着驱动性任务展开的。首先是研究获取氢气的途径，经过理论分析与研讨，探索到获取路径；其次是从如何实现由水到氢的过程，很自然地过渡到如何利用 $Fe(II)$ 与 $Fe(III)$ 相互转化时释放与吸收电子的过程来实现氢气的输出，这个研究过程是本节课的重中之重，也是体现学生基础知识、基本技能、思维发展、协作研究的过程。学生的实验设计过程展现了学生思维的开放性、深刻性、敏捷性、严密性和创新性。通过以组为单位的设计、小组的设计展示、组与组之间的交流与评价等活动，学生发展了"宏观辨识与微观探析""变化观念与平衡思想""科学探究与创新意识"等化学学科核心素养。 将 $Fe(II)$ 与 $Fe(III)$ 相互转化过程中的电子与水转化成氢气的过程进行整合是本节课的又一次思维方面的提升，是前面几个环节的综合，也是完成教学目标的具体体现。

续表

说课环节	说课 PPT、说课内容及评析
说环节	本节课的结尾是在第四个环节"课堂小结"中进行的，回顾了本节课的研究历程，逐渐摸索出针对所确立的问题进行有序拆解，逐个击破，最终达到目标的思维程序，为今后的实验探究活动指明了一般思路与方向，是本节课的点睛之笔，也是引导学生明确经历了本节课的学习之后在研究和解决实际问题层面上的思索与提升。 教学过程部分是说课中的重中之重，占说课的较大篇幅。一般来说，15分的说课要用12分左右的时间进行教学过程的陈述。要特别注意的是说课中的教学过程和教学设计中的教学过程还是有比较大的差异的。说课中的教学过程呈现的是教学设计的实践过程，更是教学过程背后的一些想法实现的原因以及在教学过程当中为什么要如此设计的表达。应该说说课中的教学过程是非常有内涵的，是比教学设计更深一层的教师研究过程的呈现。教师要表达的是在某一个教学环节中，为什么这么设计，思考的是什么，是怎样来实现的，在实现的过程中学生又有怎样的表现，给了教师哪些启发，这个才是教学过程应该有的特色和特点。 教学过程的呈现应该是全面的、丰富的，而不是简单的流水账式的表达，更应该是一个由问题线索指引的、以实际问题解决过程为明线、以知识的承载为暗线的师生互动的研究过程，体现的是师生对于一个问题的研讨、思索、设计、反思等，应该是比上课的过程更丰富，更有内涵，更能够深刻地体现出教师设计的缘由和教师设计的理论支撑。教学过程的目标性更强，从每个环节的实现来看，应该是紧紧围绕着教学目标的实现来进行的。 教学过程要和教学目标相呼应。教学过程分不同的教学环节，每一个环节应该有明确的环节目标，所有的环节目标逐一实现，最后完成一节课的教学目标。教学环节层次应该分明，每个环节应该是有递进关系的，在知识的承载方面步步提升，在学习方法方面是很好的指引，在思维过程方面步步深入。 在说课的表现上，一般来说，应该首先明确某一环节的环节目标是什么，为了完成这个环节目标，教师是如何一步一步地设计教学和实施教学的。在实施过程中，学生又是如何一步一步在教师的组织和引导下，或者是帮助之下，进行教学活动，最终完成教学目标的；还有学生在实践教师设计的活动中的表现是什么。在说课过程中可以用一些音频、视频、照片等形式来呈现学生的研究过程。学生活动展现出来的是教师活动设计的价值及对教学目标实现的一些想法和一些思考。

续表

说课环节	说课PPT、说课内容及评析
说环节	当然在教学过程中，避免不了的就是学生的一些想法或者一些失误的地方。在这个过程中，若能呈现学生对于问题的一些争执与疑问，最终的解决方案的实施和一些思考，或者是学生之间的一些评价，就更能够体现这节课的精彩了。学生的精彩才是一节课的真正的精彩。 如果真实的教学过程所呈现的和教师原设计的有一些差异，也是没有问题的，因为这更能够体现上课过程中的一些真实性，为教师课后的反思提供了素材。
展示教学流程图	【说课内容】这是本节课的教学流程图。教学过程设计的核心环节素材线索、问题线索、知识线索、学生活动线索如图所示。 【评析】本节说课的最后，教师还呈现了教学流程图，从素材线索、问题线索、知识线索和学生活动线索四个方面，清楚地呈现了本节课的整体设计。四条线索有机地结合在一起，最终成为学生学习进程的展现。 教学流程图可以直观地显示整个课堂活动中各个要素之间的关系、比重，也可以将教学中的重点和难点部分简洁地呈现出来，还可以较好地反映出教师教学过程设计的逻辑性、层次性等。教学过程流程图是浓缩了的教学过程，层次清楚，简明扼要，一目了然。

续表

<table>
<tr><th>说课环节</th><th>说课 PPT、说课内容及评析</th></tr>
<tr><td>说教学效果及反思</td><td>
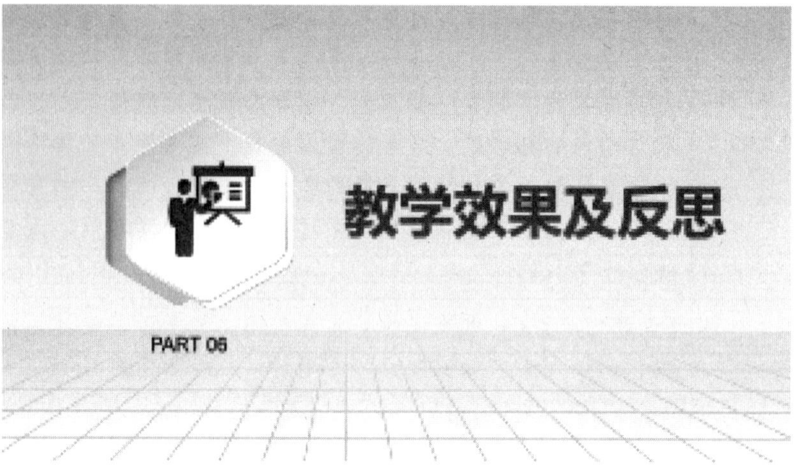

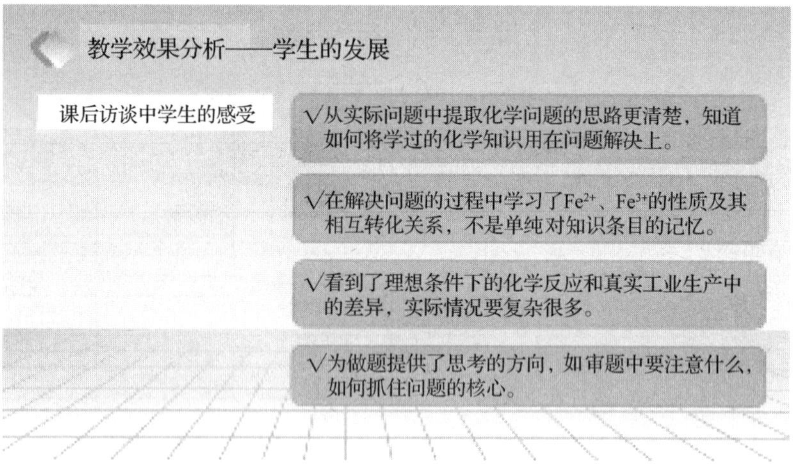

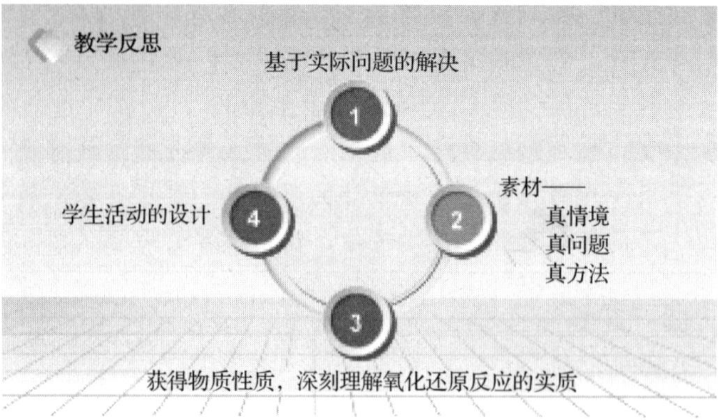

</td></tr>
</table>

续表

说课环节	说课PPT、说课内容及评析
说教学效果及反思	【说课内容】教学效果分析——基于学生访谈。课后对班级部分学生进行访谈，学生的感受如下……说明本节课教学较好地实现了设计意图。 教学反思：本节课基于实际问题的解决，选取并使用恰当的素材，给学生创设真情境，带领学生探究真问题，在课堂教学中呈现给学生真实的问题解决途径，教给学生解决实际问题的真方法。与此同时，在问题的解决过程中学生获得 Fe^{2+}、Fe^{3+} 的性质，深刻理解氧化还原反应的实质。学生积极、主动参与实验探究过程，充分体验、感悟理论指导实践的价值，有成就感和获得感。 【评析】一般来说，说课中的教学效果及反思内容要强调本节课在实施过程中学生真实的感受和学生真实的生长，教学目标完成的情况如何，以及教师通过这节课有了哪些新的感悟和新的想法，可以谈一些今后设计与实施这节课时还有哪些新的思路，反思本节课设计与实施过程中的一些成败，对学生的思维方法方面的感悟，以及教学中一些值得探讨的地方。最后是致谢。
尾页	 谢谢！ 敬请批评指正 【说课内容】以上是我的全部说课内容，敬请指导！

总之，说课是一种更深层次的教学研讨性活动，不是一般的流水账式的教学陈述，而是更深刻地表达出本节课设计过程中的一些想法以及对这些想法的实践和实践的效果，是基于一节课的设计更深层次的挖掘、理解和领悟，是非常有效的提升教师教学能力的重要途径。

📎 **| 理论书签 |**

说课与教学反思的异同①

说课与教学反思有一些共同点。比如，说课可以理解为教学反思的一种形式，它是以言语叙述的形式反思自己的教学行为；教学反思的持续开展有助于自己说课水平的提高等。

两者也有一定的区别。

①教学反思既可以在行动中进行，也可以在行动后进行；说课一般在课前与课后进行。

②说课是教学反思，但教学反思并不限于说课，它还可以通过教学日志、教后感、教学叙事等方式表达。

③教学反思的主要目的在于解决问题，为后续教学提供方向；说课的主要目的在于分析教学行为的背后支持系统，将隐于行为背后的思路、认识等反映出来。

📎 **| 实践操练 |**

请结合本讲内容的学习，选取自己实施过的一节课，设计说课稿，并请指导教师给予点评。

▶第十四讲
观课、议课

观课是课堂参与者相互提供教学信息，共同收集和感受课堂信息，在

---

① 郑金洲：《说课的变革》，5～6页，北京，教育科学出版社，2007。

充分拥有信息的基础上，围绕共同关心的问题进行对话和反思，以改进教学的教师研修活动。观课又称"课堂观察"，类似于常说的"听课"。"观"包括视和听，既要用眼，也要用耳，更要用脑。

观课作为一种教育研究，包括作为教师教育方式的观课、作为理论研究方法的观课和作为考评手段的观课。作为教师教育方式的观课是以教师专业发展为目的的，又称同事互助观课，是一种横向的同事互助指导活动，不含自上而下的考核成分和权威指导成分，而是教师之间互助指导式的听课。其目的主要是通过观课双方（观课者、授课者）在某些事先预设的、都关心的课题方面的研讨、分析和相互交流，改进教学行为，提高教学水平。

在观课过程中，如何选取合适的观察点，如何观察，如何记录观察信息以及如何对观察信息进行解释？我们通过案例 4-3-1 来具体分析。

✎ | 案例 4-3-1 |

"离子反应"教学设计①

一、教学背景分析

（一）教学内容分析

本节课内容是人教版《化学必修 1》第一章第二节。从教材体系上看，"离子反应"起着承上启下的作用，是溶液导电性实验、酸碱盐电离知识的延续和深化，又是学习电解质溶液理论知识的基础。学好这一节内容，能揭示溶液中离子反应的本质，既能巩固前面已学过的电离初步知识，又能为后面元素化合物知识、电解质溶液的学习打下重要理论基础。

（二）学生情况分析

学生已初步理解了复分解反应，学习了酸碱盐在水溶液中的电离，会书写电离方程式，区分常见的电解质和非电解质；在学习"常见离子的检验"时已开始尝试从微粒观去理解复分解反应，但认识未上升到一定高度；

---

① 案例来源：北京师范大学燕化附属中学刘春锋。有删改。

已初步接触了一些水溶液中的反应，但还不能用微粒观来分析问题。

二、教学目标

①通过从微观角度认识物质在水溶液中的存在形式以及所发生的变化，建立离子反应的概念，培养宏观辨识和微观辨析的核心素养。

②通过对滴定实验过程中电导率曲线图的预测和解释，提升证据推理的能力，进而从微观角度深刻认识离子反应这一化学变化过程的本质和内在规律。

③通过图形表征加深对离子反应的理解，认识离子反应及其发生条件，初步学会离子方程式的书写。

④借助于图形表征从微观视角建构模型并形成解决问题的基本思路和方法，培养化学学科思维。

三、教学重点、难点

教学重点：构建离子反应的概念。

教学难点：微粒观的建立。

四、主要教学过程

教学环节	教师活动	学生活动	设计意图
环节1 实验引入	【演示实验】向 1 mL 0.1 mol/L NaOH 溶液中滴加 3 滴酚酞，再加入 1 mL 0.1 mol/L 的盐酸，请学生观察实验现象。	观察并描述实验现象，分析原因，写出化学反应方程式。	通过实验现象让学生对离子反应有感性认识，并能用文字准确地描述出来，即宏观表征。
环节2 建构离子反应的概念	【提问】NaOH 溶液存在的微粒有哪些？ 【展示】	【任务 1】从微观的角度分析盐酸与 NaOH 溶液的反应。 活动： ①分析 NaOH 溶液中存在的微粒； ②分析盐酸中存在的微粒并绘制微粒示意图。	

续表

教学环节	教师活动	学生活动	设计意图
环节2 建构离子反应的概念	利用微观示意图表示盐酸和 NaOH 溶液的反应。 【师生共同评价、小结】 【提问】能用离子符号表示这个化学反应吗？	③分析盐酸和 NaOH 溶液混合后，溶液中的微粒如何变化，并画出微粒变化的示意图； ④用离子符号表示反应的过程。	借助于适当的图形表征搭建宏观和微观之间的桥梁，带领学生从微观角度分析物质在溶液中的反应，从而建构离子反应的概念，同时引导学生从微观的视角建构模型，使学生形成分析问题和解决问题的思维模型。
	【提问】分析 CuSO$_4$ 溶液和 NaOH 溶液的反应，在学案中画出微粒变化的示意图。 【师生共同评价、小结】 【师生共同总结】 ①离子反应的概念； ②离子方程式的概念。	【任务2】从微观的角度分析 CuSO$_4$ 溶液和 NaOH 溶液的反应。 活动： ①绘制 CuSO$_4$ 溶液和 NaOH 溶液的微粒，并画出混合后微粒的变化； ②用离子符号表示反应的过程。	
环节3 深化离子反应的概念	【提出疑问】硫酸和 Ba(OH)$_2$ 溶液分别是酸和碱，它们反应的实质能否用 $H^+ + OH^- \Longrightarrow H_2O$ 表示？	【任务3】分析硫酸和 Ba(OH)$_2$ 溶液反应的实质。 活动： ①分析 $H^+ + OH^- \Longrightarrow H_2O$ 中 H^+ 和 OH^- 代表的物质； ②绘制硫酸和 Ba(OH)$_2$ 溶液的微粒，并画出混合后微粒的变化； ③写出该反应的离子方程式。	引导学生主动建立宏观和微观的联系，进一步培养宏观辨识与微观探析的化学学科核心素养。
	【师生共同评价、小结】 离子方程式书写的一般步骤。		

续表

教学环节	教师活动	学生活动	设计意图
环节3 深化离子反应的概念	【展示滴定图像】 【师生共同评价、小结】 以复分解反应发生条件，水、气、沉为例，从微粒观角度探讨离子反应发生的本质。	【任务4】分析向 $Ba(OH)_2$ 溶液中滴加硫酸过程中混合溶液的电导率的变化情况。 活动： ①绘制滴定过程电导率变化图像； ②解释实验图像的变化趋势和拐点的意义； ③解释预测结果和实验事实有差异的原因。 【任务5】分析碳酸钙和盐酸反应的实质，写出反应的离子方程式。 学生活动： ①分析盐酸滴加到碳酸钙中微粒的变化； ②写出该反应的离子方程式。	通过对实验的预测，提升科学探究的素养；比较、解释预测结果和实验事实的差异，强化证据推理能力。
	【过渡】电解质溶液之间的反应是离子反应，那镁和盐酸的反应是不是离子反应呢？ 【师生共同评价、小结】 进一步完善离子反应的概念。	【思考与交流】分析镁和盐酸反应的实质，写出反应的离子方程式。	通过微粒观具象化的手段真正帮助学生建立溶液微粒观，进而协助学生完成离子反应模型的建立，构建更为全面、科学的化学变化观念。

续表

教学环节	教师活动	学生活动	设计意图
环节4 分享 交流	【提问】通过今天的学习，你对溶液中的反应有哪些新的认识呢？	交流、分享。	引导学生进一步认识微粒观的重要性。

本教学设计与以往教学设计相比的特点

在本节离子反应的学习过程中，教师借助于微粒示意图的表达帮助学生构建抽象的离子反应概念，进而从微观角度理解离子反应，熟悉溶液中离子的来源和去向，分析电解质的微粒在水溶液中的存在状态和形式，解释微粒间的相互作用及其作用结果；构建宏观辨识和微观探析的能力之桥，培养学生利用微观实质解释宏观现象及从宏观现象推测微观实质的思维习惯，真正建立起化学学习中的微粒观。

本节课从简单的酸碱中和反应的实验引入，利用微观粒子示意图的绘制和分析导电率变化等任务持续驱动学习。教师通过不断引导的方式推进学习过程，引导学生在宏观与微观之间思考、学习。学生在完成任务的过程中逐步建立了分析离子反应的基本思路，提升了分析问题的能力，初步建立了微粒观。

本节课的课堂教学实录：

环节1　实验引入

教师：【演示实验】向 1 mL 0.1 mol/L NaOH 溶液中滴加 3 滴酚酞，再加入 1 mL 0.1 mol/L 的某溶液，红色褪去。

【提问】加入的是什么物质？能确定是哪种酸吗？为什么三种不同的酸能产生相同的现象？

（观课记录：三种酸与一种碱反应，用实验引入，精彩、有趣，引发学生思考，酸碱中和的实例好，学生熟悉，三个反应一个本质。）

学生：思考、回答可能是盐酸、硝酸、硫酸并写出对应的化学方程式。

（设计意图：通过实验现象让学生对离子反应有感性认识，并能用文字准确地描述出来，即宏观表征。）

（观课记录：复习，注意初、高中衔接。）

环节 2　建构离子反应的概念

【任务 1】从微观角度分析盐酸与 NaOH 溶液的反应。

（观课记录：复习，注意初高中衔接。）

学生活动：

①分析酸和 NaOH 溶液混合后，溶液中的微粒如何变化，并画出微粒变化的示意图；

②用离子符号表示反应的过程。

学生分别绘制了盐酸、硝酸、硫酸与 NaOH 溶液混合时微粒的变化示意图，然后把图形转化为化学用语（图 4-3-1）。

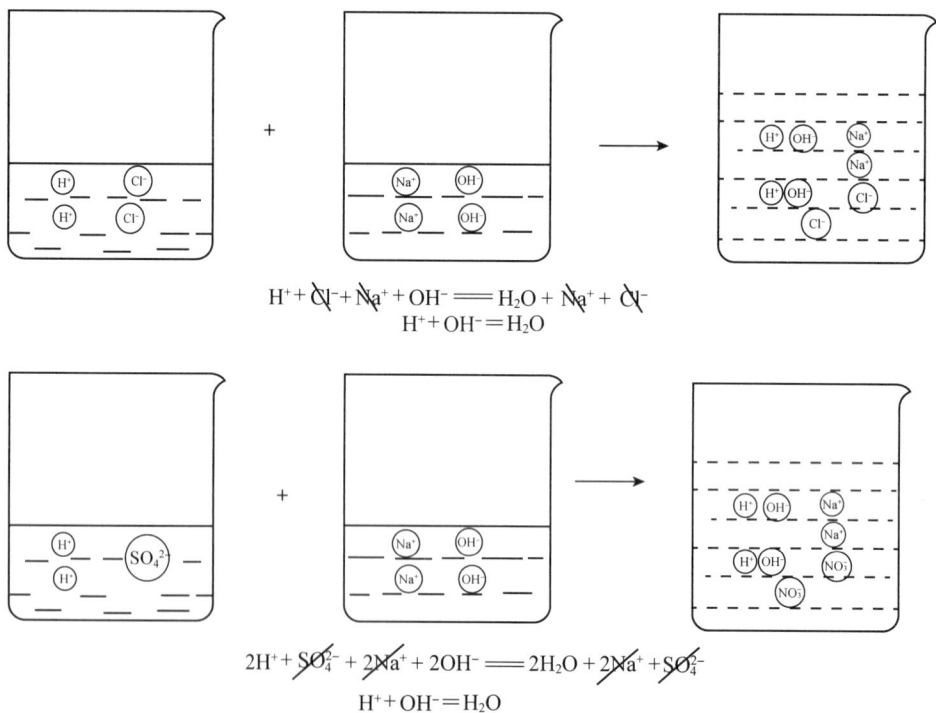

$$H^+ + Cl^- + Na^+ + OH^- \Longrightarrow H_2O + Na^+ + Cl^-$$
$$H^+ + OH^- = H_2O$$

$$2H^+ + SO_4^{2-} + 2Na^+ + 2OH^- \Longrightarrow 2H_2O + 2Na^+ + SO_4^{2-}$$
$$H^+ + OH^- = H_2O$$

图 4-3-1　溶液

（观课记录：上节课画的微观示意图用上了，有单元整体教学的意识。）

【师生共同评价、小结】

【任务 2】从微观的角度分析 $CuSO_4$ 溶液和 NaOH 溶液的反应（略）。

【学生总结】离子反应及离子方程式的概念。

教师：梳理分析离子反应的思维模型。

（观课记录：绘制微观示意图对理解离子反应的本质有利，是很好的方法。宏观和微观结合。离子方程式是学生自己分析得出的，此过程值得借鉴。概念教学注重概念的生成。）

环节 3 深化离子反应的概念

教师：硫酸和 $Ba(OH)_2$ 溶液也是强酸和强碱，它们反应的实质能否用 $H^+ + OH^- == H_2O$ 表示？

【任务3】从微观的角度分析硫酸和 $Ba(OH)_2$ 溶液反应的实质。

学生活动：

①绘制硫酸和 $Ba(OH)_2$ 溶液中的微粒，画出混合后微粒的变化（图 4-3-2）。

②写出该反应的离子方程式。

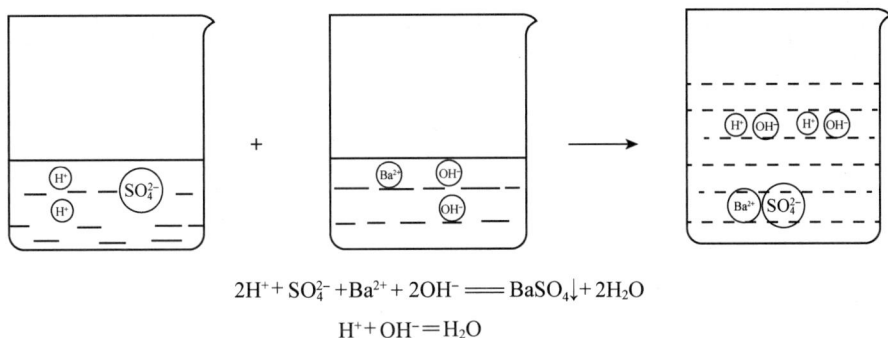

$$2H^+ + SO_4^{2-} + Ba^{2+} + 2OH^- == BaSO_4\downarrow + 2H_2O$$

$$H^+ + OH^- = H_2O$$

图 4-3-2 硫酸和 Ba(OH)₂ 溶液混合

【师生共同评价、小结】梳理离子方程式书写的过程。

（观课记录：学生基本上会分析，离子方程式书写正确率较高。）

【任务4】分析向 $Ba(OH)_2$ 溶液滴加硫酸的过程中混合溶液的电导率的变化情况。

学生活动：

①预测并绘制滴定过程电导率变化图像（图 4-3-3）；

②解释实验图像的变化趋势和拐点的意义。

③解释预测结果和实验事实（图 4-3-4）产生差异的原因。

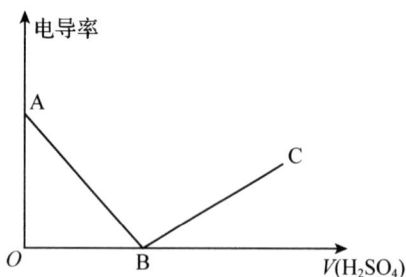

图 4-3-3　学生绘制图像

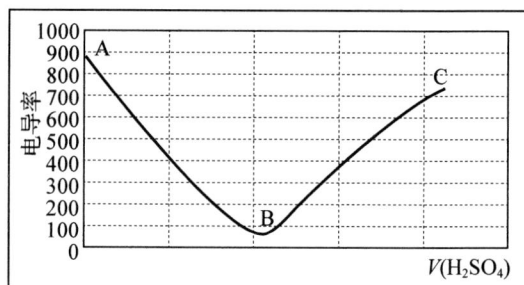

图 4-3-4　实验事实图像

【师生共同评价、小结】

（观课记录：5 分钟。妙！对于稀硫酸与 $Ba(OH)_2$ 溶液反应的离子方程式，学生最容易出错，这个方法解决了，并且使必修与选修的知识联系起来了，深受启发。）

【任务 5】分析 $CaCO_3$ 和盐酸反应的实质，写出反应的离子方程式。

学生活动：

①分析盐酸滴加到 $CaCO_3$ 中时微粒的变化；

②写出该反应的离子方程式。

【师生共同评价、小结】以复分解反应发生条件，水、气、沉为例，从微粒观角度探讨离子反应发生的本质、离子方程式书写的注意事项。

（观课记录：学生基本上会写，特别是学会了分析离子反应的微观过程，课堂学习效果好。）

学生：【思考与交流】判断镁和盐酸反应是否属于离子反应，若属于，请写出离子方程式。

【师生评价、小结】进一步完善离子反应的概念。

（观课记录：作业跟上课讲的密切相关。）

环节 4　分享交流

教师：通过今天的学习，你对溶液中的反应有哪些新的认识呢？

学生：交流、分享。

（观课记录：完成了教学目标。）

一、观察点的选择

观课教师在观课之前若有可能，最好先看一看教师的教学设计，主要是了解这节课的主题、教学目标以及这节课设计的大致流程，重点是看教学目标的制定以及重难点的确定，再就是对这节课涉及的教学环节、问题线索以及学生的探究活动有大致的了解，对这节课大致的脉络尽量做到心中有数。

如上述"离子反应"一节课，观课教师课前通过阅读授课教师提供的教学设计，了解了本节课的教学目标主要是建立离子反应的概念，从微观角度认识离子反应的本质和内在规律，初步学会离子方程式的书写等。这节课一共有四个教学环节，主要采用学生绘制微观示意图的方式，引导学生学习离子方程式的相关内容。学生的主要活动形式就是绘制微观示意图，分析离子反应过程中离子的变化情况，自主分析得出离子反应的本质，主动完成离子方程式的书写过程。

观课教师通过阅读教学设计，对本节课有一个初步的、大致的了解，带着自己的教学经验开始步入课堂观课。

在观课的过程中，要选择观察点。一般来说，观察点有以下几个。

（一）观察教师

(1)教师引入课题的素材是否恰当，应用素材是否合适，能否引发学生的思考。

(2)问题设计。提出的问题是否适度、明确，是否具有逻辑性、层次性和关联性等，学生思考后是否可以解决。

(3)讲解是否清晰，举例是否得当，实验演示是否规范且具有演示性，对于实验的讲解与分析是否到位、清晰、准确、科学。

(4)教师组织的学生活动是否合适，引导讨论、分析与评价的过程是否充分关注了学生的感受，在学生遇到困难的时候是直接给出正确的做法还是通过一些恰当的引导与分析帮助学生解决困难，等等。

在案例 4-3-1 教学过程中，教师用一个演示实验引发了学生的思考：不同的物质反应却有相同的实验现象，是必然还是偶然？学生通过研讨分析(微观图示法)自主寻找到盐酸、硫酸、硝酸分别与 NaOH 溶液反应的本质是相同的，自主写出离子方程式，这突出了学生的主动性，说明教师设计的学生活动是有效的。对于 $Ba(OH)_2$ 与硫酸这个中和反应的分析，学生通过绘制坐标图表达对这个反应过程中微粒变化的理解过程，体现了宏观辨识与微观探析化学学科核心素养的落实。对比实际测得的电导率变化图，学生大胆猜测：是不是水微弱电离？是不是有可能 $BaSO_4$ 也不是一点都不溶解？为《化学选择性必修 1：化学反应原理》的学习提供了一个开端，必修与选择性必修的联系链条有所呈现，体现了教师对高中化学教学的整体思考。大理石与稀盐酸以及自主分析镁与盐酸的反应，是本节课思维模型应用的延伸。

（二）观察学生

观察学生在学习过程中的表现：注意力是否集中，讨论是否积极，讨论中能否发表自己的想法，能否平等交流，实验操作是否有序、规范，对异常现象的处理，回答问题的逻辑性、深刻性、开放性等。

（三）观察板书

一节课的板书设计是学生学习轨迹的记录，承载的是教师对这节课的整体思路。因此在观课过程中，观课教师需要记录板书设计，同时将板书呈现的过程也做记录，明确学习过程中板书的作用。

📎 **｜理论书签｜**

表 4-3-1　课堂观察的维度框架[①]

维度	视角	观察点举例
学生学习	准备	课前准备了什么？有多少学生做了准备？ 怎样准备的(指导/独立/合作)？学优生、待优生准备得怎么样？ 任务完成得怎样(数量/深度/正确率)？

---

① 沈毅、崔允漷：《课堂观察：走向专业的听评课》，104～106 页，上海，华东师范大学出版社，2008。

续表

维度	视角	观察点举例
学生学习	倾听	有多少学生倾听教师的讲课？倾听多长时间？ 有多少学生倾听同学的发言？能复述或用自己的话表达同学的发言吗？ 倾听时，学生有哪些辅助行为（记笔记/查阅/回应）？有多少人表现出这种行为？
	互动	有哪些互动/合作行为？有哪些行为针对目标的完成？ 参与提问/回答的人数、时间、对象、过程、结果怎样？ 参与小组讨论的人数、时间、对象、过程、结果怎样？ 参与课堂活动（小组/全班）的人数、时间、对象、过程、结果怎样？ 互动/合作习惯怎样？出现了怎样的情感行为？
	自主	学生可以自主学习的时间有多少？有多少人参与？待优生的参与情况怎样？ 学生自主学习形式（探究/记笔记/阅读/思考）有哪些？各有多少人？ 学生的自主学习有序吗？学优生、待优生情况怎样？
	完成	学生清楚这节课的学习目标吗？多少人清楚？ 课中有哪些证据（观点/作业/表情/板演/演示）证明目标的完成？ 课后抽测有多少人完成目标？发现了哪些问题？
教师教学	环节	教学环节是怎样构成（依据/逻辑关系/时间分配）的？ 教学环节是怎样围绕目标展开的？是怎样促进学生学习的？ 有哪些证据（活动/衔接/步骤/创意）证明该教学设计是有特色的？
	呈示	讲解效度（清晰/结构/契合主题/简洁/语速/音量/节奏）怎样？有哪些辅助行为？ 板书呈现了什么？是怎样促进学生学习的？ 媒体呈现了什么？是怎样呈现的？是否适当？ 动作（实验/制作/示范动作）呈现了什么？是怎样呈现的？体现了哪些规范？

续表

维度	视角	观察点举例
教师教学	对话	提问的时机、对象、次数和问题的类型、结构、认知难度怎样？ 候答时间有多少？理答方式、内容怎样？有哪些辅助方式？ 有哪些话题？话题与学习目标的关系怎样？
	指导	怎样指导学生自主学习（读图/读文/作业/活动）？结果怎样？ 怎样指导学生合作学习（分工/讨论/活动/作业）？结果怎样？ 怎样指导学生探究学习（实验/课题研究/作业）？结果怎样？
	机智	教学设计有哪些调整？结果怎样？ 如何处理来自学生或情境的突发事件？结果怎样？ 呈现哪些非言语行为（表情/移动/体态语/沉默）？结果怎样？
课程性质	目标	预设的学习目标是怎样呈现的？目标陈述体现了哪些规范？ 目标是根据什么（课程标准/学生/教材）预设的？适合该班学生的水平吗？ 课堂中有无新生成的学习目标？是怎样处理新生成的目标的？
	内容	怎样处理教材？采用了哪些策略（增/删/换/合/立）？ 怎样凸显本学科的特点、思想、核心技能以及逻辑关系？ 容量适合该班学生吗？如何满足不同学生的需求？ 课堂中生成了哪些内容？是怎样处理的？
	实施	预设哪些方法（讲授/讨论/活动/探究/互动）？适合学习目标吗？ 怎样体现本学科特点？有没有关注学习方法的指导？ 创设什么样的情境？结果怎样？
	评价	检测学习目标所采用的主要评价方式有哪些？ 如何获取教/学过程中的评价信息（回答/作业/表情）？ 如何利用所获得的评价信息（解释/反馈/改进建议）？
	资源	预设哪些资源（师生/文本/实物与模型/实验/多媒体），怎样利用？ 生成哪些资源（错误/回答/作业/作品）？怎样利用？ 向学生推荐哪些课外资源？可得到程度怎样？

续表

维度	视角	观察点举例
课堂文化	思考	学习目标怎样体现高级认知技能(解释/解决/迁移/综合/评价)？怎样以问题驱动教学？怎样指导学生开展独立思考？怎样对待学生思考中的错误？ 学生思考的习惯(时间/回答/提问/作业/笔记/人数)怎样？ 课堂/班级规则中有哪些条目体现或支持学生的思考行为？
	民主	课堂话语(数量/时间/对象/措辞/插话)是怎样的？怎样处理不同意见？ 学生课堂参与情况(人数/时间/结构/程度/感受)是怎样的？ 师生行为(情境设置/叫答机会/座位安排)是怎样的？师生/学生间的关系怎样？ 课堂/班级规则中有哪些条目体现或支持学生的民主行为？
	创新	教学设计、情境创设与资源利用是怎样体现创新的？ 课堂中有哪些奇思妙想？学生如何表达和对待？教师如何激发和保护？ 课堂环境布置(空间安排/座位安排/板报/功能区)是怎样体现创新的？ 课堂/班级规则中有哪些条目体现或支持学生的创新行为？
	关爱	学习目标怎样面向全体学生？怎样关注不同学生的需求？ 怎样关注特殊(学习困难/残障/疾病)学生的学习需求？ 课堂话语(数量/时间/对象/措辞/插话)、行为(叫答机会/座位安排)怎样？ 课堂/班级规则中有哪些条目体现关爱学生的行为？
	特质	在哪些方面(环节安排/教材处理/导入/教学策略/学习指导/对话)体现特色？ 教师体现了哪些优势(语言/学识/技能/思维/敏感性/幽默/机智/情感/表演)？ 师生/学生关系(对话/话语/行为/结构)体现了哪些特征(平等/和谐/民主)？

二、观察工具的开发与使用

课堂观察是课例研究的中心环节，是反映教学效果的有力证据，是对教学进行反思和重新规划的基础。课堂观察的重点是基于课题研究的主题而确定的，重点一旦确定就需要选取或开发适当的观察工具，仅限于一本听课笔记和一支笔难以完成课堂观察任务。为提升研究品质，教师必须借助于有效的观察工具来收集反映学生学习状况的证据，以使随后进行的教学反思和重新规划有据可依。

针对不同研究主题，可以设计不同的观课工具，表 4-3-2 至表 4-3-6 是常见的观课工具。

表 4-3-2 课堂教学评价

项目	要点	程度（在选项下画√）				
		完全符合	符合	基本符合	基本不符合	完全不符合
教学目标	符合化学课程标准要求					
	符合学生认知水平					
	符合教学内容要求					
	可测查出目标完成度					
教学过程	有本节课教学的教学资源					
	情境引入联系实际，自然恰当，科学性强					
	环节清晰，层次分明，条理清楚，难易适度					
	讲解清楚，分析清晰，呈现合理					
	教学方法与教学内容相符					
教学方法	教学方法采用启发式、探究式、讨论式，适合学生学习					
	研究问题的方法对学生有引导性和启发性					

续表

项目	要点	程度(在选项下画√)				
		完全符合	符合	基本符合	基本不符合	完全不符合
学生活动	积极参与课堂教学					
	思维深入，思考严密，表达清晰					
教学效果	70%以上的学生基本掌握教学内容					
	教学中渗透的思想、方法、理念等引起了学生共鸣和进一步的思考					
教学特色						

表 4-3-3　教师教学维度 1——教学环节的有效性

教学环节	时间	活动主题	活动内容	活动方式	学生参与程度
环节 1					
环节 2					
环节 3					
环节 4					
……					

表 4-3-4　教师教学维度 2——教学中的师生互动及评价

教师对学生行为的关注与评价		行为记录	频次
学生行为表现	对问题理解不准确		
	明确表示不会		
	思路正确，但表达不清晰		
	回答错误		
	基本正确，但有失误		
	回答正确		
	积极参加讨论		

续表

教师对学生行为的关注与评价		行为记录	频次
学生行为表现	表现不积极		
	操作不规范		
	其他		
教师态度	赞许		
	接纳		
	尴尬		
	不予理睬		
	气愤		
教师行为	鼓励		
	引导学生分析，学生互评		
	解释说明		
	让学生回答		
	让同伴互助补充		
	视而不见		

表 4-3-5　教师教学维度 3——教师对学生的指导

教学过程		学生行为	教师指导
指导自主学习	阅读资料（或教材）		
	观看视频、动画		
	观看演示实验		
指导合作学习	分组研究		
	分组实验		
	小组分工		
	汇报成果		
	提炼方法		

续表

教学过程		学生行为	教师指导
指导科学探究	创设问题情境，引导发现问题		
	指导猜想与假设		
	分析资料		
	实验设计指导		
	实验讨论与分析评价		
	学生自主实验		
	交流与汇报		
	反思与评价		
	对探究结果的评析		

表 4-3-6　教师教学维度 4——问题解决过程

环节	问题	观课启发
环节 1		
环节 2		
环节 3		
环节 4		
......		

　　除以上观课工具外，教师还可以根据研究目的，自行设计一些针对某一方面研究的观课记录表，最后可以通过图表的形式定量分析上课过程中教师和学生的行为，以及用定性与定量相结合的方式对一节课进行交流、分析和评价。

三、观察信息的记录

对观察信息的记录，分为两种情况。

第一种情况是有研究目的观课活动，针对研究目的利用观课工具进行观课与记录。由于上课过程中，观课教师既要听课，又要进行记录，因此不必将上课过程记录得过于繁杂，否则会影响听课效果，可以在听课过程中进行简要记录，采用一些符号来表达教师的行为和学生的行为。

第二种情况是日常听课过程是需要进行全方位记录的，记录过程中可以不用观课工具。那么需要记录什么呢？观课者可以利用教师提供的教学设计相应地做一些教学过程的记录，这样的记录是清晰的。因为上课过程的记录和教学设计中的环节是一一对应的，需要记录的是教师如何把教学设计中的设计转化为上课过程中的教师行为和学生活动，在转化过程中，实际上课过程中与教学设计不完全一致的地方在哪里，边记录边思考为什么会产生这样的不一致，改变之后学生的变化是什么，有哪些新的感悟，等等。

此外还需记录学生在活动中的一些精彩、失误、思考、疑惑、质疑、发现的新问题等，这都为观课者提供了非常丰富的教学资源，为观课者今后的教学提供了教学经验、素材，甚至为一节新课的设计提供了思路。

对于"离子反应"的观课记录，请参看该节课的课堂教学实录。

四、对观察信息的意义的解释

基于观察信息记录，对"离子反应"一节课的评析：

本节课通过对几个连续性问题的研究，逐层深入，引导学生认识离子反应的本质。这个认识过程凸显了学科本质，突出学生的探索过程。离子反应概念的形成过程和离子方程式书写过程都是学生自主探索出来的。课程从学生熟悉的酸碱中和反应入手，通过画微观示意图的过程，既加深了学生对离子种类的认识，又加深了学生对离子数目的认识，并且融入了学生对离子反应本质的认识。离子方程式可表达出这种反应的本质——微粒种类的变化，离子方程式的书写呈现了学生自主认知的过程，彰显了概念教学的特点与学生的自主探究活动。

几个探究问题的设置是有层次、层层深入的，每一层级问题都是基于前面问题的更深一层思考。学生由教师引领研究初中学过的酸碱中和反应，然后模仿研究其他离子反应，最终用这种研究方法对其他离子反应进行自主探究，这个过程既突出了知识的理解与落实，又使学生学会了研究方法。

总之，本节课是一节促进学生"宏观辨识与微观探析""证据推理与模型认知""科学探究与创新意识"等化学学科核心素养发展的好课。

在观课的基础上，课后可对一节课进行分析与探讨。

1. 课堂教学中成功的亮点

请授课教师叙述设计意图，为什么要这样设计，在教学时是怎样想到采用这种策略的，过去是否遇到过类似情况，是怎样处理的。然后由观课教师议论，这样做"得"到了什么，"失"去了什么。大家对授课教师的方法提出进一步改进的建议，从而起到了提升实践经验的作用。

2. 课堂上出现的问题

课堂上出现的问题可能有很多种，如学生在学习中的问题、教师讲解中存在的问题、师生交流中疑惑的问题、教师实验或学生实验中遇到的一些"异常"现象、教师演示失败后的解释与分析等，请授课教师谈谈自己当时的想法，采取处理方法的依据，反思可能导致的正反两方面的后果及今后若再遇到类似的问题将如何处理。观课者根据自己的教学经验，对这些问题的产生及处理结果做出初步的判断，与授课教师一起研讨，形成解决类似课堂问题的设想或方案。

总之，观课后的研讨环节是极其重要的，是授课教师进步、观课教师理解与提升的必要环节。集体研讨、专家点评，能将一节课的优点指明、不足说透，还能探求到解决教学中一类问题的一般方法与策略。将课诠释透彻是提升教师专业化水平的有效方法与路径，能达到共同提高的目的。

五、议课的注意事项

议课过程是对课堂教学进行透彻的分析和总结的过程，通常结合课堂观察分析结果来进行。议课可以采用综合法、片段法等方法。综合法是议课时先评析主要教学目标的完成情况，对整节课做出评析，再对某些细节和片段进行点评。片段法是对典型的教学片段进行有针对性的评析，可以细致地对某一教学环节进行点评，也可以选取学生学习的某一方面进行点评。无论用哪种方法议课，都需要抓住着力点，把观课中获得的信息和思考进行归纳分析后选择主要优点和问题作为议课的重点。

议课有如下注意事项。一是要以专业共同体成员的身份发表意见，要保持良好的心态。新教师不必畏缩，可以在议课时先突出本节课的优点、经验、特色和亮点等，再提出有疑问的地方并进行探讨。二是议课时要特别注意用数据和事实说话，如通过观察记录工具将学生课堂行为描述出来，用于说明学生学习的状态和程度等。

议课通常带有很强的主观性，与个人的教学功底和课堂评价能力等因素有关，因此议课并没有标准，呈现出多元特征。在议课时要注意参与观课、议课的同行是平等的关系。通过观课、议课，教师们进行经验分享，互相尊重倾听，按需取舍意见即可。

⊘ | 实践操练 |

请结合本讲内容，确定一个具体的观察点，选取某一优秀课例进行课堂观察，并对该课例进行简要议课。

单元小结 ⋯⋯▶

教学反思是促进教师专业发展的重要途径。教师要基于中学教师专业标准的要求，针对教育教学工作中的现实需要与问题进行不断反思，以改进教育教学工作。教师既可以积极反思日常工作，借鉴他人的工作进行反思，也可以聚焦于教育教学工作中的某个关键事件进行案例式教学反思，以达到解决问题、提升教育教学水平的目的。教师专业发展还需要借助于其他同行和专家的力量，观课、议课、说课就成为集体研修的重要方式。观课、议课需要带着明确的目的和主题进行，有针对性地进行课堂观察并根据观察结果议课。说课需要明确说课的目的，聚焦于教学意图，说清楚教学设计和教学实施背后的思考，提炼亮点和特色。新手教师可结合个人实际情况不断反思和学习，为个人专业成长打好基础。

单元练习 ……▶

结合本单元所学内容，请你就教学过程中遇到的某一问题撰写教学反思，制定出包含原因剖析和解决措施的行动方案。

阅读推荐 ……▶

1. 安德鲁·波拉德，克里斯廷·布莱克-霍金斯，加布里埃尔·克利夫·霍奇斯，等. 反思性教学：一个已被证明能让所有教师做到最好的培训项目[M]. 张蔷蔷，译. 北京：中国青年出版社，2017.

2. 衣新发. 教学反思能力实训[M]. 北京：高等教育出版社，2019.

3. 王陆，张敏霞. 教学反思方法与技术[M]. 北京：北京师范大学出版社，2012.

4. 赵明仁. 教学反思与教师专业发展——新课程改革中的案例研究[M]. 北京：北京师范大学出版社，2009.

5. 方贤忠. 如何说课[M]. 上海：华东师范大学出版社，2008.

6. 顾志跃，等. 如何评课[M]. 上海：华东师范大学出版社，2009.

7. 沈毅，崔允漷. 课堂观察：走向专业的听评课[M]. 上海：华东师范大学出版社，2008.

8. 陈瑶. 课堂观察指导[M]. 北京：教育科学出版社，2002.

9. 夏雪梅. 以学习为中心的课堂观察[M]. 北京：教育科学出版社，2012.